国家开放大学开放教育·现代物业管理专业系列教材

国家开放大学立项建设非统设课程教材

物业管理案例分析

主　编　黄安心

广东高等教育出版社
Guangdong Higher Education Press
·广州·

图书在版编目（CIP）数据

物业管理案例分析/黄安心主编．—广州：广东高等教育出版社，2022.6

（国家开放大学开放教育·现代物业管理专业系列教材）

ISBN 978－7－5361－7240－1

Ⅰ．①物…　Ⅱ．①黄…　Ⅲ．①物业管理－案例－分析－开放大学－教材　Ⅳ．①F293.33

中国版本图书馆 CIP 数据核字（2022）第 063862 号

WUYE GUANLI ANLI FENXI

出版发行	广东高等教育出版社 地址：广州市天河区林和西横路 邮编：510500　电话：（020）87551597 http://www.gdgjs.com.cn
印　　刷	东莞市雅达彩印有限公司
开　　本	787 毫米×1 092 毫米　1/16
印　　张	16
字　　数	328 千
版　　次	2022 年 6 月第 1 版
印　　次	2022 年 6 月第 1 次印刷
定　　价	46.00 元

内 容 简 介

本教材是针对高校现代物业管理专业学生和在职物业服务人员的专业素养和能力提升的需要，从理论应用、服务技术和关系调整等角度设计、创立的全新的物业管理案例教学知识体系。全书包括3篇10章，即物业管理理论应用案例篇（包括物业管理服务概述、建筑物区分所有权与业主自行管理、物业管理关系及协调三章）、物业服务技术案例篇（包括物业服务关系与维护、前期介入与前期服务、物业公共服务三章）、物业管理法律关系调整案例篇（包括物业服务合同法律关系、物业管理侵权法律关系、物业管理行政法律关系、物业管理刑事法律关系四章）。

本教材适合高等职业教育、开放教育专科及应用型本科现代物业管理专业学生学习案例教学课程及实习实训课程时使用，也适合物业管理职业技能认证考试、培训和物业服务、城市服务从业人员培训使用。

前　言

“物业管理案例分析”是现代物业管理专业的专业课程。国家开放大学和广州开放大学共享开放教育现代物业管理专业在2003年春季开设时就将其纳入了课程教学计划。由于我国物业管理理论创新不够，服务规范不完善，政策法规环境还不成熟，当时没有将其作为重点建设课程。随着《物业管理条例》及《中华人民共和国物权法》[①]（以下简称《物权法》）的施行，相关政策法规、司法解释和地方物业管理法规等的相继出台，物业服务行业迎来了法规政策日益完善的大好局面。特别是2021年1月1日《中华人民共和国民法典》（以下简称《民法典》）的实施，促使物业服务行业进入了服务规范、运行有序的轨道，相关政策环境不断改善，行业发展稳定，物业管理服务在生活服务、社区治理和城市服务中的地位与作用也日益被党和政府认可。无论是理论联系实践的应用，还是物业管理服务技术规范的落地，无论是物业管理服务政策的调控引导，还是物业管理服务关系的调整，都有了丰富的经验。同时，物业管理理论和专业教育教学改革发展也逐步走向成熟。这些都为《物业管理案例分析》教材的编写与修改完善提供了良好的保障。

由于国家开放大学课程教材建设的规范性、权威性、示范性以及高标准、严要求等特点，该课程建设的团队成员倍感压力重大。在此情况下，我们在分析了目前国内已有的物业管理案例教学教材的基础上，结合中国管理实践和40多年来物业管理服务的实践经验，创立了具有中国本土特色的物业管理理论体系，并在物业管理案例教学思路和方法上自成体系，形成具有自身特色的“物业管理案例分析”教学方法及相关的知识体系。正是基于此编写理念，本教材应运而生。

本教材创新之处和特点如下：

1．管理类案例分析教材知识体系的创新

根据前述的思想和原则，我们总结了物业管理案例教材设计编写的经

① 《中华人民共和国物权法》于2021年1月1日起废止。

验，设计了全新的教材体系，在教材内容上分为物业管理理论应用案例篇、物业服务技术案例篇和物业管理法律关系调整案例篇，适应不同环境的管理服务需要。“物业管理理论应用案例篇”考虑的是物业管理服务涉及社会各个领域，需要先做出判断，然后采取理性行动，方能保证决策正确和事业成功，需要有物业管理理论指导和理论联系实际的应用案例教学来实现。“物业服务技术案例篇”考虑的是假定物业经营管理环境稳定，在现有的法制和行为模式下，如何优化管理服务的问题，需要在管理服务技术运用过程中遵守合同约定与法律、法规、制度，完善流程、方法、艺术的经验式或启发式案例教学活动来实现。“物业管理法律关系调整案例篇”则是调整物业管理关系和纠正偏离规范的行为的需要，提高物业管理法律意识，形成规范的物业管理服务行为，需要法律纠纷处理案例教学活动来实现。这样从物业管理服务活动要不要开展，到确定开展后是否规范、正常的全过程和主要环节的案例教学活动都有所考虑，构成了完整的物业管理案例教学的知识体系。

2．体现素质能力培养的教学功能设计上的针对性与有效性

教材的栏目设计特别注重知识素质养成和能力训练，因此，设计了“知识精要”“案例分析”“政策规范”“练习与实践”栏目。“知识精要”对主要知识做了简明扼要的介绍，让学生回顾已学知识或者单独学习此教材时不至于存在准备知识不足的问题。“案例分析”栏目设计也考虑到学生的自主学习特点和学习思维模式，循序渐进地设计了“案情陈述”“讨论话题”“思路提示”“分析说明”“本案启示”“体验分享”等子栏目，以帮助学生自主学习，养成成熟的学习模式，提高分析、解决问题的能力。

3．案例的编写体现了中国化案例教学特色

“案例分析”栏目的子栏目“思路提示”“分析说明”“本案启示”“体验分享”在逻辑上一脉相承，编写思路上不仅吸收了现代管理学科案例教学的思想和方法，还考虑到中国管理文化的传统特性，采用了“申论”的编写模式，主要解决以下三个问题：一是判断是非，说明理由；二是就事论事进行分析得出经验结论；三是触类旁通地提出相关问题及解决思路，或引发讨论思考。这样才能融会贯通地学习并运用知识，灵变地处理问题。“练习与实践”栏目设计充分考虑到读者动脑、动手能力的培养，以及协调、沟通、方案编制和组织管理能力的培养。

4. 案例及实践活动的选择体现典型性、针对性、热议性和新近性

“案例分析”栏目中安排了物业管理服务工作中常见的，并且较具综合性、典型性、热议性的案例；“案例练习”栏目中安排了18个较精小、易于分析的案例，其中大部分是新近发生的，针对性较强。“实践活动”有较强的针对性，都是对应各章的重要知识安排的，有利于消化章节知识，有牵引理论知识向实践能力转换的作用，是能力培养的必要环节。

5. 教材资源呈现多媒体、网络化和信息化的特色

由于本教材是由国家开放大学组织建设的，必须适应开放教育现代物业管理专业的教学需要，因此，本教材将建设有网络课程、微课等在线数字化教学资源系列，实现网络远程教学支持服务，为教师和学生提供方便快捷的教学支持服务。

编者

2022年4月于麓湖

目　录

第一篇　物业管理理论应用案例篇

第二篇 物业服务技术案例篇

第三篇　物业管理法律关系调整案例篇

第一篇　物业管理理论应用案例篇

内容介绍

本篇主要涉及物业管理及相关主体的基本知识、基本理论和相关范畴。物业管理服务概述包括物业的概念、物业的性质、物业管理的概念、物业管理的性质、物业管理的特征、物业服务的特征；建筑物区分所有权与业主自行管理包括建筑物区分所有权的概念、组成和特征，区分所有权建筑物管理制度，业主大会和业主委员会，业主自行管理与物业管理权委托；物业管理关系及协调包括物业管理与房地产开发、物业管理与业主、物业管理与社区治理、物业管理与公用事业经营等关系的协调。

学习指导

本篇主要解决物业管理基本知识与基本理论的认识问题，通过各种案例的分析提高学习者对物业管理理论知识的运用水平，使物业管理理论知识在学习者的实践中发挥指导作用，并在遵循物业管理工作规律的基础上，增强现代物业管理专业意识，提高专业技术工作能力，提高工作的规划性、规范性、针对性和有效性。

第一章 物业管理服务概述

【学习目标】

1. 理解和掌握物业、物业管理、物业服务的基本概念、基本特征和性质；认识物业管理的基本环节，以形成物业管理工作的基本专业知识素养。

2. 在认识物业及物业管理服务的性质和特征的基础上，把握物业管理与物业服务的规律，养成规范地判断、分析、解决物业管理问题的思维习惯和职业能力。

一、物业的概念

知识精要

物业管理中的物业一般是指已建成或已投入使用的、集中在一定范围内的各类房屋建筑，以及与之相配套的设施设备及相关场地。

从实体形态的角度看，一个完整的物业至少应包括以下几个部分：一是房屋建筑物，二是配套设施设备，三是附属场地。

从物业权益的角度看，这些“物业”应该有明确的所有权人，即说明物业处在一定的建筑用地范围内，已建成并确定业主权益，有特定的四至界限。

案例分析

案例1－1 物业就是房地产或不动产？

［案情陈述］

小刘与小张、小陈在公司办公室争论物业与房地产的概念区别，小张认为：“物业就是建成并投入使用的房地产，也就是说，物业就是房地产的另一种解释。”小陈认为：“物业就是外国人讲的不动产。”但是小刘则认为：“物业虽然与房地产、不动产有内在联系，但实际上物业与房地产、不动产是不同的概念，不能混淆。”小刘不仅在同事那里感受到人们对物业的不理解，在面对业主时也经常会碰到类似问题。前天，有一位业主因对物业服务企业不满意，还指着小张的鼻子骂：“你们物业服务企业与房地产开发商是一伙的，变着法忽悠业主。”尽管如此，小刘还是认为自己的理解是对的，并坚持自己的观点。

［讨论话题］

（1）如何理解物业的含义？

（2）物业与房地产、不动产的联系与区别分别是什么？

［思路提示］

本案例主要在于理解物业这个概念，从内涵和外延、应用领域和适用范围上理解把握物业的基本概念，并区别与物业相关的房地产和不动产的概念，消除模糊认识，纠正错误行为。

［分析说明］

1. 三个概念的区别

“物业”一词源于我国的港澳地区和东南亚一带的国家，译自英语“Property”或“Estate”，由香港传入内地。内地人民对“物业”及“房地产”“不动产”三个概念的理解存在混淆，小刘与小张、小陈的争论正反映了这一情况。因此，有必要对这三个概念做一个辨析。

房地产，泛指房屋建筑、土地及附属定着物，既可以是宏观层面上的建筑、土地及其定着物，也可以是一个具体的建筑、土地及其定着物。从法律意义上说，房地产本质上是指以土地和房屋作为物质存在形态的财产及其权益，是指寓含于房地产实体中的各种经济利益及由此而形成的各种权利，如所有权、使用权、租赁权、抵押权等。

“不动产”一词译自英文“Real Estate”或“Real Property”。在英文中，Real Estatc 具体是指土地及附着在土地上的人工建筑；Real Property 具体是指土地及附着在土地上的人工建筑，以及其附带的各种权益。房地产由于其位置固定，不可移动，通常又被称为不动产。它与“房地产”概念是同一语义的两种不同表述，一般没有本质区别，只是两个概念的侧重点稍有不同。“房地产”倾向于表明这种财产是以房屋和土地作为物质载体，而“不动产”侧重于表明这种财产具有不可移动这一独特属性，但二者所指乃同一对象。

从以上的分析可以看出，虽然“物业”“房地产”“不动产”三个概念所指对象相同，但表述的侧重点不完全相同，具体如下。

第一，应用领域不同。就一般情况而言，不动产是民法惯常使用的词汇，房地产则是经济法、行政法及商事法律实务中较常用的称谓，而物业仅仅是房地产领域中单元性的房地产概念的别称。不动产在土地研究和土地经济管理领域使用较频繁，房地产和物业的概念在建设管理领域使用频率高。从经济活动环节看，房地产是生产、流通、消费中的房地产商品，是进入开发经营领域的不动产，不动产范围大于房地产；

物业是指进入具体消费领域的房地产最终产品，范围最小。

第二，适用范围不同。房地产与物业在某些方面可通用，但物业一般多指一个单项的房地产单位，如单项的房产、地产，或一个独立的物业服务区域，如“某物业小区”，是指某个具体的群体建筑物或单体建筑物；而房地产除了可以指一宗具体的物业外，还可以指一个国家、地区或城市所拥有的房产和地产，更多用于宏观经济活动统计、分析等领域。

第三，概念外延不同。一般而言，房地产概念的外延是包括房地产的投资开发、建造、销售、售后管理等整个过程。物业有时也可用来指某项具体的房地产，它主要使用于房地产的交易、售后服务，以及日常物业服务等阶段或领域。

国际上，物业是一个通用的习惯词汇，与房地产、不动产表达同一种含义。在我国，物业则有其约定俗成的内涵，即主要指进入消费领域的房地产商品，而不是我们通常所说的生产、流通、消费的整个过程中的房地产。从这个角度来看，物业与房地产是有区别的。

2. 把握“物业”的概念

完整地把握物业的概念，需要注意以下三点：

第一，物业的主体是建筑物，辅助部分是配套的设施设备与场地。如果没有建筑物，而是单独的设施设备或场地（如空地虽然是不动产，但没有开发就不是房地产，也不是物业），就不能称其为物业，至少不能称其为物业管理中的物业。

第二，物业管理中的物业主要是物业的公共部位、共用设施设备、物业规划红线内物业服务区域的市政设施、附属建筑及附属配套服务设施。

第三，物业管理中的物业还包含有物业服务区域基于物业整体关联的权益，因此，对物业管理中的物业是有特定（主要是法定和约定）的界限的（如上所列），并且其中附有清晰的权利和义务。

［本案启示］

本案例反映的是人们对物业管理中的物业这个概念的不理解，这涉及物业管理知识的普及教育问题，间接来讲反映了整个社会对物业概念的认识问题，需要从物业知识的宣传和人们物业意识的增强两个方面去解决。

［体验分享］

请多位有接受物业服务公司服务体验的学习者谈谈自己对物业的理解，整理出他们的观点请大家进行评析，然后由老师进行归纳总结。

政策规范

参见《物业管理条例》第2条、第6条规定。

二、物业的性质

知识精要

1. 物业的自然属性

物业的自然属性又称物业的物理属性，是指物业的物质实体或物理形态相联系的性质，其自然属性主要有以下几点：(1) 构成内容上的二元性。物业兼有土地和建筑物两方面的物质内容和自然属性。(2) 空间上的不可移动性。(3) 使用寿命的长期性。(4) 形式上的多样性。

2. 物业的经济属性

物业的基本经济属性是商品。物业具有经济价值和使用价值，只有按照价值规律的要求和等价交换原则，通过市场的交易活动（物业的买卖、租赁、抵押，土地使用权的出让、转让等）才能得以实现。

3. 物业的权属性质

物业的权属性质包括物业的所有权，其性质集中反映在物权的关系上。物业所有权是房地产物权中的核心权利，是物业所有者在法律规定的范围内对物业所拥有的占有、使用、收益和处置的权利，其他物权皆源于此。物业所有权具有绝对性、永久性和排他性等法律特征。

案例分析

案例 1-2　大家来关注小产权房的命运

[案情陈述]

小产权房对于城市低收入者来说很亲切，是他们在繁华都市中寻找属于自己的“安乐窝”的渠道，也是“城中村”居民用以出租的生财之源。这些小产权房大多建在“城中村”或城乡接合部，大多是“接手楼”“高危楼”“高密楼”，规划设计、设施设备、环境、安全性、功能等诸多方面存在问题，如规划无序、设计不符合标准、施工不合规范、功能不合理、房屋建筑质量低劣、安全隐患众多、生活环境恶劣、治安问题频出等，但面对高房价、高房租，还是有不少人无奈地选择了这里。从某种意义上说，“小产权房”解决了住有所居问题，推动了城市经济建设和发展。同时，小产权房在城市房地产市场中也发挥了举足轻重的作用。但小产权房不能真正构成严格法律意义上的产权，因此拥有小产权房的人们希望有一天能转正。

[讨论话题]

(1) 请分别从自然属性和社会属性的角度理解小产权房的物业特性。

（2）从物业自身价值实现的角度分析小产权房的出路。

［思路提示］

本案例主要从小产权房这种中国城市化进程中特有的物业形态来认识物业的自然属性和社会属性。认识了小产权房的物业属性，就能提出小产权房问题的解决思路。

［分析说明］

1. 什么是小产权房

小产权房是相对于大产权房而言的，通常所谓的“小产权房”，是指在农村集体所有的土地上建造的房屋，仅有乡（镇）政府或村委会的盖章以证明其权属，并没有国家房屋土地管理部门盖章确认，也没有国家所发的产权证，这种房屋被视为乡产权，即小产权房屋。

在我国众多城市的郊区，在农村小城镇建设、发展农村住宅小区化的过程中，出现一些村集体经济组织在本村集体土地上集中建设的农民住宅楼，除用来安置本集体经济组织成员外，这些楼还被以较低的价格出售给本集体经济组织以外的成员，且这种现象在农村越来越普遍，是农村城镇化的一个特征。

2. 小产权房的性质及出路

小产权房从物业的自然属性上看虽然也具备了物业的基本形态和功能，具备了物业构成内容上的二元性、空间上的不可移动性、使用寿命的长期性、形式上的多样性等特性，且有一定的经济价值和使用价值，但如案例所述，在规划设计、功能、质量、安全、环境等诸多方面存在问题，不能完整地体现物业的性质，完全不符合或部分不符合物业建设的质量标准和要求，以及物业服务区域规划要求，影响了物业的功能作用发挥及其价值实现，也为物业管理服务增加了麻烦和成本。

物业的固定性要求物业在规划、设计、施工上做到科学性、合理性和标准化，如果在这些方面出现问题将造成无法弥补的损失，小产权房或多或少地存在这个问题，对众多的此类房屋进行重建、改建、加固、规范、整治需要大量的资金投入，效果也不够理想。此类物业的有限性还会使大量的城市人口居在其中，而此类物业由于质量问题导致耐久性不足，大多是“接手楼”“高危楼”“高密楼”，一旦出现地震、倒塌、火灾、瘟疫、爆炸等突发事件，后果将不堪设想。此类物业的配套性较差，有的连白天也不见光，更谈不上有品位的城市生活，生活在其中的人们不能享有与其他城市居民同等的生活条件。可见，小产权房不具备物业的基本要求。

小产权房从物业的社会属性上看，虽然具备了社区性、经济性、文化性等特性，在经济属性也有一定体现，如它也有“产权”，也有使用价值和一定的风险收益。但是由于产权“小”，它从建成、登记到交易、收益等各个方面都易引发大量经济问题，甚至社会政治问题。

物业的权属性要求物业只有进行权属登记才能确认权属关系。物业在交易中要以契据证明交易关系和产权的转移。小产权房的“小”体现在它是“乡产权”“集体产权”，它并不真正构成严格法律意义上的产权。小产权房虽然没有法律意义上的产权，但也不都是非法建筑。乡产权房只要依法办理了相关审批手续，就是合法建筑，法律是允许乡村集体在集体土地上建造住宅的。但问题出现在产权能否不受限制自由转让，如果它要像商品房一样进入房地产市场进行交易，就会和现行法律法规发生冲突。根据《中华人民共和国土地管理法》（以下简称《土地管理法》）的规定，农民集体所有的土地的使用权不得出让、转让或者出租用于非农业建设。而农村宅基地属集体所有，村民对宅基地也只享有使用权，村民将房屋卖给城市居民的买卖行为不能得到法律的认可与保护，也就不能办理土地使用证、房产证、契税证等合法手续。由此可见，乡产权房是不能向非本集体成员的第三方转让或出售的。这种产权转让的有限性，不仅使此类物业“出生”时被打入“另类”，成为权属关系“非健全”的物业，也使物业的经济价值大打折扣。之所以有许多人购买此类物业，主要是出于经济能力因素做出的无奈选择。“廉价”是大量城镇居民顶着产权风险购买“小产权房”的根本原因。

由于客观上的住房需求存在，并且小产权房已经成为一些发达地区城市社会问题的聚集和发散地，因此小产权房越来越引起各级政府的重视。但如果在国家政策法规上没有根本性调整，小产权房的命运多舛状况将仍难改变。

［本案启示］

本案例提出的小产权房问题，反映了当前我国房地产行业发展中的深层次矛盾和迫切需要解决的问题，其实质是物业规划、建设和管理的规范性、合法性和科学性问题。对小产权房问题应按物业的属性和要求去解决。

［体验分享］

请有小产权房生活体验或调查经历的同学谈谈对小产权房的感性认识，结合物业性质提出解决小产权房问题的思路。

政策规范

（1）参见 2004 年 8 月 28 日起实施的《土地管理法》第 62 条、第 63 条规定。

（2）参见《民法典》第 209 条、第 210 条规定。

三、物业管理的概念

知识精要

根据国内外物业管理活动的实践，物业管理有广义与狭义之分。

广义的物业管理泛指受业主委托所进行的开展旨在物业合理使用和保值、增值而提供的服务与经营活动。

狭义的物业管理主要指物业服务企业接受业主的委托，按照物业服务合同的约定，对房屋及配套的设施设备和相关场地进行维修、养护、管理，维护相关区域内的环境卫生和秩序的活动。

《物业管理条例》中对物业管理的定义也是从狭义上来界定的，认为物业管理是指业主通过选聘物业服务企业，由业主和物业服务企业按照物业服务合同的约定，对房屋及配套的设施设备和相关场地进行维修、养护、管理，维护物业服务区域内的环境卫生和相关秩序的活动。

物业管理是由业主通过选聘物业服务人（包括物业服务企业或其他管理人）的方式提供的专业的物业管理活动。业主和物业服务人双方是平等的民事法律主体，业主是物业管理的权力主体，而物业服务人是受委托的管理与服务主体。物业管理的对象是物业。物业服务人所提供的是有偿的、无形的商品——劳务。物业管理的目标是为了发挥物业的最大使用功能，使其保值增值，并为物业所有人和使用人创造整洁、文明、安全、舒适的生活和工作环境，最终实现社会、经济、环境三个效益的统一和同步增长。

城市服务是物业服务人的业务空间从纵向维度向横向维度拓展突破的产物。它是指由物业服务企业或者城市服务企业以专业的物业管理能力为支撑，向城市多类主体，提供的全方位、全时域、全空域的专业管理服务，包括物业服务区域的物业服务、社区公共服务管理综合服务、村镇街区的基层公共管理服务和城市公共管理服务。

案例分析

案例 1－3　物业管理就是物业服务企业开展的管理服务吗?

［案情陈述］

一天中午，某物业服务公司的管理人员在公司食堂用餐时，对公司经理人培训班上孙讲师所讲的关于物业管理概念的观点议论纷纷。原来从事房地产开发出身的孙讲师在课堂上讲到，物业管理是物业服务企业对物业的管理服务活动，并以《物业管理条例》为依据做出解释。对此大家有不同看法，经过讨论后，培训班班长归纳出几个具有代表性的观点，准备下午请教孙讲师。针对物业的管理行为有很多，例如：国土资源和房屋管理局及物业管理协会对物业行业、物业服务企业进行行政管理；业主自己管理自己的物业；社区居民委员会等组织也管理一些物业服务区域的事务；绿化公司、保安公司，以及供水、供电、供热、供气等公用事业单位在物业服务区域进行的服务活动；物业服务公司经营管理活动；等等，这些管理行为和管理活动算不算物业管理？这一系列问题让孙讲师犯难，于是他在网上求教，希望有人能给出满意的答复。

［讨论话题］

（1）你对物业管理的概念是怎么理解的？

（2）从物业管理的概念出发，物业管理服务活动范围如何界定？

［思路提示］

本案例旨在帮助学习者理解物业管理的概念。首先要从物业管理内容的层次上弄清不同性质的物业管理，从理论上，不能局限于物业服务公司的物业管理；从实践上，专业物业管理的定义是常见的，要以此为依据定位好不同的管理角色，划清工作范围和界限。

［分析说明］

1. 物业管理的概念

关于物业管理的概念，目前有许多不同的理解，在不同的场合，经常会有关于物业管理含义的讨论，如物业管理主管部门、行业人员、法律专家及业主对物业管理一词有不同的意见和看法。不过，法规文件、专业教材一般是从专业物业管理的角度进行界定，即专业的物业服务企业或其他管理人接受物业业主的委托并签订物业服务合同，根据合同约定对房屋及配套的设施设备和相关场地进行维修、养护、管理，维护物业服务区域内的环境卫生和相关秩序的活动。从这个角度讲，孙讲师说得没有错。但是如果仅从专业的角度理解物业管理显然是不够的。人们在现实生活中会从不同的角度或定位上接触物业管理活动或工作，而理论上只从一个特例进行解释就难以让人信服。因此，只有在理论上全面理解物业管理的概念，对其有清醒的认识，行为上才不会混乱。

2. 物业管理的内容

现实中的物业管理活动所涵盖的领域或内容是多层次的，视角也是多方面的，因此，从不同的学科角度理解物业管理会有不同的表述结果。

行业政策法规调控的对象主要是物业服务企业的行为，法律调整的对象主要是物业服务活动中的民事法律关系，因此，我们常见到从法律角度对物业管理的定义是专业物业管理的定义也就不足为奇了。

另外，从经济学角度考虑，认为物业管理是房地产开发经营管理的组成部分，或者将物业管理等同于物业服务企业的经营管理都是不对的。前者混淆了房地产开发经营活动和物业服务产品交易活动的本质区别；后者混淆了物业服务企业内部经营管理和物业服务企业向外提供物业服务产品及物业管理服务活动的界限，混淆了活动的性质、功能和目的。因此，物业服务企业为开发商销售房地产商品的工作，本质上不属于物业管理活动，只是物业服务企业承接的一项经营性项目。

既然是物业管理就应该从管理学角度去理解。从物业管理权的来源和实现的角度来分析物业管理活动领域或内容，准确定义物业管理的概念。物业管理主要包括四个层面的管理活动：一是业主基于物业产权的自行管理，如香港地区业主自治法人法团对所持有物业的自治管理。二是基于产权分解后的物业管理权委托代理制条件下出现的物业服务企业或其他管理人进行的委托管理活动，这其中也包括物业服务企业利用物业服务区域公共资源和自身经营资源进行的经营活动。这就是日常生活中人们所能理解的专业的物业管理活动。三是基于公权的政府物业行政管理和行业协会的行业自律管理。例如：政府发布物业管理政策法规的抽象物业行政管理行为；政府对物业服务区域业主自行管理组织及活动、物业服务企业的物业管理活动依法采取的指导、监督、行政规制措施等具体物业管理行政行为；行业协会对物业服务企业资质的管理；等等。四是基于管理权力的交叉、关联性的物业服务区域的综合治理，主要是物业业主、社区居民、经营单位、公用事业单位、专业公司、基层政府组织或非政府组织（NGO，主要是业主联盟、协会等组织）、各种媒体及其他利益相关者等进行的互动式、渗透式管理活动或关联性影响活动。从管理学角度分析，物业管理应该是指合法的物业管理主体（物业管理组织或人员）为实现物业产权人和物业相关利益主体的权益，达到经济效益、社会效益、环境效益等综合效益最大化，以物业或物业服务区域为对象而开展的对物业本体、物业关系和物业服务区域公共资源及秩序管理活动的总和。

［本案启示］

物业管理是一个复杂的管理系统，牵涉面广，既要从管理学角度理解物业管理概念，也要从不同的层面、视角了解人们对物业管理的不同看法，以便深刻理解物业管理的定义，分清各个层面不同性质的物业管理工作，定位好自己的角色，厘清工作思路，处理好物业管理关系。

［体验分享］

请从网络上搜集有关物业管理定义，并做出分类，然后在学习小组上与大家一起分析讨论，指出不同观点的价值和不足。

案例1－4　告别“管理”拥抱“服务”的意义何在?

［案情陈述］

《物业管理条例》将“物业管理企业”改为“物业服务企业”，此举进一步明确了物业服务企业的市场经济主体的定位，也有利于物业服务企业转变经营作风，增强服务意识，意义非同小可。一些物业管理公司行动迅速，很快将名称由“物业管理公司”更名为“物业服务公司”，“物业管理处”更名为“物业服务中心”。一时间“物业服务”成为时髦词汇被热捧，而“物业管理”被贴上“专制”封条，打入冷宫。《民法典》将物业服务产品提供主体统称为“物业服务人”，包括“物业服务企业和其他管理人”。《民法典》颁布实施前后，又有不少物业服务企业更名为“城市服务企业”“生活服务企业”，并进军城市服务的各个方面，特别是城市街道办事处、乡镇地域的全域化城市服务和环卫服务等城市公共管理领域。可以说，物业管理迎来了物业服务和城市服务的“春天”。

［讨论话题］

（1）物业管理和物业服务有无联系？区别又在哪里？

（2）“物业管理企业”改为“物业服务企业”的理论和现实意义如何理解？

［思路提示］

主要从物业管理的联系和区别上辨清“物业管理企业”和“物业服务企业”两个概念的关系，从而看清立法机关的用意与正确性，也可以看清一些公司的更名有无实际意义。

［分析说明］

本案例反映物业服务行业存在对“物业管理”和“物业服务”的肤浅认识，认为只做形式改变就可以带给公司对行业的“重新认识”，“以后与业主的关系不再是管理和被管理的关系，而是服务和被服务的关系”等质的变化。但是如果没有深刻领会法律修改的意图和深入认识二者的本质属性，也不会带来物业服务的质的变化。

物业管理行业属于服务性行业，它的基本职能就是为业主、住户提供完美的服务。从物业管理一进入我国，人们围绕应该称“物业管理”还是称“物业服务”的问题展开过多次交锋。一种意见认为，管理与服务是物业管理的双重职能，管理本身也是服务，管理中有服务，服务中有管理，称“物业管理”可以更好地体现这一行业的特性；另一种意见认为，应该称“物业服务”，因为服务是第一位，称“物业服务”有利于提高物业管理行业和物业服务人员的服务意识。不管这两种意见最后达成怎样的结果，物业管理的服务特性是大家认可的，特别是将“物业管理企业”的称谓改为“物业服务企业”，似乎有一锤定音之效。不过从理论上讲，管理和服务是从两个不同的角度界定同一事物的方法，它们既有区别也有联系。

1.“物业管理”与“物业服务”的区别

从区别来看，首先是概念的解释方法不同。物业管理是从管理权来源或取得、管理权实现、管理功效等管理学角度解释物业管理活动的方法；而物业服务是从服务产品交易的经济学角度解释物业管理活动的方法。其次是立足点不同。物业管理立足于对物业、物业关系、物业服务区域环境秩序管理的综合效益，是全方位、全过程的管理活动，包括实体管理、资产管理和秩序管理等方面；而物业服务立足于约定物业服务项目效益目标的达成，管理活动只是取得服务产品效益的手段。再次是判断标准不同。管理强调以工作为中心，围绕管理事件展开管理活动；而服务强调以人为中心，围绕人性激发和人的满意度来展开管理活动。如物业服务企业是以物业功能的正常发挥、环境优美、物业服务区域安宁为判断标准，还是以物业效用、业主满意度、小区生活品位为判断标准，这反映了不同的管理理念。最后是使用的领域不同。物业管理可以使用到与物业相关的所有社会活动领域，包括物业服务领域；而物业服务企业的服务活动不但要受到宏观、中观（地方政府的物业行政管理及协会的行业管理）物业管理的影响与制约，而且物业服务目标的达成要通过具体的物业管理活动去实现，物业服务只在商业化的物业服务产品交易活动中才出现。

2.“物业管理”与“物业服务”的联系

从联系来看，两者也密不可分。首先服务是管理的一种表现形式。从管理学意义上讲，管理本身就包含平等关系下的管理和不平等关系下的管理（管制）两种模式。通常讲的服务是平等关系下的管理，是基于平等民事关系（通常是经济交易关系）的管理模式。这种管理模式从理论意义上讲只可能产生于市场经济条件下的物质产品或服务产品的交易活动中。其主要有三层含义：一是平等主体，二是等价交换，三是自由竞争。随着物业服务行业市场化进程的加快，人们对这种平等交易模式越来越期盼，以至于大家急切盼望将“物业管理”改为“物业服务”就不足为奇了。但是在物业服务中有大量的活动是在不平等的管理方式下实现的，如个别业主不按物业用途使用物业，物业服务人员就要以全体业主委托的公共事务管理权实现者的身份，对其实施管制措施，此时双方虽然在法律上是平等的，方式上可以人性化一些，但双方在这一具体行为中的地位显然不是平等的，物业服务人员代表的是全体业主，而个别业主只代表自己，并且要服从包括自己在内的全体业主制定的管理规约的约束。其次是服务内容具体表现为管理活动，或者说服务是由管理活动来帮助实现的。如要满足业主对“环境优美”的服务需求，就需要对环境资源进行配置管理活动来实现。再次是两者都反映了管理风格。两种模式在不同时代或不同情境条件下都可能成为最佳的选择，体现适应环境的管理风格的差异，是可组合、可优化的关系，不是排斥关系。当关系不协调、运行无序、社会不和谐时，就需要管制或管理；当关系协调、运行有序、社会和谐时，则强调更多的是服务。最后是反映不同企业的经营管理特色。这可以从公司的名称与专业特色联系上反映出来。从管理或服务的专业领域看，有的以资产管理为主，用“管理公司”名称；有的以服务为主，用“服务公司”名称；有的以顾问为主，用“顾问公司”“管理公司”名称。因此，可以说管理中有服务，服务中有管理，服务能提高管理效果，管理能保障服务的稳定提供和质量。

从上面的分析可以看出，《民法典》和《物业管理条例》，出现“物业服务企业”

“物业服务人”等新概念，突出了物业管理的服务性质。从理论意义上看，物业服务是商品，是可以用来交易的，用“服务”一词比用“管理”一词能更准确地体现服务产品的特性；从现实意义上看，称“物业服务”有利于改变物业服务行业的经营管理作风，提高物业服务人员的服务意识，纠正行业不正之风，这是改善物业服务行业形象的举措。

城市服务概念的出现，为物业服务开拓了广阔的业务空间。城市服务的特点主要包括以下六点。一是业务空间从纵向维度向横向维度拓展。从传统的企业内部业务纵向拓展（即提升服务专业化水平，做好细分市场业务）逐步转向城市空间横向拓展（如向社区服务、城市公共服务管理拓展）。二是提供整体解决方案，形成城市服务生态体系。由传统的只专注于物业硬件设施管理服务和对业主的个性化服务、资产经营服务，向以数字化技术为支撑的城市社区、街区乃至更大空间的场景化服务转变。三是借助现代信息技术，打造数字化、智慧化专业服务平台。将城市社区线上线下生活服务、社区公共服务、城市政务服务及其他电子商务服务通过智慧化物业服务平台进行链接，组成完整的全新的智慧化城市服务生态系统。四是提供标准化、格式化、实时化的服务。基于5G、大数据、移动互联网、人工智能、机器人等现代信息技术支撑的社会经济结构的变革，形成标准化、格式化、实时化的服务体系。五是有大资本的支撑，需要进行基础设施建设。城市服务行业不满足于过去的小打小闹，有条件建设更高端、更全面、更先进的基础设施和条件，吸引更多优秀人才参与其中，助力行业的跨越式发展。六是传统的招投标制度不适应以高科技为支撑的体系化城市服务项目的选择需要。根据这些特点我们要打开思路，转变思维，升级管理维度，由传统的物业服务区域的物业项目经营管理服务和“小物业管理”向街区公共服务管理、城市公共管理服务的“大物业管理”转型发展，以充分的思想准备和高度的思维转换迎接物业服务行业的全面挑战，取得新的发展空间与机会，再创经营管理辉煌。

［本案启示］

由物业管理企业到物业服务企业，由物业管理者到物业服务人，对于一些企业来说可能是“换汤不换药”的形式主义作秀，但由于是立法上的行动，从长远看，将会推动物业服务行业和物业服务企业在经营理念和作风上逐步由“管制”向“服务”转变，推动物业服务行业由“小物业管理”向“大物业管理”转变。物业服务企业和物业服务人员应当适应这一不可逆转的变化。

［体验分享］

请整理你所在小区物业服务企业的管理和服务方式特点，并从优点和缺点两方面谈谈你对“物业服务”的看法。

政策规范

（1）参见2007年8月26日国务院修改后的《物业管理条例》第2条、第10条、第20条、第21条、第22条、第24条规定。

（2）参见《民法典》第271条、第284条、第285条规定。

（3）参见2020年10月14日国家发展改革委等十三部委联合印发的《近期扩内需促消费的工作方案》（发改综合〔2020〕1565号）。

（4）参见2020年11月24日住房和城乡建设部等六部门联合印发的《关于推动物业服务企业发展居家社区养老服务的意见》（建房〔2020〕92号）。

（5）参见2020年12月25日住房和城乡建设部等十部门联合印发的《关于加强和改进住宅物业管理工作的通知》（建房规〔2020〕10号）。

（6）参见2020年12月4日颁发的《住房和城乡建设部等部门关于推动物业服务企业加快发展线上线下生活服务的意见》（建房〔2020〕99号）。

四、物业管理的性质

知识精要

从物业管理现有的定义来看，物业管理包含公共管理和私人管理双重属性，即物业管理内容、宗旨上体现了公共性，但物业管理活动又是借助于企业管理形式来施行，且有盈利目的。从物业管理的公共管理属性出发，我们在物业管理活动中应注意以下几点：

（1）物业管理必须与房地产开发分业经营。其实质是所有的物业管理活动必须按物业服务市场规则运作，体现各市场主体的独立经营与成果。

（2）物业管理从本质上讲是公共管理。物业服务企业只是建筑物区分所有权人集体通过“公共选择”雇请的物业管理代理人，应以增进物业服务区域的共同利益为根本宗旨。

（3）物业管理是采用企业化的方式推行。首先不应将物业管理同物业服务企业内部经营管理相混淆。其次要处理好委托物业管理（对外物业管理服务）与物业服务企业管理（对内企业经营管理）的关系，还特别要处理好物业公共服务与物业服务区域经营性服务的关系。

案例分析

案例1－5 经理换了，小区变了

［案情陈述］

某花园小区业主陈先生刚进小区时，感觉小区物业服务企业的服务很好。比如，出门买的东西多时保安会主动帮忙送到家里，每天早晨都能看见保安出操，所有楼层都安装有先进的电子监控设备，安保人员会定期巡逻。另外楼道、小区经常可以看到清洁工在打扫卫生，小区路面很干净，绿化也经常有人整修。小区楼宇间有艺术雕塑和适合不同年龄业主的休闲设施。小区配套建设有学校、超市、医疗服务中心、幼儿园、会所、网球场、游泳池等生活服务设施、社区教育设施、娱乐休闲设施。一切都那么安全、优美、高尚、和谐，生活在这，乐在其中。

投入使用三年后，开发商对小区物业管理服务没有以前那么重视了，物业服务中心经理也换人了，情况就发生了变化，这种变化让陈先生难以适应。例如：一到晚上小区到处是遛狗的，吓人不说，还随处可见狗屎；为了收取停车费，小区到处设停车位；电梯广告收益不公开；小区一楼商铺出租给经营音像制品的租户，试营业时噪声很大；小区会所、网球场、游泳池等生活服务设施和娱乐休闲设施有大量的外来非业主光顾。

据陈先生讲，现在小区业主提出要成立业主委员会，目的之一就是炒掉现在的物业服务公司。该小区物业服务中心经理却认为物业服务公司是企业，搞好经营没有错，有些服务没有做好，与总公司近一年多没有补贴还要搞项目单独核算有关。由于开发商在物业费上对业主采取了一定优惠措施，使物业费收入较少，而其他收入来源又不多，导致物业服务公司效益不好，员工也随之减少了，进而一些事情管不过来。物业服务中心经理的解释并不能令业主满意，业主认为是物业服务公司没有将小区服务性工作当回事，只顾自己的经济效益，没有履行物业管理服务的职责。

［讨论话题］

（1）你认为小区业主的观点对吗？为什么？

（2）物业服务公司的问题出在哪里？如何改变被动局面？

［思路提示］

首先要分清物业服务项目的性质，区分哪些是公共管理服务，哪些是经营性管理服务。然后看看公共管理服务在物业管理服务中的地位和作用是否得到体现。新上任的物业服务中心经理在处理公共管理服务与经营性管理服务的关系上有偏差，致使业主产生换物业服务公司的想法和行动。

［分析说明］

本案例中物业服务公司换经理后出现的种种现象表明，物业服务公司没有处理好公共管理服务与经营性管理服务的关系，经营效益好了，但公共管理服务质量下降了，业主不满意。因此，业主提出成立业主委员会和换物业服务公司都应视为正当、合理、合法的要求。

公共管理服务和经营性管理服务是物业管理的两个常规服务业务。两者构成物业管理服务的完整体系。两者不可缺少，互相配合，相得益彰。物业公共管理服务即综合性公共管理服务，是以物业服务区域的公共设施设备、场地和公共环境、公共关系与秩序管理，以及普遍需要的常规管理服务为主要内容的管理活动，是所有业主及非业主使用人都需要的管理服务，是物业服务企业必须提供的普惠性服务。物业管理的根本性质是公共管理，就是通过综合性公共服务体现出来的。物业经营性管理服务则是指物业服务企业以市场化为导向，以谋求物业服务公司和业主（或非业主使用人）共同利益最大化为目的，以满足业主及非业主使用人的需求为目标，充分利用物业服务区域公共资源所进行的社会化、综合化、经营性的物业服务与管理。

物业综合性公共管理服务与物业经营性管理服务是相互促进的关系，搞好综合性公共管理服务是物业管理服务的根本，它可以帮助物业服务企业获得物业管理权，保证物业服务企业在物业服务合同期满后的正常续期。当然，经营管理搞得好可以提高物业服务企业的效益，从而增强物业服务企业的实力和竞争力，为业主提供更好的公共管理服务。但是由于物业管理的根本性质是公共管理，物业服务企业在选择物业服务项目和开展物业管理服务活动时，应坚持以综合性公共管理服务为本位、经营性管理服务为补充，物业经营性管理服务必须以符合业主的整体需要为原则。

本案例中业主不满的原因主要有三个方面，一是开发商的内部经营管理方法上的改变，反映其只将物业管理看作房地产营销的一个要素，为卖房而提供物业管理服务的经营管理思想，也是导致物业服务企业经费来源减少的一个重要原因。同时开发商对物业服务公司的补贴和对业主的优惠政策，客观上对物业服务公司在物业项目的经费收支平衡上造成了破坏，也对物业服务公司自主权和业主集体利益造成了侵害。二是物业服务公司经营策略的变化，影响了其对小区物业服务项目的选择和重点工作的投向，导致其在具体的管理措施和活动上出现偏向，引起业主的不满。三是没有履行物业服务公司的职责和合同义务，使业主不满。

物业服务公司要改变上述状况，必须坚持以公共管理服务为导向，依物业服务合同搞好公共管理服务，切实履行义务和职责，满足业主的公共管理服务需求。在此前提下，物业服务公司应与业主商定经营性管理服务项目，纠正目前唯利是图的做法。

［本案启示］

本案例要从物业管理的公共管理服务性质出发，认清综合性公共管理服务在物业管理服务中的主导地位。小区物业管理服务项目的选择和管理服务的重点应该放在公共管理服务项目上，经营性管理服务项目选择应在保证公共管理服务质量和业主满意的前提下进行。否则物业服务企业将会失去物业管理服务项目的经营管理权。

［体验分享］

请说出你所居住的小区物业公共管理服务项目和经营性管理服务项目有哪些，并评价主要经营性管理服务项目对你生活和工作的影响，做出项目取舍并阐述理由。

政策规范

（1）参见《物业管理条例》第 6 条、第 10 条、第 11 条规定。

（2）参见《民法典》第 271 条、第 284 条、第 285 条、第 286 条、第 287 条规定。

（3）参见建设部关于印发《前期物业服务合同（示范文本）》的通知（建住房〔2004〕155 号）第 2 条明示内容。

五、物业管理的特征

知识精要

物业管理的特征是物业管理本质的反映。物业管理的特征主要有：

（1）管理分工社会化。物业管理由专业化的物业服务企业完成，业主专注所从事的专业工作，这样的分工有利于发挥物业的整体功能，实现经济效益、社会效益、环境效益的统一，提高整个城市的管理社会化程度。

（2）管理工作专业化。此处的专业化有三层含义：一是业主有较高的物业管理意识和成熟的素养；二是物业服务企业有专业的从业人员和管理水平；三是政府进行指导。

（3）管理运作市场化。尽管物业管理的根本属性是公共管理，但是要通过物业服务企业来实现管理目标。

（4）管理服务有偿性。物业服务公司所提供的服务是有偿的，即通过收取合理的费用维持企业的正常运转。

（5）管理效益最大化。物业管理应以追求经济、社会、环境等方面的最大化综合效益为目标。

案例分析

案例1－6　物业服务公司参加突发公共事件应急管理服务活动是否是无偿的？

［案情陈述］

两年多的抗击新型冠状病毒肺炎疫情实践，证明了物业管理在社会公共服务中的巨大价值和社区防疫中的重要作用。物业服务企业参与突发公共事件处理是非常必要且可行的，但其关键问题是经费问题。福建省物业管理协会提供的抽样调查显示，一个20万平方米的物业项目，在疫情防控期间，每天至少消耗口罩80个，酒精、消毒液10～15升，平均每日约增加支出1 382.60元。

福建省人大代表、永安物业董事长林常青在福建省第十三届人大五次会议上建议，将物业服务企业纳入突发公共事件应急统筹，给予物资和资金支持，保障物业服务人员在突发公共事件联防联控、群防群治体系中，在关键时候能冲得上去、打得了胜仗。

林常青认为随着防疫工作的时间不断延长，物业服务企业普遍反映人员成本及物资支出大幅增加，经营压力较大，且物业服务行业普遍面临物业费偏低且难提价的困境。

［讨论话题］

（1）上述建议是否合理？请分析。

（2）物业服务企业参与应急管理服务是否应得到相应经费支持？

［思路提示］

物业管理的根本属性是公共管理服务，采取市场化方式运营即由物业服务企业提供公共管理服务和经营性管理服务，是为了提高公共管理服务的效率。参与突发公共事件应急管理，能更好地体现物业服务企业的专业价值，为持续提供专业、高效的服务，应当有相应的经费来源保障，政府应当给予相应补贴。

［分析说明］

本案例主要反映人们对物业管理服务在正常社会生活中的地位与作用的理解与认识问题。物业服务企业作为社区治理的重要主体，其参与程度和管理服务水平事关基层治理效能。自新型冠状病毒肺炎疫情发生以来，物业服务行业积极投入到疫情防控中去，为物业服务区域的防疫安全筑起了一道道坚实的防线。但处于疫情防控一线的物业服务企业由于不能享受政府提供的防疫物质，只能自行筹措，紧急时期甚至只能通过非正规渠道采购，不仅价格贵，质量还没法保证。随着疫情防控时间的不断延长，物业服务企业普遍面临人员成本及物资支出大幅增加、经营压力大的困境。

虽然人们开始认识到物业服务企业的地位与作用，一些地方政府也出台了相应的政策给予物业服务企业适当的疫情防控补助，如深圳、杭州等地，按照在管住宅项目服务面积给予物业服务企业一定的财务补助，并建立奖励基金用以鼓励优秀企业。但目前物业服务企业疫情防控的人力和资源保障问题仍未得到有效解决，许多物业服务企业仍然是无偿贡献自身的力量，难以支撑持续抗疫行为。只有制度上有安排，经费、资源上有保障，才能从根本上解决这一难题。2020 年 12 月 25 日，住房和城乡建设部等十部门联合印发的《关于加强和改进住宅物业管理工作的通知》规定："突发公共事件应对期间，街道指导物业服务企业开展应对工作，并给予物资和资金支持。委托物业服务企业承担公共服务事项的，应当向物业服务企业支付相应费用。"同时，一些地方政府物业管理条例立法也有相应的规定，如北京市、广州市新出台的"物业管理条例"都做了规定，将物业服务企业纳入突发公共事件应急物资供给体系，将大力提升物业服务队伍的应急防控、救援能力，及时解决物业服务企业在突发公共事件应急时期的设备器材匮乏等问题。

此外，随着社会发展，物业服务企业还担负着更多的城市公共服务与城市公共管理职能，如社区服务管理（包括社区电商服务、居家养老服务、流动人口管理、出租屋管理、治安防控管理、环境卫生管理、交通管理等）、文明城市创建、城市公共服务、城市公共管理等城市社会事务管理服务。物业服务企业可以通过政府购买社会服务，以及承接其他财政专项资金项目的方式，保障资金，推动物业服务经营管理产生良性循环，推动城市服务"大物业管理"的持续发展。

［本案启示］

现代物业管理的专业化与市场化体现了物业管理的专业价值；物业管理的公益性与有偿性保证了物业管理服务的可持续进行和物业服务行业的可持续发展。物业管理在疫情防控中发挥了不可替代的作用，也证明了其自身的价值，只有让人们认识物业管理的价值作用，并带来政策方面的改革，才能促使物业管理专业价值拓展到城市社区服务中去，确保城市服务"大物业管理"的持续发展。

［体验分享］

请调查一家物业服务企业的疫情防控情况，分析其在突发公共事件应急管理中的地位、作用与专业价值。

案例 1－7　物业费可以减免吗？

［案情陈述］

某花园小区，业主购房时开发商承诺终身免收物业费，入住一段时间后，物业服务公司却找业主收取物业费，并以停止供水供电相威胁。业主对开发商的承诺不能兑现表示不满。物业服务公司说开发商之前一直给予物业服务公司资金支持，他们也就没有要求持有物业费免收协议的业主交纳物业费，但是现在开发商停止对物业服务公司的资金支持，他们不得不要求持有物业费免收协议的业主也要交纳物业费。开发商认为："开发商向业主做出的免交物业费的承诺与现行的《物业管理条例》有冲突，属于无效条款，持有物业费免交协议的业主也应交纳物业费。"并试图和业主沟通，让业主理解他们的做法，但是一直没有结果。

［讨论话题］

（1）物业费是否可以随意减免，后果是什么？

（2）物业服务公司收取持有物业费免收协议的业主的物业费是否合理合法？

［思路提示］

物业管理服务是有偿服务，开发商是否有减免业主物业费的权力？物业服务公司有无收取持有物业费免交协议业主物业费的权力？

［分析说明］

本案例表面反映的是开发商、物业服务企业与业主之间就物业费收取与减免发生的纠纷，实质是对物业管理服务的有偿性认识不足而引发的行为上的矛盾和冲突。

本案例起因于开发商做出减免承诺，这种情况在各地都存在。本案例中的问题都是开发商越权承诺的行为造成的，是不可取的。减免物业费的措施虽然有利于促进房地产的销售，对开发商有利，但其是以优惠为诱饵，以牺牲物业管理、切断物业管理经费来源、破坏日后物业服务公司的正常服务活动为代价的，是直接损害业主利益的行为。一旦业主有了清楚的认识，是不会上当的，这会使开发商失去诚信，从根本上也损害了开发商的自身利益。

依靠开发商长期或无限期补贴物业费也是不现实的。物业管理服务是有约定期限的，当业主入住率达到50%时，要依法召开业主大会，成立业主委员会。业主通过业主大会可以重新选聘物业服务企业，提供前期服务的物业服务企业也不一定就会续聘。开发商与提供前期物业服务的物业服务公司签订的补贴物业费协议便成为不可能兑现的承诺。

从物业服务公司的角度来讲，物业服务公司其实应该一接手物业管理就对所有业主收取物业费，而不应是开发商"切断补贴"之后才收取。物业费是物业管理服务的正常收入，是物业服务费用支出的来源，减免物业费就切断了物业管理服务收入的正常来源，物业管理服务产品的交易无法正常实现。开发商的补贴是针对业主的，而不应是针对物业服务公司的。物业费是物业服务公司向业主提供物业管理服务的合理报酬。《民法典》第九百四十四条规定："业主应当按照约定向物业服务人支付物业费。物业服务人已经按照约定和有关规定提供服务的，业主不得以未接受或者无需接受相关物业服务为由拒绝支付物业费。业主违反约定逾期不支付物业费的，物业服务人可以催告其在合理期限内支付；合理期限届满仍不支付的，物业服务人可以提起诉讼或者申请仲裁。物业服务人不得采取停止供电、供水、供热、供燃气等方式催交物业费。”

从业主的角度来讲，开发商的行为首先侵害了业主的自主管理权利，开发商的长期物业费的减免承诺，实际上剥夺了业主在入住率满50%后自主选择物业服务企业，并与物业服务企业商定物业费的权利。其次，部分业主获得的“减免物业费”待遇，是建立在牺牲其他业主利益的基础上，是其他业主交费才支撑物业服务公司的正常运作。如果有一部分业主免交物业费，物业费总额就会减少，相应地用于物业管理服务的资金就会有所削减，提供的物业服务也会相应减少。实际上部分免收的物业费最终摊到了其他业主头上，这对按时交纳物业费的业主来说是有失公允的。物业管理经费保障水平过低，不仅会影响业主的生活质量和生命财产安全，而且会使物业本身出现功能障碍而影响其寿命。最后，减免物业费还对业主的物业管理意识的形成不利，助长部分业主的优越心理和不交费也能享受服务的不正之风，为日后的物业管理工作埋下隐患，实不可取。

［本案启示］

物业管理服务是企业化、有偿化的服务，物业服务企业提供物业服务并向业主收取物业费是一种合理合法的正常交易行为，开发商、物业服务公司和业主应该遵守这一规则。

［体验分享］

请通过网络、报刊收集有关物业费减免的资料，并做出归类和分析。

政策规范

（1）参见2004年7月20日起施行的《商品房销售管理办法》第15条规定。

（2）参见《物业管理条例》第21条、第22条、第25条、第26条、第32条、第33条、第34条、第40条规定。

（3）参见《民法典》第937条、第938条、第944条、第949条规定。

（4）参见2020年11月24日住房和城乡建设部等六部门联合印发的《关于推动物业服务企业发展居家社区养老服务的意见》（建房〔2020〕92号）。

（5）参见2020年12月25日住房和城乡建设部等十部门联合印发的《关于加强和改进住宅物业管理工作的通知》（建房规〔2020〕10号）。

（6）参见2020年12月4日颁发的《住房和城乡建设部等部门关于推动物业服务企业加快发展线上线下生活服务的意见》（建房〔2020〕99号）。

六、物业服务的特征

知识精要

物业服务具有如下特征：

(1) 服务对象的相对稳定性。委托物业服务企业实施管理服务的期限一般是 1 ～ 3 年，而且可以续聘。这样，提供服务者和接受服务者之间建立起相对长期和稳定的服务关系。

(2) 服务内容的公共管理服务主导性。虽然物业服务内容有公共管理服务和经营性管理服务，但主要内容是公共管理服务。

(3) 服务监督的直接性。业主委员会有权根据业主大会的决议与物业服务企业订立、变更或解除物业服务合同，业主和业主委员会都有权直接监督物业服务企业的管理服务活动。

(4) 服务活动的政策性。政府有关部门制定的物业管理法规政策对物业服务行业进行宏观管理，如物业服务标准的确定、服务指导价的制定、企业资质管理、行业信用评价、服务质量考证等，都有很强的政策性。

(5) 服务需求的差异性。由于业主对物业管理的认识程度不同，导致其对购买服务产品的价值观念也有差异。

(6) 环境条件的制约性。物业周边的环境，如治安、商业、人文、交通等状况，以及大环境下的社会服务体系的完善程度，都会对物业管理的发展造成人力、成本、效果等多方面的影响。

案例分析

案例 1－8　物业服务在对抗中化作泡影

[案情陈述]

据资料反映，目前造成群体性物业纠纷的原因是多种多样的。例如：开发商签订前期物业服务合同后未依法经业主确认；物业服务企业履行合同义务过程中违约，在绿化、清洁卫生、安全保障、共用部位和共用设施设备维护、车辆管理、专项维修资金使用等方面未尽到职责，擅自改变物业用房、共用部位用途；物业服务企业不同意变更或解除物业服务合同；物业收费不透明；开发商、前期物业服务公司或合同期限届满时物业服务企业拒不撤出物业服务区域，不移交物业用房、附属设备、公共设施，办理相关交接手续。同时，由于新建小区前期物业服务公司往往由开发商指定或与开发商存在隶属关系，围绕房屋公摊面积不清、房屋质量不合格、配套设施不完善、绿化不到位、停车位等设施权属争议、开发商不兑现承诺等问题导致的物业纠纷也比比皆是。业主利益受到损害，势必引发业主采取各种手段维权。一些小区的物业服务公司和业主对立，矛盾尖锐，冲突不断升级，甚至有些物业服务公司和业主期望以对抗形式解决问题，常常发生业主由拒交物业费、张贴抗议标语、群体性上访发展到堵路、暴力冲突事件；物业服务公司则采取威胁利诱、人身攻击，停止供水、供电、供气，法律诉讼等手段应对，致使小区的物业管理服务无法正常进行，业主生活受到影响，物业服务公司的形象也受损。

［讨论话题］

（1）物业服务纠纷的化解是否要以牺牲物业服务的稳定性为代价？

（2）物业服务公司和业主如何做才能保证物业服务的稳定性？

［思路提示］

只有通过各种物业纠纷发生、发展的原因，找到物业服务公司和业主真正的行动目的，才可能找到令双方满意的处理纠纷的方式、方法和措施。

［分析说明］

本案例主要通过物业服务纠纷的发生、发展和不同的处理方式，反映物业服务过程中应遵循的物业服务规律，根据物业服务的特点和要求来开展物业服务活动，处理各种纠纷。如果方式、方法不当，采用鱼死网破的对抗方式来处理纠纷则会破坏物业服务的稳定性和持续性，给物业服务公司和业主带来不利后果。

1. 物业服务的特点

物业服务具有服务对象的相对稳定性、服务内容的公共管理服务主导性、服务监督的直接性等特征。对于物业服务公司来说，最重要的是要稳定、持续地开展物业管理服务活动，从而有获得自身利益的机会，但前提是物业管理服务质量必须有保证，承诺要兑现，否则会引起业主公愤进而解聘物业服务公司。同时，物业服务监督的直接性，使得业主能随时监督物业服务公司。服务需求的差异性要求物业服务公司必须在程序上、细节上、处理关系的艺术上都要尽可能完美，以减少投诉和纠纷的发生。环境条件的制约性要求物业服务公司要做好前期介入和与开发商在小区规划、建筑设计、物业功能、安全、人文与自然景观、建筑及配套工程质量等方面的协调、监理、建议工作，保障业主的利益，减少日后的纠纷。

对于业主来说，物业服务的这些特点也要求业主克制个性私利要求，维护小区公共利益，积极参与直接监督，促进物业管理服务质量合格、正当权力得到主张、利益得到维护，并获得良好的物业管理服务，过上有品位的、稳定、和谐、正常的小区生活。

2. 物业服务的稳定性

影响物业管理服务稳定性的原因主要有以下几点：一是物业管理法规制度缺少可操作性；二是物业行政管理工作不够完善，监管、指导不到位，甚至有偏袒倾向；三是物业服务体系不完善，市场竞争机制尚未形成；四是业主委员会成立难、业主维权难问题还普遍存在；五是开发商遗留问题、业主与前期物业服务企业矛盾尖锐成为焦点；六是物业服务公司和业主在发生纠纷后处理方式不当，致使问题更加复杂化、尖锐化，走上对簿公堂的对抗性道路。

3. 物业服务经营的持续性

如何实现物业管理服务的持续经营，要从多方面入手。一是根据《民法典》《物业管理条例》的相关内容，制定与完善物业管理法规和制度体系。二是政府应加大对物业服务市场的监督力度。在监管物业服务企业诚信经营行为、指导成立业主委员会、确定收费标准并监督落实等方面承担更多责任。三是物业服务企业应作为未来业主可信赖的管理人，为业主着想，切实履行职责，做好前期介入工作。四是加强物业服务企业与业主和业主委员会的沟通，实行公开、民主的物业管理服务，增强相互理解，将矛盾化解在萌芽状态。五是从建立和谐小区、维护社会稳定的角度出发，维护物业管理服务关系的稳定。应在坚持党建引领原则下，建立由主管部门、街道办事处、居委会、派出所、业主委员会、物业服务企业等参加的联席会议制度，以及多层次、多部门组成的社区物业管理纠纷调解机制和机构。当业主通过法律诉讼失败时，少实行、实施强制执行，多采用调解方式处理，给物业服务公司和业主化解纠纷留下余地和空间。

［本案启示］

物业管理服务不同于一般的服务产品，它具有特殊性。在提供物业管理服务产品和消费物业服务产品时要考虑这些特性及要求，不能只从自身利益出发，盲目处理问题，应当理智地思考并寻找有利共赢的处理方式。

［体验分享］

结合自己的小区生活体验，归纳开发商、物业服务公司、业主和社会上一些人士对待物业纠纷的态度、看法和采取的习惯性应对行为，并分析评价。

政策规范

（1）参见《物业管理条例》第 3 条、第 4 条、第 5 条、第 24 条、第 41 条、第 42 条、第 43 条、第 44 条规定。

（2）参见《民法典》第 282 条、第 287 条、第 937 条、第 938 条、第 950 条规定。

【本章小结】

本章主要针对物业、物业管理、物业服务的含义、性质及相关重要理论与现实问题的理解与掌握，设计了一些典型的案例进行分析，以帮助学生理解这些理论知识，并学会运用这些知识分析、解决实际问题。

【练习与实践】

一、案例试析

案例练习 1－1　小区主管的困惑

［案情陈述］

小王大学期间学的是工程管理，毕业后到物业服务公司工作。公司领导让其负责一个住宅小区的物业管理工作。干了一段时间后，小王感觉在这里没有碰到工程上的高难问题，多是修修补补的事，感觉自己的专业知识好像用不上，并认为只要物业服务公司保持物业完好、设施设备正常运转就可以了。面对小区物业经济纠纷，邻里之间扯皮烦事不断，他一点儿也不理解，对物业管理究竟管什么感到很困惑。

［分析问题］

（1）小王的问题出在哪儿？为什么？

（2）小区物业主管应管理什么？请归纳一下。

案例练习 1－2　“管理”业主的乱停乱放行为是管理还是服务？

［案情陈述］

通常大家都希望物业服务区域内道路保持整洁、畅通，但总有个别人为了自己方便，将车乱停乱放，还有的为了一己私利，企图占用道路搭建违章建筑，等等。由于大家权利义务平等，谁也无权管理对方，也就是说，物业服务区域内存在许多公共事务（如治安管理、道路管理），业主个人根本无法自行管理，只能通过业主集体委托管理方式由物业服务公司来提供公共管理服务，纠正违章行为。违章业主可能会说：“不是说物业服务公司是我们聘请来为我们服务的吗？可物业服务公司为什么又处处管着我们业主？物业服务公司到底是来管理我们的，还是服务我们的？”

［分析问题］

（1）如何看待物业管理和物业服务？

（2）物业服务公司纠正业主的违章行为是否属于服务行为？

二、实践活动

1. 活动主题

局外人看物业：关于物业管理社会意识的访谈。

2. 活动目的

了解社会对物业管理的看法，明确自己的社会职责和职业使命。

3. 活动内容

（1）访谈身边的朋友、同事，交流有关物业管理方面的难忘经历及看法。

（2）走访几家物业服务公司，与经理和员工交流对物业管理工作性质、工作内容的看法，以及工作中遇到的困难、取得的成就或失败的教训等有关信息，并做归纳。

（3）与老师或同学交流，请教关于物业管理领域疑难问题的看法。

4. 活动要求

（1）拟定访谈提纲，确定访谈的问题和对象，安排好访谈的时间、地点。

（2）访谈可以采用3人左右的小组进行，并进行必要的提问、记录、录音、录像等分工。

5. 活动成果

（1）提交访谈总结报告。

（2）总结访谈工作心得，并在学习交流会上交流。

第二章　建筑物区分所有权与业主自行管理

【学习目标】

1. 理解和掌握建筑物区分所有权的概念、组成和特征，自主管理、委托管理的含义和方式。

2. 认识并熟练运用建筑物区分所有权理论，厘清物业管理工作中的基本权属关系和规律，学会从建筑物区分所有权理论角度分析、判断物业管理中的权属关系问题，并有效地解决这些问题，养成以科学的物业管理理论指导实践活动的专业素质和能力。

一、建筑物区分所有权的概念、组成和特征

知识精要

建筑物区分所有权是指两个或两个以上的区分所有权人共同拥有一栋建筑物时，各区分所有权人对建筑物所享有的复合权利。它是各区分所有权人对建筑物专用部分所享有的专有所有权，对建筑物共用部分所享有的共有部分持有权，以及因区分所有权人之间的共同关系所产生的成员权利的总称。

1. 建筑物区分所有权的分类

建筑物区分所有权包括三种权利：①专有所有权：每一独立单元的所有人就该独立单元享有的单独的所有权（亦称为专有部分的所有权）。②共有所有权：对于建筑物及其附属物的共有部分，除当事人另有约定外，由业主按其专有部分占整个建筑物的比例享有不可分割的共有所有权。③共同管理权：当整栋建筑物或整个物业服务区域的全体所有人成立管理组织以便有效管理相关事务时，各所有人即享有共同管理权，包括对重要管理事项的表决权、参与订立规约的权利、选举管理者的权利、解除管理者的权利和请求停止违反共同利益行为的权利等。

2. 建筑物区分所有权的特征

建筑物区分所有权的特征：①复合性。建筑物区分所有权由专有所有权、共有所有权和共同管理权构成。②主导性。区分所有权人只有取得专有所有权，才能取得共有所有权和共同管理权；区分所有权人专有所有权的大小，决定了共有所有权和共同

管理权的大小。③一体性。一体性即构成建筑物区分所有权的三要素的专有所有权、共有所有权及共同管理权必须结为一体，不可分离。④多重性。建筑物区分所有权应由专有所有权、共有所有权和共同管理权三个要素构成，相对应的区分所有权人的身份为专有所有权人、共有所有权人和共同管理权人多重身份。⑤登记公示性。建筑物区分所有权作为不动产所有权的一种，需要履行房地产特权登记，以表明权利的得失和变更。

案例分析

案例2－1 没有房产证就没有参加业主大会的资格吗?

［案情陈述］

某物业服务区域召开业主大会，业主委员会工作人员在核对业主资格时，陈先生没有被确认为业主，理由是要凭房产证确认其业主身份，陈先生认为自己已买房并与开发商签订商品房预售合同，现已入住两个多月，并且承担了交纳物业费等业主的义务，有业主资格。陈先生到物业服务中心咨询专业人员，物业服务中心主管张小姐告诉他，业主委员会工作人员的做法不对，陈先生具有业主身份。陈先生不知听谁的好。

［讨论话题］

（1）陈先生是否具有业主身份？为什么？

（2）为何会出现业主身份的困惑问题？

［思路提示］

业主的身份是拥有建筑物区分所有权的体现。首先要弄清确认业主身份的依据，分析确认当事人陈先生是否具备合法的建筑物区分所有权人的身份，即业主身份。弄清业主的身份才能走出业主身份问题的困惑。

［分析说明］

本案例反映的是物业产权所有人身份的确认问题。在实际生活中，确认产权人身份的主要依据是房地产特权的契证登记，房产所有权需要通过产权登记公示才能证明产权的所有权人归属，房产所有人的业主身份才能确认。在物业服务区域召开业主（代表）大会时，是否是业主，往往决定着某个人能否参加该大会，甚至是能否成为物业服务区域业主委员会委员的关键。但往往由于相关法律法规规定不详细或工作人员对法律知识不熟悉，都有可能导致在实际操作中经常出现这样或那样的问题。陈先生的遭遇正好说明了因没有房产证而不能确认业主身份，进而不能参加业主大会的尴尬问题。

1. 业主身份的确认

《民法典》第二百零九条规定："不动产物权的设立、变更、转让和消灭，经依法登记，发生效力；未经登记，不发生效力，但是法律另有规定的除外。"第二百二十一条规定："当事人签订买卖房屋的协议或者签订其他不动产物权的协议，为保障将来实现物权，按照约定可以向登记机构申请预告登记。预告登记后，未经预告登记的权利人同意，处分该不动产的，不发生物权效力。预告登记后，债权消灭或者自能够进行不动产登记之日起九十日内未申请登记的，预告登记失效。"原则上房产产权作为不动产物权的设立、变更、转让和消灭，必须经依法登记，发生效力；未经登记，不发生效力。对于期房买卖合约的买方，严格来说，只有等到所购房产进行契证登记后，才能成为法律上的业主。为保障将来实现物权，可以按照约定向登记机构申请预告登记。预告登记后，未经预告登记的权利人同意，处分该不动产的，不发生物权效力；预告登记后，债权消灭或者自能够进行不动产登记之日起九十日内未申请登记的，预告登记失效。

本案例中的陈先生，只因办理房产证需要一些时间，暂时没有取得产权证，但签订有房地产预售合同，虽然从严格的法律意义上说还不是业主，但为保障将来实现物权，陈先生可以按照约定向登记机构申请预告登记，并在预告登记后九十日内申请登记确认其为业主，行使参加业主代表大会等业主应有的权利。反之，预告登记失效则丧失业主身份。

2. 业主与非业主使用人

关于业主身份的困惑，除了由于房产产权登记公示要求与办证滞后性的矛盾和工作人员业务不熟悉之外，还有一个重要原因是将业主和非业主使用人相混淆。所谓非业主使用人是指不拥有物业的所有权，但通过某种方式（如签订租赁合同、家属同居、亲戚朋友借居等）而获得物业使用权，并实际使用物业的人。很显然，非业主使用人不是业主，不能参加业主代表大会。但非业主使用人受业主委托可按委托书注明的委托事项行使委托代理权，如业主不能出席业主大会时可以委托由业主的家属或其他具备法定行为能力的非业主使用人行使委托代理权。

［本案启示］

本案例主要说明建筑物区分所有权人的身份确认的重要性，它决定了业主的地位和作用，有了建筑物区分所有权人的身份即业主的身份才享有业主的权利（当然也要承担义务）。在实践中业主的身份确认存在一些困惑，必须正视和有效地解决。

［体验分享］

请说出房产证的办理要求和办理机构、程序，介绍房产证的结构和内容，并评述各部分内容的作用。

案例2-2　地下车库产权如何处置?

[案情陈述]

某市一物业服务区域居民李某，在两年多前向开发商交了9万元现金购买地下车库，然而开发商至今都没给他们办到产权证。该物业服务区域业主委员会负责人孙先生认为，地下车库产权归物业服务区域全体业主所有，开发商无权出售地下车库和单方面收取停车费。开发商则认为，地下车库的投资没有计算在房价之内，属于开发商所有，况且地下车库是人防工程，战时要无条件拿出来，和平时期当然是谁投资谁受益，如何处置是投资方的权利。

[讨论话题]

(1) 地下车库的权属到底应该归谁所有?

(2) 如何处理目前已经存在的车库出售和出租问题?

[思路提示]

关键是车库的产权归属，首先应根据相关法律规定弄清车库的产权归属，然后依法做出处置。

[分析说明]

本案例主要反映一段时期以来开发商利用法律规定不明，占有车库等公共部位的产权问题。同时也反映开发商在车库的产权交易中普遍存在的既要利用车库产权控制物业管理服务和物业管理权，又想利用车库获利的投机心理和欺骗行为。

《民法典》第二百七十四条规定："建筑区划内的道路，属于业主共有，但是属于城镇公共道路的除外。建筑区划内的绿地，属于业主共有，但是属于城镇公共绿地或者明示属于个人的除外。建筑区划内的其他公共场所、公用设施和物业服务用房，属于业主共有。"第二百七十五条规定："建筑区划内，规划用于停放汽车的车位、车库的归属，由当事人通过出售、附赠或者出租等方式约定。占用业主共有的道路或者其他场地用于停放汽车的车位，属于业主共有。"第二百七十六条规定："建筑区划内，规划用于停放汽车的车位、车库应当首先满足业主的需要。"这里有三层含义：一是业主优先使用权。建筑区划内，规划用于停放汽车的车位、车库应当首先满足业主的需要。二是约定产权归属。建筑区划内，规划用于停放汽车的车位、车库的归属，由当事人通过出售、附赠或者出租等方式约定。三是业主共有范围。占用业主共有的道路或者其他场地用于停放汽车的车位，属于业主共有。因此，车位的归属问题可分为两种情况。

1. 作为独立的使用对象

如果车库、车位是建筑区划内规划的，作为独立的使用对象，不属于物业服务区域共用的公共设施，车库的归属应当通过约定进行确定。当事人（主要是业主和开发商）可以通过出售、附赠或者出租等方式确定车位、车库的归属。出售主要指开发商将车库、车位交付业主所有，但业主需要支付约定价款的方式，车位、车库的所有权由开发商转移给业主，这是业主取得车库、车位所有权最主要的方式。附赠是指需要开发商把属于其所有的车位、车库无偿转移给业主，业主同意接受的方式。附赠一般发生在商品房买卖过程中，通常是开发商为了促进商品房销售而附加提供给买受人的一种优惠措施。出租是指开发商作为出租人把车位、车库交给车主使用，车主支付租金，租赁关系终止时车主需将车位返还给开发商的方式。

2. 作为共有部分的公用设施

如果是在建筑区划内的业主共有道路或其他场地上修建的停车位的归属，亦应当随着土地使用权的转移而确定为业主共有。对此《民法典》第二百七十五条规定："占用业主共有的道路或者其他场地用于停放汽车的车位，属于业主共有。"

本案例中如果车库是在《物权法》颁布实施前建设的，按照法的一般原则，法律是不溯及既往的，对过去的问题应当按照当时的规定或者约定处理。但是，对建筑区划内的会所、人防工程等能否归业主共有，还有不同意见，需要具体认定。根据《中华人民共和国人民防空法》第二十条规定："建设人民防空工程，应当在保证战时使用效能的前提下，有利于平时的经济建设、群众的生产生活和工程的开发利用。"第二十六条规定："国家鼓励平时利用人民防空工程为经济建设和人民生活服务。平时利用人民防空工程，不得影响其防空效能。"地下车库属于人防工程，建人防工程是国家强制性规定，不论是在建筑区划内建设还是异地建设，都是要建设的。不过该法并没有涉及产权问题，有关产权及出售、出租及其收益问题应按《民法典》和相关司法解释处理。如果开发商明知或自认为作为人防工程的地下车库能办理产权证，而实际不能办理时做出带有欺骗业主性质的出售车位的行为，应该承担违约责任，返还业主已缴购车位款并赔偿经济损失。

［本案启示］

本案例透视了建筑物区分所有权的确认在实际生活中的困惑问题，可以根据法律规定做出判断和处理。不过实际生活中大量存在同一建筑区划内规划车库的产权纠纷，应区别对待。

［体验分享］

请通过网络搜索"车库""车位"产权纠纷案，并进行归类和评析。

案例2－3　在自己的房间开门有错吗?

［案情陈述］

周某是某物业服务区域A栋一楼101房业主，2021年3月，在未经有关部门的审批及未与同一单元其他住户协商一致的情况下，在其内室南向外墙上开设了一扇门，并安装了防盗门。同单元2楼以上所有业主都认为周某私自开设门的行为侵害了其合法权益，于同年4月起诉至所在区人民法院，要求被告排除妨碍，将其在墙体上开设的门拆除，让墙体恢复原状。近日，该法院做出判决，判令被告周某于该判决生效后15日内拆除其在房内室南向外墙上设置的防盗门，将墙体恢复原状。

［讨论话题］

（1）建筑物区分所有权理论对认识本案例中周某的行为有何帮助?

（2）周某在其房内室开门的行为为何遭到楼上业主的反对?

［思路提示］

根据相关的法律规定，弄清周某开设门的行为是否侵害了其他住户的合法权益，然后才能提出制止或处理措施。

［分析说明］

本案例反映的是日常生活中常见的由于业主个体不熟悉建筑物区分所有权理论和相关法律，无意中侵害业主集体共有权和共同管理权的问题。本案例中周某如果知道这是违法行为，从理性角度讲，产生这种侵权行为的可能性就非常小了。

1. 什么是建筑物区分所有权

根据建筑物区分所有权理论，建筑物区分所有权是一种复合型的权利，其由三部分构成，即区分所有权人对专有部分的单独所有权，对共有部分的共有所有权，以及对区分所有建筑物加以管理的共同管理权。这三种权利中，对专有部分的单独所有权具有主导性，其他两项权利是从属于该权利存在的。具体而言，第一，区分所有权人只要取得了专有所有权，就意味着他取得了对共有部分的共有所有权和管理区分所有建筑物的共同管理权；反之，区分所有权人只要丧失了专有所有权，也就意味着他丧失了对建筑物的共用部分的所有权和管理建筑物的共同管理权。第二，区分所有权人的专有权的大小决定共用部分份额权和共同管理权的大小。第三，取得区分所有权时，只登记专有所有权，不登记对共用部分的份额权和共同管理权。

2. 建筑物区分所有权的构成部分

（1）专有部分。专有部分是指产权人独立使用的单元空间。根据我国有关法律规定，专有部分的成立应具备三项要件：一是构造上的独立性；二是使用上的独立性，包括可以单独使用和具有独立的经济效用；三是能够登记成为特定业主所有权的客体。

区分所有权人对专有部分所享有的权利，与一般所有权人对所有物享有的权利相同，具有自由性、永久性、排他性。也就是说，区分所有权人在法律限制的范围内，可以自由使用、收益、处分自己的专有部分，对于他人的干涉可以行使物权请求权加以排除。区分所有权人根据法律规定，对其建筑物专有部分享有占有、使用、收益和处分的权利。但业主行使权利不得危及建筑物的安全，不得损害其他业主的合法权益。

（2）共有部分。共有部分是指供全体区分所有权人或部分区分所有权人共同使用的专有部分以外的部分，如：建筑物的基础、承重结构、外墙、屋顶等基本结构部分，通道、楼梯、大堂等公共通行部分，消防、公共照明等附属设施设备，避难层、设备层或者设备间等结构部分，以及其他不属于业主专有部分，也不属于市政公用部分或者其他权利人所有的场所及设施，等等。

（3）区分所有权人的共同管理权。区分所有权人的共同管理权，又称对区分所有建筑物的管理权。生活在同一栋建筑物上的各区分所有权人，在经济条件、生活方式、喜怒哀乐等方面均有所不同，为了维护生活在同一栋建筑物上的各区分所有权人的共同利益，确保居住品质，就需要对区分所有建筑物加以管理。此处所称的管理，包括对区分所有建筑物本身的管理和区分所有权人的行为的管理。管理的方式有二：一是各区分所有权人结成一个管理团体加以管理，称为自主管理；二是各区分所有权人召开大会，以决议的方式委托专门的物业服务公司或其他管理人管理，称为委托管理。现实中，一般采取委托管理的方式。

本案例中周某设置防盗门的墙体朝向室内的内墙部分属于被告的专有权部分，但其朝南外墙则属于共有部分，应属整个单元业主共有，周某无权私自改变现状。《民法典》第二百七十二条规定："业主对其建筑物专有部分享有占有、使用、收益和处分的权利。业主行使权利不得危及建筑物的安全，不得损害其他业主的合法权益。"根据《民法典》第二百七十八条的规定，"改变共有部分的用途"属于"业主共同决定事项，应当由专有部分面积占比三分之二以上的业主且人数占比三分之二以上的业主参与表决"，并"应当经参与表决专有部分面积四分之三以上的业主且参与表决人数四分之三以上的业主同意"。因此，周某的行为首先须征得整个单元每一位业主的同意，未经同意所采取的行为已经侵害了其他业主的共有权和共同管理权。其他业主有权依照法律法规以及管理规约，要求行为人停止侵害、消除危险、排除妨害、赔偿损失。业主对侵害自己合法权益的行为，可以依法向人民法院提起诉讼。法院对业主做出的判决既是对其他业主共有权和共同管理权的维护，也是对业主财产的保护。因为周某的行为改变了物业的外观，影响物业的整体价值，同时还有可能对房屋本体结构造成破坏，形成安全问题，对其他业主的财产和人身都可能产生不利后果，因此周某的行为必然会遭到业主的集体反对。

［本案启示］

生活在区分所有权建筑物的人群中，可能还有一些人仍然残存有农业社会形成的对独立屋舍进行随意处置的陋习，要改变这种陋习并非易事。普及建筑物区分所有权理论和相关法律，以此为依据进行分析思考和解决建筑物区分所有权纠纷是解决此问题的唯一途径。

［体验分享］

（1）请结合自身的经历谈谈对建筑物区分所有权组成的理解。

（2）你所居住的物业共有部分有哪些？有无侵权行为发生？如有侵权行为，表现形式有哪些？

政策规范

（1）参见《民法典》第272条、第278条规定。

（2）参见《人民防空法》第20条、第26条规定。

（3）参见《物业管理条例》第55条规定。

（4）参见《业主大会和业主委员会指导规则》。

（5）参见《物业服务合同（示范文本）》。

二、区分所有权建筑物的管理制度

知识精要

1．管理内容

现代区分所有权建筑物的管理，包括物的管理和人的管理。所谓物的管理，是指对建筑物、基地以及附属设施的保存、改良、利用以至处分等所为的物的管理，原则上仅限于建筑物的共用部分。所谓人的管理，是指对区分所有权人的群居生活关系所产生的社区管理，主要包括对建筑物不当毁损行为的管理、对建筑物不当使用行为的管理以及对生活妨害行为的管理。

2．管理方式

区分所有权建筑物的管理方式各式各样，归纳起来有自主管理方式与委托管理方式，管理人方式与非管理人方式，法人与非法人管理组织。所谓自主管理，是指区分所有权人自行执行管理业务或者彼此构成一个管理团体执行管理业务的管理。委托管理是指区分所有权人将管理业务委托物业服务企业或其他管理人管理。

3．管理规约

在现代各国建筑物区分所有权立法与实务中所说的管理规约，是指全体区分所有权人就建筑物的管理、使用及所有关系，以书面形式所为的自治规则。管理规约应当对有关物业的使用、维护、管理，业主的共同利益，业主应当履行的义务，违反管理规约应当承担的责任等事项依法做出约定。管理规约应当尊重社会公德，不得违反法律、法规或者损害社会公共利益。管理规约对全体业主具有约束力。

4. 管理团体

所谓团体，是指一栋区分所有权建筑物中全体区分所有权人为进行建筑物及其基地、附属设施的管理而结成的管理组织。区分所有权人管理团体的法律性质是现代区分所有权建筑物管理制度上的一个重大问题。通过比较各国立法，我国学者认为，管理团体的法律性质可归纳为四种模式，即不具法人资格的团体、具有法人资格的团体、管理团体法人（附条件的法人资格模式）和判例实务上的法人资格。

案例分析

案例2－4　物业服务公司到底管什么?

［案情陈述］

某花园小区一业主在网上发帖投诉，小区物业服务公司打着御防小偷的幌子把小区东、西两面大门全关上，不让住户进出，在业主和非业主住户的强烈抗议下，现只开小门，人们进出非常不便；同时，小区内唯一的一条通道停满了机动车，两车交会时行人就得在两车的夹缝中躲闪，特别是小区大门不远处就是幼儿园，经常有险情发生；最近，地下车库又发生了蒙面劫匪抢劫的恶性事件，但至今无人看守地下车库；小区地面坑坑洼洼，灯光昏暗又无监控。但物业费收得并不低，还经常收取为数不少的公摊电费。还有，该小区某房间有传销人员，传销人员的车子停在楼下，而且停得乱七八糟，严重影响该幢楼通道处的出行，影响该单元住户的安全及正常生活。其实还不只这些，但每每发生不愉快的事投诉到物业服务公司，物业服务公司不是以“我们将记录在案，力争早日处理”来敷衍，就是以“此事要找有关部门处理，我们尽量协助处理”来推诿，最后都是没有结果。

［讨论话题］

（1）物业服务公司管理服务的内容有哪些?

（2）物业服务公司应如何处理好与业主的关系，做好物业管理服务工作?

［思路提示］

物业服务公司一方面应针对物业服务需求按物业服务合同提供物业服务产品，另一方面应当根据国家有关政策法规的规定参与社区治理和应急管理事务，提供力所能及的公益性服务。

［分析说明］

本案例主要反映了由于物业服务公司的不作为或不能依照合同履行物业管理职责引发业主不满的问题。业主或许对物业管理内容不了解，不知道哪些是物业服务公司该管理的，哪些又不归物业服务公司管理，着实有些困惑。物业服务公司或许为节约成本故意不作为，或许本身就不该管理，也管不了。不过，管与不管，管什么，总要有个说法。

1．物业管理的内容

从区分所有权建筑物管理理论角度考虑，物业管理应该包括对物的管理和对人的管理。

（1）对物的管理主要包括：

①建筑物。建筑物分为专有和共有两大部分，共有部分是管理的主要内容。除此之外，专有部分相互间或专有部分与共有部分间的墙壁、地板、天花板、柱等所谓境界壁，以及为维护建筑物的安全与外观所必要的支柱、屋顶、外壁等建筑物基本构造部分，也视为共有部分，纳入管理内容之中。②基地。基地包括立体重叠上去的专有部分下的基地、共有部分的基地、建筑物至市政道路的基地、其他基地。③附属设施。附属设施指附属于建筑物的一切设施。如：建筑物的附属物；附属的建筑物；非属专有部分建筑物的附属物，如供电系统、供水系统、天然气管道、空调系统、紧急报警系统、中央监控系统、电梯及屋顶的贮水槽等共用部分。

（2）对人的管理主要包括：

①对建筑物不当毁损行为的管理。它是指区分所有权人在使用部分或改造专有部分时所产生的危及建筑物整体安全或影响整栋建筑物外观的行为，如将阳台或前院扩充为室内部分，擅自添设铁窗、栅栏、改变建筑物外貌，或室内装修时随意更改承重墙等影响建筑物安全的结构，等等。②对建筑物不当使用行为的管理。它是指改变房屋性质，如住宅改变为舞厅、餐厅、小型加工厂等。此种对建筑物的不当使用不只带来噪音、振动，降低居住生活品质，甚至使居家安全蒙上阴影。③对生活妨害行为的管理。所谓对生活妨害行为，是指一栋区分所有权建筑物中的区分所有权人，由于生活习惯、嗜好、对建筑物的用途等并非完全一致，所以在建筑物使用上所产生的一些行为影响到他人的生活，如饲养宠物、大声喧哗，不合时宜地大声播放音乐妨碍邻居安宁，任意堆放垃圾或物品以及妨碍公共安全的行为，都应在管理和禁止之列。

2．物业管理服务的内容

关于物业管理服务内容，早在 1997 年 8 月 25 日建设部[①]、国家工商行政管理局[②]

---

① 建设部于 2008 年撤销，组建住房和城乡建设部。

② 国家工商行政管理局于 2018 年撤销组建国家市场监督管理局。

联合制定的《物业管理委托合同示范文本》第四至第十三条做了规定。为了贯彻《物业管理条例》，规范前期物业管理活动，引导前期物业管理活动当事人通过合同明确各自的权利与义务，减少物业管理纠纷，2004 年 9 月 6 日建设部重新制定了《前期物业服务合同（示范文本）》，根据《前期物业管理服务协议（示范文本）》，物业服务公司提供的管理服务主要有两方面的内容：一是根据国家政策法律规定的内容，二是需要双方商定的内容。

（1）法定的物业管理服务内容有：①物业共用部位的维修、养护和管理（物业共用部位包括房屋承重结构、房屋主体结构、公共门厅、公共走廊、公共楼梯间、内天井、户外墙面、屋面、传达室等）；②物业共用设施设备的运行、维修、养护和管理（物业共用设施设备包括绿地、道路、化粪池、污水井、雨水井、垃圾中转站、水泵、水箱、电梯、信报箱、消防设施、公共照明设施、监控设施、避雷设施、共用天线、机动车库、露天停车场、非机动车库、共用设施设备用房、物业管理用房等）；③物业共用部位和相关场地的清洁卫生，垃圾的收集、清运及雨水、污水管道的疏通；④公共绿化的养护和管理；⑤车辆停放管理；⑥公共秩序维护、安全防范等事项的协助管理；⑦装饰装修管理服务；⑧物业档案资料管理；等等。

（2）根据《民法典》和《物业管理条例》等有关法律法规规定，约定的物业管理服务内容主要有：①车位及其使用管理服务；②委托代收代缴收费服务，如有线电视、保险等；③维修基金的管理与使用；④广告牌设置及权益；⑤其他约定事项。同时在合同示范文本中，还有对这些管理服务内容的质量标准和要求的约定。物业服务公司应该按合同约定提供管理服务，如对房屋共用部位、共用设施设备、绿化、环境卫生、保安、交通等项目进行维护、修缮、服务与管理；根据有关法规和政策，结合物业项目实际情况，制定物业管理制度和《物业使用守则》，并书面告知业主；制止违反本物业的物业管理制度和《物业使用守则》的行为；提前将房屋装饰、装修的注意事项和限制条件书面告知业主，并与有房屋装饰、装修需要的订立《房屋装饰装修管理协议》并进行施工管理的监督。业主对物业服务公司的管理服务质量有监督权，针对物业管理服务行为上出现的问题，向物业服务公司提出意见和建议等。

另外，中国物业管理协会在总结我国物业管理实践经验的基础上，制定了《普通住宅小区物业管理服务等级标准（试行）》（中物协〔2004〕1 号）（以下简称《标准》）。《标准》依据当前普通住宅居民的消费能力、消费需求和企业的现实服务水平，将物业管理服务设定为一级、二级、三级共三个服务等级。每一服务等级都从基本要求、房屋管理、共用设施设备维修养护、协助维护公共秩序、保洁服务、绿化养护管理六个方面对物业管理服务提出了具体要求。《标准》常被作为物业服务企业与开发商或业主大会签订物业服务合同、约定物业服务内容与标准、测算物业服务价格的参考依据。

3. 物业服务公司与业主关系的维护管理

物业服务公司要做好与业主关系的维护管理，需要从以下几方面着手。首先，要认识到物业管理服务环境的变化及带来的影响，及时学习掌握最新法律法规和政策，积极创建“红色物业服务区域”，融入社区治理体系，在积极履行物业服务合同的前提下，参与社区治理体系建设，帮助解决社区问题。其次，要积极响应国家政策，建立以物业服务企业为主导的智慧物业服务平台，构建线上线下生活服务体系，满足业主的个性化生活服务需要。再次，做好关键业主工作，解决棘手问题。通过议事会、座谈会、沟通会、微信群、朋友圈、培训会、兴趣组、学习网等方式，建立与业主的广泛联系，关注业主动态联系，融洽关键业主的友好关系，回应业主普遍需求，改善物业服务企业同业主的关系。同时，对业主“老赖”要采取法律手段和信用管理手段进行坚决斗争，维护广大业主的集体利益。最后，要理性参与市场竞争，形成以追求优质服务品质和良好口碑、推动企业持续发展为目的的规范化、标准化的优秀品牌形象。一方面，要克服“资本运作化”对营收版面追求的短期行为，以实力赢得合同，以理性签订合同，以诚信履行合同。另一方面，从物业服务市场化本质出发，处理好营利与公益的关系、短期财务报表反映的收益与长期战略利益的关系。主要表现在以下两方面：一是要坚持企业的盈利目的，同时充分承担公司的社会责任，在保证企业正常持续经营的前提下力所能及地参与社会公益活动，发挥企业在城市服务和社会管理中更大的作用。二是要从长远的战略利益出发，克服暂时困难，必要时要牺牲短期利益解决企业长远发展问题，从政治、经济、社会、文化和生态等整体上进行抉择，确保企业的持续发展。

[本案启示]

由于物业管理服务属于新兴服务产业，无论是业主还是物业服务企业，都存在对物业管理服务内容的不同解读，这是正常现象。但要完善物业管理制度体系，就不能掩盖物业管理服务过程中暴露的问题，更不能拖延和推诿。双方要坦诚相待，在国家有关法律、法规和政策的规范下，逐步解决双方的分歧和问题，使双方都能满意。

[体验分享]

请描述一次与物业服务公司打交道的经历，并说出自己的看法。

政策规范

（1）参见《民法典》第 937 条、第 938 条规定。

（2）参见《物业管理条例》第 45 条、46 条、47 条、51 条、52 条、53 条、55 条规定。

（3）参见《物业服务合同（示范文本）》。

（4）参见 2004 年 9 月 6 日建设部制定的《前期物业服务合同（示范文本）》（建住房〔2004〕155 号）。

（5）参见 2009 年 12 月 1 日住房和城乡建设部印发的《业主大会和业主委员会指导规则》（建住房〔2009〕274 号）。

（6）参见 2020 年 11 月 24 日住房和城乡建设部等六部门联合印发的《关于推动物业服务企业发展居家社区养老服务的意见》（建房〔2020〕92 号）。

（7）参见 2020 年 12 月 25 日住房和城乡建设部等十部门联合印发的《关于加强和改进住宅物业管理工作的通知》（建房规〔2020〕10 号）。

（8）参见 2020 年 12 月 14 日颁发的《住房和城乡建设部等部门关于推动物业服务企业加快发展线上线下生活服务的意见》（建房〔2020〕99 号）。

三、业主大会和业主委员会

知识精要

1. 业主大会

业主大会由物业服务区域内全体业主组成，是代表和维护物业服务区域内全体业主在物业管理活动中的合法权益的自治组织。业主大会是物业管理中的最高权力机构，业主大会的决定对物业服务区域内的全体业主具有约束力。只有一个业主的，或者业主人数较少且经全体业主一致同意、决定不成立业主大会的，由业主共同履行业主大会、业主委员会职责。

业主大会议事规则应当就业主大会的议事方式、表决程序、业主委员会的组成和成员任期等事项做出约定。业主大会会议可以采用集体讨论的形式，也可以采用书面征求意见的形式，或电子投票等其他法规许可的形式。符合法定代表人或出席人数方可做出决定。《民法典》第二百七十八条规定："下列事项由业主共同决定：（一）制定和修改业主大会议事规则；（二）制定和修改管理规约；（三）选举业主委员会或者更换业主委员会成员；（四）选聘和解聘物业服务企业或者其他管理人；（五）使用建筑物及其附属设施的维修资金；（六）筹集建筑物及其附属设施的维修资金；（七）改建、重建建筑物及其附属设施；（八）改变共有部分的用途或者利用共有部分从事经营活动；（九）有关共有和共同管理权利的其他重大事项。业主共同决定事项，应当由专有部分面积占比三分之二以上的业主且人数占比三分之二以上的业主参与表决。决定前款第六项至第八项规定的事项，应当经参与表决专有部分面积四分之三以上的业主且参与表决人数四分之三以上的业主同意。决定前款其他事项，应当经参与表决专有部分面积过半数的业主且参与表决人数过半数的业主同意。"

2. 业主委员会

业主委员会是业主大会的执行机构，是在政府有关部门指导下，由业主大会从全体业主中选举产生成立并经政府备案的、代表全体业主合法权益的社会团体，其合法权益受国家法律保护。业主委员会是业主大会的执行机构，权力的行使最终在业主大会而非业主委员会。业主委员会委员应当由热心公益事业、责任心强、具有一定组织能力的业主担任。业主委员会主任、副主任在业主委员会成员中推选产生。

符合成立业主大会条件的，区、县房地产行政主管部门或者街道办事处、乡镇人民政府应当在收到业主提出筹备业主大会书面申请后60日内，负责组织、指导成立首次业主大会会议筹备组。业主委员会应当自选举产生之日起30日内，向物业所在地的区、县人民政府房地产行政主管部门和街道办事处、乡镇人民政府备案。

业主大会、业主委员会应当依法履行职责，不得做出与物业管理无关的决定，不得从事与物业管理无关的活动。业主大会、业主委员会做出的决定违反法律、法规的，物业所在地的区、县人民政府房地产行政主管部门或者街道办事处、乡镇人民政府，应当责令限期改正或者撤销其决定，并通告全体业主。业主大会或者业主委员会做出的决定侵害业主合法权益的，受侵害的业主可以请求人民法院予以撤销。

案例分析

案例2-5 梧州市率先在广西创建小区物业管理委员会制度

[案情陈述]

梧州市创新打造出一套"共建、共治、共享"的社区治理模式，成为广西率先创建小区物业管理委员会制度的地市，解决了物业管理中的突出问题，提升了物业管理水平。

在2019年以前，位于梧州市西环路的盘龙城小区还是当地居民一提起就摇头的脏乱差小区，既无物业管理，也无业主委员会和房屋维修基金。2019年年初，大塘街道办事处积极发挥社区党建引领作用，通过部门联动、资源下沉、居民自治三步走，充分发挥街长团队的作用，形成共建共治的合力，积极协调申请项目资金，对小区环境进行提升，指导小区物业管理委员会进物业管理，逐步推动小区实现基层治理的良好局面。

2020年5月，物业服务公司正式入驻盘龙城小区进行规范化管理。如今，盘龙城小区内的基础设施不断完善，实现从硬件到软件的全面升级，环境变美了，出入更安全了。整洁的环境、和谐的氛围让小区居民们喜笑颜开。

[讨论话题]

（1）成立物业管理委员会可解决什么问题?

（2）物业管理委员对业主自行管理有什么意义？

［思路提示］

当前物业管理工作的主要瓶颈问题是没有业主组织或业主组织弱化，业主意见无法表达，业主决策无法正常实施。因此，解决业主组织主体缺位问题势在必行，在业主自行筹建运作无法正常进行的情况下，就应该寻求其他解决方法。

［分析说明］

本案例表面上说的住宅物业服务区域成立物业管理委员会的事，实际上反映的是业主大会和业主委员会“成立难、运作难、换届难、信任难”的“四难”问题。长期以来，由于业主组织缺位引发了一系列物业管理服务问题，如物业服务质量无法监督、房屋维修资金无法使用、物业费无法调整、公共资源经营管理收益决策与分配无法进行等。业主大会筹办不成，业主委员会也成立不了，业主权利无法实现，业主自行管理主体弱化或缺失，导致物业管理主权傍落，这也是当前物业管理存在众多问题的根源。因此，需要从其他方面寻找力量来帮助、支持、推动业主组织建设与良性运作。物业管理委员会正是在这种情况下产生的。

1．物业管理委员会

物业管理委员会是在业主自行管理因业主组织无法实现的情况下，在党建引领下，在行政部门和居民委员会的组织、指导、协调下，成立以业主代表为主体，其他相关主体参与的行使业主委员会、业主大会筹备组职权的临时性社会组织。《北京市物业管理条例》第五十三条规定：“有下列情形之一的，可以组建物业管理委员会：（一）不具备成立业主大会条件；（二）具备成立业主大会条件，但是确有困难未成立；（三）业主大会成立后，未能选举产生业主委员会。”在现有的地方物业管理条例中，物业管理委员会都随着业主委员会的成立而解散。《广州市物业管理条例》第四十七条规定：“物业管理委员会自业主委员会选举产生之日起停止履行职责，并在十日内与业主委员会办理移交手续后解散。”当然，如果物业管理委员会不解散，而是作为业主监督组织、业主大会和业主委员会孵化组织和社区治理联系组织存在，则更科学合理。

2．物业管理委员会的作用

第一，行政救济。物业管理委员会是在业主组织不能正常成立的情况下，在基层政府（党组织）的帮助、参与下成立的，具有一定行政救济的作用，防止业主组织缺失，业主权力不能正常行使，利益受损。

第二，解决业主组织“四难”问题。虽然《物业管理条例》《业主大会和业主委员会指导规则》等法律法规针对业主组织建设问题等都有明确的规定和配套政策，但由于业主缺少物业管理的意识和专业知识、自行管理能力不足、缺少业主组织“领头雁”经验等因素，导致业主个体缺乏组织，处于“一盘散沙”的状态，进而产生一系列问题，如业主的决策无法正常实施、物业维修资金无法使用、物业费不能正常调整、物业服务无法正常运转。通过成立物业管理委员会不但可以组织召开业主大会，解决业主集体决策问题，还可以指导、规范、孵化、支持业主组织的建设与运作，全面推进业主组织建设，从根本上解决业主组织“四难”问题。

第三，有效维护业主权益。物业管理委员会可组织业主大会正常决策、监督管理物业服务活动，保证物业管理的正常运转。同时，物业管理委员会中不仅有党组织、行政组织、居（村）民委员会和物业服务公司（从协商、有效和专业性角度，物业服务公司参与其中是非常必要的，当然也要引导物业服务公司正确行使参与权利）的代表参与，还有业主、党员业主、物业使用人的参与，并且从现有的地方立法实践看，业主人数都超过半数，保证了物业管理委员会仍然是以业主为主体。这样既保证了业主组织不缺位，又在党组织、行政部门、居（村）民委员会、物业服务公司和业主等多元主体的参与下，构建党组织、政府、居（村）民自治组织、物业服务企业和业主等“多位一体”的“共建、共治、共享”社区治理模式；既发挥强大的政治功能作用，促使资源配置效用更佳，又发挥物业服务功能作用，促使物业服务更规范、更优质，达到不断提高物业服务质量、改善居民生活环境和生活品质的目的，有效维护业主权益。

［本案启示］

物业管理委员会作为带有行政救济性的临时性组织，没有改变业主组织的根本性质，只是在其中增加了相关辅助力量，其目的是解决业主组织主体缺失问题，推进业主组织建设，推动物业管理工作的正常进行。

［体验分享］

说说你所在的住宅物业服务区域的业主大会成立和运作情况，分析遇到的难题，以及是否愿意探索成立物业管理委员会来解决问题。

政策规范

（1）参见《民法典》第 277 条、第 888 条规定。

（2）参见《物业管理条例》第 10 条、第 11 条、第 12 条、第 19 条规定。

（3）参见《业主大会和业主委员会指导规则》的有关规定。

（4）参见《广州市物业管理条例》和《北京市物业管理条例》的有关规定。

案例 2－6　业主委员会不具备诉讼主体资格如何打官司？

［案情陈述］

某物业服务区域业主委员会诉称，B 物业服务有限公司是由负责物业开发建设的

A 房地产开发公司选聘的物业服务公司，A 房地产开发公司向 B 物业服务有限公司支付物业费补贴 15 万元。由于 B 物业服务有限公司转向收益高的高端写字楼物业管理，现撤出对该物业服务区域的物业管理服务，但未向该物业服务区域业主委员会移交上述补贴资金。为此，物业服务区域业主委员会在经物业服务区域 2/3 以上的业主表决同意后，起诉 B 物业服务有限公司，要求其返还物业费 15 万元及相应利息。但是物业服务公司认为物业服务区域业主委员会没有自己独立的财产，其服务无诉讼主体资格。难道业主委员会真的没有资格起诉物业服务公司？

[讨论话题]

（1）关于业主委员会的诉讼主体资格问题主要分歧在哪里？

（2）如何解决业主诉讼主体资格的问题？

[思路提示]

首先要找到业主诉讼主体资格确认的分歧及根源，然后根据现行法律法规来处理业主委员会的诉讼主体资格问题。

[分析说明]

本案例反映当前普遍存在的业主诉讼主体资格问题，物业服务公司在遭遇业主的诉讼维权行为时，往往以业主无诉讼主体资格进行抗辩，不过物业服务公司确有侵权行为发生，业主作为被侵害人一方的正当权益应该通过一定的途径得到伸张。因此，此类问题在现行的法律条件下也可以得到解决。

并于业主的诉讼主体资格，分歧不外乎不具备和具备两种答案。一种观点认为，业主委员会虽然是依法在房地产行政主管部门的指导下旧业主大会选举产生的，是由业主代表组成的代表业主利益、监督物业管理和广大业主履行业主公约的民间组织，但业主委员会并不拥有自己独立的财产，不能独立承担民事责任，业主委员会不具备诉讼主体资格。根据《民法典》规定，业主委员会可登记为“非营利法人”类型中的“社会团体法人”，但应当具备民事权利能力和民事责任能力，也就是说，应当有一定的财产。《民法典》第五十七条规定：“法人是具有民事权利能力和民事行为能力，依法独立享有民事权利和承担民事义务的组织。”第五十八条规定：“法人应当依法成立。法人应当有自己的名称、组织机构、住所、财产或者经费。法人成立的具体条件和程序，依照法律、行政法规的规定。”但由于业主委员会不完全具备法人成立条件，在现实中很少能申请成为社会团体法人。《民法典》第二百八十七条规定：“业主对建设单位、物业服务企业或者其他管理人以及其他业主侵害自己合法权益的行为，有权请求其承担民事责任。”但是根据《民法典》《物业管理条例》的规定，业主委员会是业主大会的执行机构，如果未经工商、民政部门登记成立为社会团体法人，就难以行使相关诉讼权力，并且根据《民法典》《物业管理条例》的规定，属于物业服务区域业主的权利应当由物业服务区域业主自己行使，现行的法律并未赋予业主委员会代替业主进行诉讼的权利资格。

另一种观点认为，业主委员会具备诉讼主体资格。业主委员会是依法在政府部门指导下成立的，并向政府房管行政主管部门备案，属于合法成立的组织；依法接受法律监督，代表业主对物业管理活动中的行为进行投诉；对物业公用部位、共用设备享有占有支配权。既然法律法规赋予业主委员会在一定范围内相应的权利和义务，则在相应的民事法律关系中就应有其诉讼地位，二者必须统一；根据《民法典》的有关规定，业主委员会既然能作为原告，也就能作为被告；有一定的组织机构，在银行开设有账户，有物业费，具有一定的财产，符合最高人民法院《关于适用〈中华人民共和国民事诉讼法〉若干问题的意见》中的“合法成立，有一定的组织机构和财产”这一“其他组织”的条件，在此次诉讼前，经物业服务区域 2/3 以上的业主表决同意，授权业主委员会承担本案的诉讼职责，故物业服务区域业主委员会具备民事诉讼主体资格。

从以往的司法实践看，最高人民法院可以根据需要进行扩充解释，将业主委员会纳入法律法规规定的“非营利法人”（《中华人民共和国民法通则》[①] 的表述为“其他组织”），从而确定业主委员会的诉讼主体资格。如 2003 年 8 月 20 日最高人民法院在致安徽省高级人民法院《关于金湖新村业主委员会是否具备民事诉讼主体资格请示一案的复函》（〔2002〕民立他字第 46 号）中称：“根据《中华人民共和国民事诉讼法》第四十九条、最高人民法院《关于适用〈中华人民共和国民事诉讼法〉若干问题的意见》第四十条的规定，金湖新村业主委员会符合‘其他组织’条件，对房地产开发单位未向业主委员会移交住宅区规划图等资料、未提供配套公用设施、公用设施专项费、公共部位维护费及物业管理用房、商业用房的，可以自己名义提起诉讼。”这就是一次根据情况进行扩充解释的实例。

本案例中，业主的诉讼主体资格应该是不成问题的。不过，还是要结合具体情况来判定，实际上具备法律法规规定的“非营利法人”（“其他组织”）的条件是关键，只要具备这一条件，在目前的法律背景下业主委员会的诉讼主体资格是可以解决的。另外，在物业管理实践中，人们通过一些变通方式来解决诉讼主体资格问题，具体如下：一是将业主委员会申请为营利法人，自然具有诉讼主体资格；二是通过信托管理方式，规范业主和物业服务企业之间的利益关系，解决经济纠纷的诉讼主体资格问题。

［本案启示］

业主一方面要通过业主委员会来维权，另一方面也要维护业主委员会的地位，通

① 《中华人民共和国民法通则》于 2021 年 1 月 1 日起废止。

过政治、经济等各方面的支持，使业主委员会组织机体强壮，成为具备民事责任能力的诉讼主体，

［体验分享］

请通过网络搜索，查找有关业主诉讼主体资格的案例和观点，并加以分析评价。

政策规范

（1）参见《民法典》第57条、第58条、第90条规定。

（2）参见《最高人民法院关于审理建筑物区分所有权纠纷案件具体应用法律若干问题的解释》的有关规定。

（3）参见《最高人民法院关于审理物业服务纠纷案件具体应用法律若干问题的解释》的有关规定。

（4）参见《物业管理条例》第三章、第四章、第五章的有关规定。

（5）参见《物业服务合同（示范文本）》《前期物业服务合同（示范文本）》。

四、业主自行管理与物业管理权委托

知识精要

1．业主自行管理形式

物业管理中的自行管理主体包括业主及业主组织。在物业管理活动中，业主既可以业主个体的形式使用管理权利，承担义务，也可以通过成立业主组织，如业主大会、业主委员会，共同行使业主权益，并履行业主组织的责任。在物业管理实践中，单个业主或业主组织可以开展以业主自行管理模式的物业管理活动，也可以委托物业服务企业或其他管理人开展专业物业管理模式的物业管理活动。《民法典》第二百八十四条规定："业主可以自行管理建筑物及其附属设施，也可以委托物业服务企业或者其他管理人管理。对建设单位聘请的物业服务企业或者其他管理人，业主有权依法更换。"

2．物业管理权委托

在区分所有权物业中，业主以共同管理权人的身份参与物业服务区域共同事项的管理，如参加业主大会并投票参与决策、选举产生业主委员会等，体现了"业主主权"。但在绝大多数情况下，业主往往是通过业主大会将物业管理权委托给物业服务企业，由物业服务企业行使物业管理权，实施专业的物业管理。这里管理权与产权发生了分离。业主享有的是基于产权的共同管理权，它是权力之源，而作为委托代理人的物业服务企业所拥有的管理权是基于物业服务合同的委托而产生的权力，是从属性权力。

物业管理权委托方式主要有以下两种。

（1）直接委托的方式。直接委托的方式就是不通过招标投标的形式，直接把物业管理委托给物业服务企业。直接委托主要包括两种情形：开发建设单位将物业直接委托给自己组建的物业服务企业；业主通过业主大会和业主委员会对物业服务合同到期后原物业服务企业的续聘，这包括前期物业管理到期和正常阶段物业服务企业的续聘。

（2）招标投标的方式。招标投标的方式就是开发建设单位、业主或者业主委员会以招投标的方式，通过市场竞争将物业管理委托给中标的物业服务企业。

业主可以自管物业，也可以委托专业的物业服务企业管理物业。当业主做出将物业管理服务工作通过市场方式委托给专业的物业服务企业管理的决定时，可以通过合法途径选聘物业服务企业或其他管理人进行管理。物业服务企业与业主委员会签订物业服务合同，依法、依合同向业主提供符合质量要求的物业服务产品，并接受业主的监督。物业服务企业与业主之间的关系是平等主体间的委托代理关系。无论以什么方式选择物业服务企业都要签订物业服务合同，明确双方的权利和义务，维护双方的合法权益。《民法典》第九百三十八条规定："物业服务合同的内容一般包括服务事项、服务质量、服务费用的标准和收取办法、维修资金的使用、服务用房的管理和使用、服务期限、服务交接等条款。物业服务人公开作出的有利于业主的服务承诺，为物业服务合同的组成部分。物业服务合同应当采用书面形式。"

案例分析

案例2－7　将物业委托给物业服务公司管理有什么好处?

［案情陈述］

我是一名新业主，对将物业管理服务委托给物业服务公司不是很理解，农村的房屋不是也没有物业服务公司管理吗？物业服务公司不也就是几个保安加几个清洁工对付我们吗？我们业主自己组织起来请他们不就省很多的事吗，也不用交那么多物业费，还不用看物业服务公司的脸色。聘请物业服务公司管理物业有什么好？

［讨论话题］

（1）你是否同意这个新业主的观点，为什么？

（2）物业服务公司管理物业有什么好处？委托代理制下，业主要付出什么代价？

［思路提示］

主要说清专业物业管理出现的必然性和对业主的价值所在，并对物业服务行业客观存在的问题有一个正确的认识，才能适应专业物业管理时代的业主生活方式。

［分析说明］

本案例主要反映一部分业主对物业管理这个新生事物的不认识、对专业物业管理不理解的问题，主要是传统农业社会的居住生活方式影响太深，缺乏物业管理知识造成的。这其中也有经济原因，但不是主要的。除此之外，物业服务行业服务质量问题也可能是重要的影响因素，但不是直接原因。

关于本案例业主观点，有合理的成分，如自主管理，从权力运作角度，当然是一个选择项。但自主管理也是需要专业技术条件和人员支持的专业物业管理，并不是农业社会分散的、自然的、非专业的管理。其他说法有的是误解，如关于清洁工、保安工作的看法；有的是错误的观点，如“省事”“省钱”的观点。另外，农村物业管理其实非常早就存在。物业管理服务是享受型服务，是要有经济基础的，在农业社会，大商户、乡绅、地主拥有大量物业和资产，就会请管家看家护院，“管家”就是典型的农业社会的物业管理活动。现在人们常常以“管理”来称呼物业服务公司，说明物业管理早就存在。不过我们现在所讲的物业管理已经不是传统意义上的物业管理，所以通常用“专业物业管理”来区分，它是建筑物区分所有权制度下，业主集体选择物业服务企业并签订合同，使用专业人才、专门技术、专业设备为业主提供现代物业管理服务的活动。

1. 专业物业管理的必然性

业主对物业管理的不理解主要是没有看到物业管理的必然性和价值。专业物业管理是现代社会经济生活，特别是与工业化时代相生相伴的事物。中国物业服务行业是中国经济改革发展的产物。改革开放40多年来，物业服务行业的发展，从物业开发、物业消费观念、物业安全、物业功能、物业设施设备的技术应用、物业产权与物业管理经济纠纷、物业人文环境保护、物业区域优化、居民生活品位等诸多新概念和新名词反映出来，可以说物业服务行业是成长最快、技术应用最多、矛盾纠纷最复杂、影响社会最深刻的新兴产业和新行业。同样，物业服务行业也将随着社会、经济、政治、文化、科技、信息、管理等领域的进步而得到新的发展，物业服务行业的发展也将受到这些因素的影响。

（1）社会的分工发展推动享受型物业服务消费的习惯的形成。随着社会经济发展，社会分工越来越细，物业服务作为享受型服务的第三产业，将在社会分工中不断地壮大其行业规模，人们将逐步适应分工带来的好处，也同时接受享受型物业服务，以便节约时间和精力，提高生活品质。加之经济的发展支持物业服务消费水平的提高，为物业服务提供了经济保证。

（2）新时代，共同富裕社会的建设和美好生活愿景为物业服务行业的社会定位找到了新的依据。以前人们讨论物业管理服务时，较多谈到的是与开发商的经济关系，与物业服务企业服务质量与收费的问题；现在，人们开始谈论物业管理与社区管理的结合，与城市文明进步的关系。政府也在各种政策、规划中将物业管理服务纳入其中，而不是以前的漠视态度。物业管理与党的十九届四中全会提出的“社会治理体系和治理能力”建设，实现中华民族伟大复兴的中国梦的伟大目标紧密相连。因为“住有所居”只是解决“有与没有”的问题，而住得安全、住得有品质、居的功能、居的维护养护、居的人文化等是接下来的更高生活需求，这些都需要物业管理服务来实现。可以说，这些都为物业管理服务带来了美好的愿景，为物业服务业务空间的不断、持续扩大带来了无尽的商机。

（3）智能大厦、智能小区日益普及，现代物业的高科技含量不断增加，需要物业管理更好地发挥和维护智能物业的科技功能，实现及提高其使用价值。建筑技术的发展和新技术应用对物业服务行业提出了新要求。建筑的结构设计不断变化，以前一套图纸用于无数个建筑的模式不存在了，代之以千姿百态甚至于千奇百怪、追求独特创新的建筑，需要作为下游产业的物业服务行业提供专业的维修、养护服务。新型建筑材料的使用给物业管理服务带来了困难。同时，各种设备大量使用，大到供电、给排水、供暖、空调、电梯、通信、电视接收系统，小到水龙头、马桶、电源开关……每年都有新产品出现。这些设备器材寿命到期后，须不断地更换、维护、养护，由于生产厂家、技术、型号、年代、规格、材质等因素的不同，解决起来需要专业的设备和技术人员。

由此可见，物业管理可以延长物业使用年限，确保其功能的正常发挥；为业主及租户创造与保持一个安全、舒适、文明、和谐的生活与工作的环境，使业主专心于自己的主业；提高城市管理的社会化和专业化程度；促进房地产产品销售；搞好物业区域规划与物业设施设备管理；提供公共综合服务和经营服务；维护物业的功能价值，实现物业的资产保值增值；组织有益的社区康乐活动；等等。

3. 委托代理关系的实现

当然，在委托制物业管理条件下，业主也会有所付出，如管理权委托给物业服务公司后，管理权与产权分离，业主就失去这部分权利。同时，要受到物业服务公司依合同约定的管理，交纳物业费，还要承担合同和法律法规规定的其他义务。

委托代理之所以能够存在，一是源于代理人能够解决被代理人无法自己处理的事务。如专业的物业管理活动，对于没有专业的机构、设施设备、人员和资质的业主来说是无法自己提供的。二是代理人代理被代理人的事务比被代理人自己处理事务时成本费用更低或收益更高。如单个业主自己处理物业公共服务，不但难以处理好，而且成本会比专业物业服务公司规模经营成本高得多。因此，业主认为的自主管理是由非专业的物业管理人员在专业技术条件下的管理，那将是不符合现代经济规律的错误观点。

由于在物业管理服务中，委托—代理关系是通过一系列连续性的合约得以实现的。任何合约缔约方的目标，都可归结为寻求自身利益的最大化或损失的最小化。与一次性的交易合约不同，物业服务合同目标的实现包含了一个很长的持续期。在这一期间，存在三个层次的决定关系：第一个层次是委托—代理关系的制度设计，决定了双方的权利与义务；第二个层次是委托人所采取的监督和激励的有效性，决定着代理人按照委托人的要求开展工作；第三个层次是最终代理人的敬业精神和工作努力水平，也决定着物业管理的实际效率。这三个方面出了问题，就会失去委托代理的初衷，是不可取的，业主对物业管理服务的误解也就会产生。要委托代理制扎根于业主的心中，就必须在这三个方面下功夫。

3. 委托代理制度下的业主自行管理

对于业主来说，在委托代理制度下要实现业主自行管理首先要提高认识。所谓业主自行管理应该是业主本着对自己的财产负责的态度，发挥产权人作用，以主人翁的姿态积极主动地参与物业服务区域的管理活动。在委托代理制度下，物业管理权不是由每个业主负责行使，而是业主自行管理组织——业主大会和业主委员会来行使。因此，要了解业主大会和业主委员会的职责和运作模式，积极参与业主大会和业主委员会的工作和活动，克服农业社会的陋习，转变计划经济时代被动接受管理的状况。其次要增强业主意识和自我权利保护意识，特别要通过业主大会和业主委员会来保护自己的权益，涉及重要事项的决定时要遵循法律法规和议事规则，按照程序依法办事。再次要熟悉物业管理知识和政策法规，知道自己的权利所在和如何维权。最后要了解物业服务公司的地位和作用，清楚物业管理的价值，充分利用物业服务公司的专业管理服务维护自己的权益，处理好与物业服务公司的关系。

［本案启示］

专业物业管理和委托代理制有其存在的必然，也有客观的价值，但要发挥它们的作用，必须从物业服务企业和业主两方面做好工作，相互配合才能发挥物业管理制度的功能作用。

［体验分享］

谈谈你对专业物业管理的看法，在对待物业管理上是否也有传统的思想和习惯的遗毒，它们又是哪些？

案例2－8　签订物业服务合同时应注意什么？

［案情陈述］

我是新当选的业主委员会主任委员，首要的工作是起草将要与物业服务公司签订的物业服务合同。之前我们业主委员会开了个碰头会，大家对如何起草这个合同提出了一些意见，其中主要的意见有三条：总体上提出四星级酒店的服务要求；合同条款要细致，越细越好；收费标准尽可能低，以节省费用开支。针对这三条意见，大家也看法不一，我刚做这个“维持会主席”，对处理此方面的理论性、专业性较强的问题没有经验，但我是主任委员又不好直接反对或同意，不知如何是好。

［讨论话题］

（1）在拟订物业服务合同时应注意哪些问题？

（2）业主委员会委员们的意见如何评价和对待？

［思路提示］

业主委员会主任委员的难题在于对业主和物业服务公司在订立合同中的地位和关系认识不清，进而对物业服务合同的效力认识有偏差，也就不知条款如何写，意见不一很正常。只有解决了这两个问题，才能解除大家的疑惑。

［分析说明］

本案例反映出物业管理知识普遍缺乏的情况，业主委员会运作的首要困境，即不知如何与物业服务公司签订委托服务合同的问题。案例中反映的业主委员会委员的观点，都是出于对业主利益的关心和维护，但提出的要求可能没有考虑物业服务的实际需求，也可能违背公平、合理、公正的原则，物业服务公司也未必接受，这将使物业服务合同的订立和订立之后的执行变得困难起来。

物业服务合同是业主和物业服务公司基于平等的民事关系下就物业服务产品的供给和需求所订立的协议书。它是小区全体业主或业主代表授权他们选出的业主委员会与所选聘的物业服务公司签订作为界定物业委托方和受托方权利、义务的法律文件，物业服务合同对规范双方的行为和处理物业管理服务过程中的纠纷有重要作用。物业服务合同的内容应符合法律、法规，应围绕管理服务要求由双方反复协商后签署，合同一经签订即具有法律效力。

1. 物业服务合同的内容

物业服务合同应规定以下几个主要方面的事宜：清楚地界定、明确委托方和受托方的权利、责任和义务；将需要管理的项目范围、内容、服务质量、双方互相协作事项和委托管理年限加以确定；确定管理费用、相关费用及其支付方式和缴付责任；违约责任与索赔，不可抗力的界定及由此带来损失的责任分摊，合同的纠纷与仲裁；合同的终止、续约的条件与方法，适用的法律、法规及合同生效条件；附件及其他文件的地位；其他约定事项；等等。

2. 物业服务合同的注意事项

由于物业服务合同涉及广大业主和物业服务公司的切身利益，因此，签订合同时应注意以下几个问题：

（1）认真审验物业服务企业的资质情况，了解公司的实力和特长。当前物业服务行业各类企业参差不齐，一些地方劣质企业以低价竞标、管理服务偷工减料、服务质量不到位的现象比较普遍。为防范欺诈行为，减少交易风险，有必要查验对方的主体资格、企业实力、同类物业服务业绩和经验、质量论证、环境认证和职业健康认证情况、纳税情况、履约能力、信用档案等，查看对方的营业执照、年检证明资料等。

（2）从公平、公正、合理的原则出发，注意合同条款的对等性。物业服务合同是物业服务企业与代表业主的业主委员会之间设立、变更、终止权利义务的协议，当事人应当遵循公平原则，确定各方的权利义务，不要签订义务多、责任重、权利少这类一边倒的合同，例如，拟订合同时提出四星级要求，是否有失公平、公正原则。

（3）合同条款要明确，无歧义，但不是越细越好。物业服务合同是物业服务企业与业主之间发生的一项劳务的交易准则，其根本要求是实用，合同的用词和用语不需要华丽、完美，但是一定要明确，言简意赅，避免毫无意义的空话，同时合同前后不能出现矛盾。但物业服务作为以提供人的劳务为主的服务，有很强的主观能动性和无形性，不是条款越细越好，太细反而束缚了服务人员的主观能动性，不利于提供灵活多样的服务，也不利于监督和评价服务质量。

（4）根据物业服务等级和服务费用对等的原则确定物业费。由于物业服务的需求不同，服务等级要求也不相同，因而服务质量标准和收费也就不同，这主要是服务等级与服务成本呈正比例关系，等级越高成本费用就越高，收费标准也就越高。这说明等级与收费标准应该相当才是合理的。并非是服务标准越高、服务价格越低就越好。即使真有这种情况出现，可能是三种情况造成的：一是物业管理服务技术有质的飞跃，成本大大降低。这是双方皆大欢喜的事，但正常情况下很少出现这一情形。二是物业服务公司亏损经营，有些公司为创品牌，一时可以这样做，但长期不可以，也不符合平等交易的原则。三是物业服务公司在日后管理服务中偷工减料，合同无法履行，业主是受害者；物业服务公司也会有服务质量下降影响品牌和遭遇与业主因服务质量的官司，这是不可取的。因此，物业服务合同中的管理服务标准的确定必须合理、合法，操作性强，便于合同的履行。合同条款要考虑双方的利益，实现双方共赢。

（5）对联合投标和项目分包的特殊要求。一些物业服务公司因为资质、同类物业服务经验、实力等方面的原因，往往采用与优质物业服务公司进行联合投标，以期获得项目经营管理权，但此类公司又是最后的服务提供者，很难保证服务质量；另外，还有一些公司采用先获得项目后将一些专项业务外包的方式来执行合同，此时增加了一次委托，可能影响服务质量。为确保合同的有效执行，首先应当在招标书中明确不接受联合投标方式竞标；其次是对于外包业务可以考虑接受，也可以不接受，应当在合同中明确是否可以接受。如可以接受，应当明确规定外包商的资质，并经发包方同意，否则外包行为无效。

（6）仲裁机构名称要写具体。大多数物业服务合同在约定仲裁事项时，只是笼统地写一旦发生纠纷，则由甲方（或乙方）所在地仲裁部门解决。这样的仲裁条款只是约定了仲裁地点而对仲裁机构没有约定，实际上不具有任何法律效力。所以对仲裁机构必须写清具体名称。

（7）签字盖章应同时具备。物业服务合同签约时，往往是由双方各自的代理人（企业法人委托的经办人）完成的，在这种情况下，应当有经办人的签字和单位的印章，这样可以避免一些不必要的纠纷。如有的单位以合同未加盖本单位公章为由，否认经办人签名的效力。为了不给这些人以可乘之机，订立合同时应当经办人签名和单位印章同时具备，经办人必须具有企业法人的委托书。

业主委员会委员提出的三条要求，原意是好的，但道理不通，也难以在合同中执行。关于“四星级酒店服务要求”，如果是与服务等级和收费一致也未尝不可，但星级酒店服务标准与物业管理标准有许多不同之处：首先是对象流动性不同。业主一般是居民，生活相对稳定，生活自理性强，要求服务的项目相对少，标准也不会要求太高，星级酒店则相反。其次是物业管理服务与星级酒店服务的深度也不同。对业主的服务主要是公共服务和少量的经营服务，而对旅客的服务主要是经营服务。再次是收费标准也不同。物业管理服务是微利服务行业，收费标准主要是政府指导价，比较低；而酒店对利润的要求则较高，星级酒店更是高消费的场所，收费标准高。最后由于酒店服务要求相对较高，因而员工素质和人工成本都高于物业服务公司，低的收费标准不可能招致高素质员工，因而提出星级服务要求也是不切实际的。因此，物业服务收费正确的做法是与物业服务等级标准相匹配。关于“合同条款要细致，越细越好”的要求，前面已分析到，条款并不是越细越好，而是不能有歧义。关于“收费标准尽可能低，以节省费用开支”的要求，前面也分析到，收费标准应与服务需求等级相当，追求不平等的交易的思想和行为都是不对的。

［本案启示］

本案例说明业主和物业服务公司在市场经济条件下，都是带有自利倾向的经济人，但平等的交易、等价交换的原则是基本的规则，追求自身的应得利益没有错，但以牺牲他人利益为代价，有失公证，也有违市场经济道德，此类行为不可取。

［体验分享］

请结合实际物业服务合同起草或签订的经历，谈谈自己的看法。突出不同类型物业服务合同应关注的易发生纠纷的重点领域和条款。

案例2－9 业主委员会能保障业主的权益吗?

[案情陈述]

业主委员会这个名称已经不再陌生或被排斥，而且业主委员会在维护业主权益、实行业主自行管理等方面发挥了积极的作用，为建设和谐社区、和谐社会做出了一定努力。虽然自第一个业主委员会成立至今已30余年，但是全国住宅区的业主委员会成立比率却不足30%，业主委员会能真正发挥作用的少之又少。许多专业人士认为，业主委员会是业主维权的产物，存在先天的不足，不能发挥该组织应有的功能。如果说当初的业主委员会是业主的代言人，那么现在大多变成了少数业主委员会委员谋利的机构。因此，一些专业人士发出了“业主委员会，想说爱你不容易”的感慨。业主委员会怎么了?

[讨论话题]

(1) 业主委员会有什么作用?

(2) 业主委员会当前的问题在哪儿，如何解决?

[思路提示]

明确业主委员会的性质和职责，了解业主委员会问题的症结所在，才能提出有效的解决问题的对策。

[分析说明]

本案例反映的是当前业主委员会组织成立和运作中存在的问题。一方面，业主委员会成立难、运作难；另一方面，能运作的业主委员会又存在违规现象，不能代表业主的利益，甚至业主委员会或委员侵害业主的权益也时有发生。可以说，业主委员会到了生存发展的紧要关头。如何看待和解决业主委员会发展中的问题，成为大家普遍关心的社会问题之一。

业主委员会在物业管理服务中发挥着积极作用。业主委员会作为业主大会的常设机构，在实现业主自治、维护业主权益、建设和谐社区、和谐社会等方面发挥着重要作用。但同时业主委员会的作用也是有限的，不能超越业主权益和业主大会的授权。《物业管理条例》第十五条一方面规定了业主委员会执行业主大会的决定事项，必须履行的五项职责；但另一方面，该条例在描述这些职责时的用词都是非决定性、非强制性的词语，如“召集”“报告”“代表”“了解”“监督”“协助”等，充分体现了业主委员会的权力是从属性，决定权在业主和业主大会。

1. 业主委员会的作用及存在的问题

(1) 业主委员会的积极作用。主要有：①业主委员会是业主权益的代表，有利于业主合法权益的实现和在业主权益受到侵害时有效地维护业主的合法权益；②业主委员会是沟通、协调业主与物业服务公司、政府、居民委员会、公用事业单位等社区物业管理相关主体关系的枢纽；③在具体的委托物业管理服务的业务活动中，业主委员会是明确业主与物业服务公司责、权、利关系的有效形式；④业主委员会作为业主大会的常设机构，实际上是物业服务市场需求主体的一方的代表，他的存在和成长对物业服务市场竞争机制的形成有决定性作用。

（2）从目前业主委员会运作的情况来看，主要存在以下几个方面的问题：①业主委员会制度不完善，成员的选举公开性与透明性还不够，代表性不强，在业主中的威信和号召力不够，难以办成事也是重要问题。②业主委员会的成员待遇低，并不能始终如一地保持旺盛地热情。③业主委员会委员缺乏专业的物业管理知识素养，工作缺乏专业性，很难发挥监督管理作用。④业主委员会的监督管理工作主要是通过说服教育、沟通思想，甚至是“争吵”的方式解决一些简单的、利益冲突不大的比较容易解决的问题，而对于一些重大事项的决定或服务上的严重质量问题，这些方式根本解决不了。如果通过法律手段又存在前面分析过的诉讼主体资格问题，物业服务公司也不会把业主委员会当回事。因此，业主委员会的监督管理工作缺乏有效性。⑤业主委员会没有定位好自己的角色，缺少对业主物业管理服务需求的了解，没有认真履行自身的职责，决议的民主性、科学性、合理性得不到保证。⑥业主委员会委员的人身安全得不到保障而使其不敢坚持己任。业主委员会委员履行职责时，可能与开发商、物业服务公司、业主、主管部门或有关专业管理单位处在对立面上，此时，业主委员会委员可能会出现两种态度：一方面是怕得罪人而不敢坚持原则；另一方面是因坚持原则而遭来非议、不理解，被恐吓、被谩骂，甚至是被殴打、伤害。这就需要对业主委员会委员的人身和财产进行保护。

2. 如何发挥业主委员会的作用

如何有效地发挥业主委员会的作用，具体建议如下：

（1）应根据《物业管理条例》《业主大会和业主委员会指导规则》的规定依法成立业主委员会，解决业主委员会成立难的问题。对符合成立业主大会条件的，区、县房地产行政主管部门或者街道办事处、乡镇人民政府应当组织、指导、支持首次业主大会会议的筹备、成立工作，确保业主委员会的成立。

（2）按民主自治的规律和游戏规则办事，增加业主委员会选举的公开性和透明度。通过广泛发动宣传物业管理知识和法律法规政策，让业主知道自己的权益与怎样行使和维护自己的权益，形成业主大会和业主委员会活动的群众基础。同时对选举业主委员会委员的重大事项，应按程序办事，不能简单草率。

（3）业主委员会委员应当视物业服务区域的大小，设有专职委员，如主任委员或秘书等应是专职为好，特别是秘书应当专职。它有利于业主委员会组织机构的正常运转和保持工作的连续性，如果是兼职，则时间得不到保证，积极性得不到保证，监督有效性更得不到保证。可以探讨，由专业的物业服务师来担任业主委员会秘书，处理日常的业主委员会的事务，保证专业性、科学性和合理性，弥补业主委员会委员在现代物业管理专业知识方面的不足。

（4）成立基层政府牵头由街道办（乡镇政府）、社区居委会、公安、物业服务公司等组织的综合管理协调机构，从各自职责权力出发，实施对业主委员会的监督或影响。如：街道办（乡镇政府）监督业主委员会成立，保证业主委员会的合法性；社区居委会可以监督业主委员会民主选举、资金运作、重大决定等民意权的正确行使；物业服务公司可以公布与业主委员会就物业服务合同的履行谈判、运作方面的重要信息，让业主知晓，以判断业主委员会是否有违法、违规行为，以便业主及时监督；等等。

（5）应考虑业主委员会委员的合理工作报酬和利益，形成业主委员会委员合理利益的保障机制。早期业主委员会委员是义务的，但业主委员会这个重要的体制要素不能建立在少数人的奉献精神上，必须解决业主委员会委员等工作人员的正常薪酬问题。国家要有统一的薪酬标准，不能由业主委员会自己给自己定标准。

（6）加大对业主委员会委员的管理。一方面，要维护业主委员会委员的人身和财产权益，在业主委员会成员履行职务受到人身威胁或伤害时，公安机关应当及时介入处理；另一方面，也要对业主委员会委员的腐败行为进行及时处理，不能有制度真空。这样才能使业主委员会委员正常、合法、合理地行使职权。

［本案启示］

本案例告诉我们：业主委员会作为新生事物，在发展中存在各种问题，特别是业主委员会制度不健全、地位不明、运作不规范、成员素质较差、行为失范等问题不解决，业主委员会很难前行，也很难代表和维护业主权益。

［体验分享］

请谈谈你对小区业主委员会的所见所闻，并指出存在的问题和不足之处。

政策规范

（1）参见《民法典》第284条规定。

（2）参见《物业管理条例》的有关规定。

（3）参见《业主大会和业主委员会指导规则》的有关规定。

（4）参见《最高人民法院关于审理建筑物区分所有权纠纷案件具体应用法律若干问题的解释》的有关规定。

（5）参见《最高人民法院关于审理物业服务纠纷案件具体应用法律若干问题的解释》的有关规定。

（6）参见《物业服务合同（示范文本）》《前期物业服务合同（示范文本）》。

（7）参见2020年11月24日住房和城乡建设部等六部门联合印发的《关于推动物业服务企业发展居家社区养老服务的意见》（建房〔2020〕92号）。

（8）参见2020年12月25日住房和城乡建设部等十部门联合印发的《关于加强和改进住宅物业管理工作的通知》（建房规〔2020〕10号）。

（9）参见2020年12月4日颁发的《住房和城乡建设部等部门关于推动物业服务企业加快发展线上线下生活服务的意见》（建房〔2020〕99号）。

【本章小结】

本章主要涉及建筑物区分所有权的概念、组成和特征，建筑物区分所有权管理制度等方面的知识和政策；对业主大会、业主委员会和物业管理委员会筹办与运作中的实操问题设计了一些典型的案例进行分析，以帮助学生理解消化知识与政策，提高知识与政策的运用能力和分析解决实际问题的能力。

【练习与实践】

一、案例试析

案例练习2－1　如何选聘物业服务公司？

［案情陈述］

某小区建成后，先后有部分业主入住。这些业主入住后，总觉得一切都是物业服务公司说了算，比如，房屋装修不能这样、不能那样及收取各种名目的费用等。而物业服务公司又是由开发商聘用的。于是一些业主就开始行动，把其他业主组织起来，成立了业主委员会，声称要监督开发商和物业服务公司，并制定管理规定与计划，如果物业服务公司不能满足大家的意愿，则炒掉该物业服务公司，另聘新的物业服务公司。

［分析问题］

（1）新建小区的物业服务公司是由开发商来聘请，还是由业主委员会来聘请？

（2）业主自行组建业主委员会有无法律依据？能否得到法律的保护？业主委员会能否炒掉已有物业服务公司？

案例练习2－2　“业主是小区的主人，物业服务公司是业主的仆人”

［案情陈述］

D物业服务公司把在G小区的管理处名称由原来的“D物业服务公司G小区管理

处”改为“D物业服务公司G小区服务中心”。某业主看到后说：“这才对嘛，业主本来就应该是物业的主人，也就是小区的主人，而物业服务公司是业主请来管理自己物业的，是业主的仆人……”

［分析问题］

（1）该业主的看法是否正确，为什么？

（2）应该如何看待业主与物业服务公司之间的关系？

二、实践活动

1．活动主题

模拟召开一次业主大会。

2．活动目的

了解有关业主大会运作的知识，掌握业主大会运作的程序和方法，把握业主大会组织活动的关键环节并积累初步的经验。

3．活动内容

（1）收集有关业主大会筹办工作与运作的政策法规文件和工具性图表、宣传资料。

（2）实地考察业主委员会，请业主委员会委员谈相关工作要点和经验，并收集必要的资料。

（3）与老师或同学交流讨论如何策划、组织业主大会，并制定业主大会会议方案，组成相关工作小组，开展筹备活动。

（4）请专业教师、业主委员会委员等实际工作者和物业服务公司管理人员做嘉宾和评委，出席模拟大会会议并评选活动优秀分子。

（5）对活动做出总结报告。

4．活动要求

（1）活动以班级为单位，全员参与，全员写总结报告。

（2）选取负责人，组织团队，精心策划，分段实施，以期获得相关经验。

（3）按规范化的方式进行操作，以期验证和理解相关知识，并对疑难问题有所感悟。

5．活动成果

（1）提交活动总结报告。

（2）全员撰写会议总结并在学习交流会上交流。

第三章　物业管理关系及协调

【学习目标】

1. 认识和理解物业管理与房地产开发、业主、社区治理、公用事业经营的关系，把握各种关系现状及运行规律，形成处理各种物业管理关系的成熟模式。

2. 在认识物业管理关系的基础上，把握处理物业管理与房地产开发、业主、社区治理、公用事业经营等相关领导关系的艺术，养成规范的判断、分析、解决物业管理关系问题的思维习惯和职业能力。

一、物业管理与房地产开发

知识精要

1. 物业管理对房地产开发经营的影响

物业管理作为房地产开发经营派生出来的新行业，且是相关性强的行业，其管理服务质量的好坏，将直接影响房地产企业的产品营销及行业发展前景。物业管理对房地产经营的影响主要体现在以下几点：

（1）对房地产开发的前期介入作用。有关调查表明，目前房地产经济发展中，人们除了关注房子的价格、位置、居住环境，还关注物业管理问题。物业服务企业可以进行前期介入，为房地产开发建设提供有价值的咨询服务建议。如基于对业主需求的了解，对环境的规划提出有利于业主日后生活的建议，使物业服务项目更符合未来业主的需求。

（2）有利于物业保值升值。从财富积累的角度来看，良好的物业管理可延长物业的使用寿命，充分发挥物业的使用价值。缺乏良好的物业管理常导致物业内部设施设备运行不良，加速物业物理损耗的速度，使物业使用价值超前消耗，造成财富的巨大浪费。

（3）有利于房地产市场的发展完善。物业管理的社会化和专业化的良性发展，是和房地产经济体制改革发展相适应的，它使房地产开发经营和物业管理在分业经营的前提下，有机地结合起来，具有繁荣和完善广义上房地产行业和房地产市场的作用。

（4）物业服务品牌对房地产开发的长期效应。良好的物业服务品牌不但促进了房地产的营销，也进一步开拓了物业服务企业在市场中的份额。品牌是一种无形资产，优秀的品牌则代表着某种商品或服务具有较高的质量、性能和效用，同时也使得其在市场中能够占有较大的份额，具有较强的竞争力。

（5）有利于推动外向型房地产经济的发展。物业管理是加快我国房地产发展同国际接轨的必由之路，是改善中国投资条件和投资环境的必要措施，具有推动外向型房地产和涉外经济发展的作用。

2. 物业管理与房地产开发的关系

（1）物业管理与房地产开发的区别。物业服务公司与房地产开发公司都是企业，其企业性质是相同的，但它们又有诸多不同的地方。一是提供的产品不同。房地产开发公司提供的是房地产产品，而物业服务公司提供的是物业服务产品。二是经营管理活动范围不同。房地产开发公司经营活动范围涵盖了房地产生产、流通、消费所有经济环节，而物业服务公司的活动范围主要是在消费环节。三是交易产品的性质不同。房地产开发公司虽然在消费阶段有针对房屋质量问题的售后服务活动，但这是房地产开发生产性活动的延伸；物业服务公司开展的是针对业主的物业服务需求的各类物业服务活动。前者是房地产开发经营活动的重要组成部分，后者是物业服务产品交易活动。四是经营管理活动方式不同。房地产开发公司主要从事房地产投资开发经营活动，将房地产产品作为直接收回投资并获取利润的手段，是典型的投资经营行为；而物业服务公司只是为进入消费的物业及业主提供管理服务，是一种通过管理服务获得收益的经营行为。五是交易的方式不同。房地产开发公司与业主交易的是物业的所有权，并通过一次性交易实现经营目标；物业服务公司与业主之间交易的是与管理权委托活动有关的管理服务产品，这种交易不是一次性交易，是在委托合同约定期限内连续不断的交易行为。

（2）物业管理与房地产开发的联系。从物业服务企业与房地产开发公司之间是否有隶属关系来看，有如下两种情形。一是房地产开发公司附设物业服务企业。房地产开发公司为了满足房地产营销和售后服务的需要，常设置分公司或投资设立物业服务公司实施物业管理。该种物业服务企业与房地产开发公司是从属关系，物业服务企业作为房地产营销和售后服务的主要载体，往往是房地产开发过程的延续和发展。目前国内这种形式占很大比例。二是委托专业物业服务公司实施物业管理服务。一般来说，业主委员会成立之前，第一次选聘物业服务企业的工作由原房地产开发公司完成，可以通过公开招投标的方式选聘专门从事物业管理服务的企业实施物业管理，此时，物业服务企业与房地产开发公司构成了聘用的合同关系，双方依照合同规定行使各自的权利并履行各自的义务。当业主委员会成立后，选聘物业服务企业则由业主大会决定，业主委员会负责具体选聘事务工作。

案例分析

案例3－1　从物业管理服务到房地产营销和售后服务

［案情陈述］

某房地产开发总公司下属的物业服务公司管理人员近来很郁闷。开发商为加强对物业服务公司的控制，决定将原有的物业服务公司变成下属销售公司的一个部门，明确其为房地产营销服务和售后服务的服务机构。物业服务公司管理人员对此做法不理解。在一次机构改革会议上，公司管理部张经理认为："物业服务公司的职能应该主要是管理和服务，销售只是前期的阶段性任务，此举会使物业服务公司失去物业管理服务的功能和特色，得不偿失！"公司财务部经理认为："与地产业务跟得紧一点，有利于改善公司财务状况，现在物业费不好收，又是微利经营，搞销售业务可以增加收入，不失为实实在在的好举措！"此时，市场部经理开腔了："这样改，我这个经理也不需要了……"是的，公司只做自己开发项目的物业管理，不需要去参加招投标市场竞标了……讨论到最后，公司总经理说："做了20多年物业管理，到头来自己不知道什么是物业管理……关于改革的问题大家也不用讨论了，按总公司要求做好本职工作吧！"

［讨论话题］

（1）物业管理就是房地产开发的售后服务吗？

（2）如何看待房地产开发总公司的行为和物业服务公司经理们的看法？

［思路提示］

首先要认清物业管理和房地产开发的区别，以明确物业管理和房地产开发各自经营管理的性质和范围，然后分析房地产开发总公司行为目的和后果，从而理顺两者的关系。

［分析说明］

本案例主要反映房地产开发公司及管理人员存在的对物业管理本质的错误理解问题。一些人认为物业管理就是房地产的营销服务，是房地产开发的延伸，一些学者和企业家，甚至物业服务企业家也是这么认为的。当然，这其中有出于房地产开发公司自身利益的考虑，不希望在自己的羽翼下成长起来的物业服务公司轻易飞走，因而对《物业管理条例》推行的物业管理和房地产开发"分业经营"体制改革政策有抵触情绪，甚至采取对旗下物业服务公司从严控制的措施，这是一种不正确的行为。物业管理服务的确对房地产业开发有着重要的作用，但绝不仅仅是促进销售和售后服务这两方面。物业管理服务作为独立的行业，有自身的功能和价值，也有自身的运行规律，按自身的规律办事有利于物业服务行业的发展。

物业管理不同于房地产开发经营管理。虽然由于历史原因，大多数物业服务公司是由房地产开发公司投资设立的，两者有着千丝万缕的联系，但两者区别明显，并且《物业管理条例》也提倡分业经营。

本案例中房地产总公司的做法有违政策调控的方向，不符合物业管理规律要求，也不利于物业服务企业独立经营和自身价值的实现，打击物业服务企业的积极性，降低物业服务质量，引发业主的不满，最终对房地产开发总公司的品牌建设不利。物业服务企业必须在市场竞争中求生存、求发展，通过市场开拓，参加招投标活动获得物业管理项目。物业服务企业必须加强内部经营管理，狠抓物业服务质量，提高管理服务水平，树立自己的品牌，壮大自身的实力，才能在市场中得到发展。那种靠房地产开发公司的补贴的做法是短期行为，是不可取的。

［本案启示］

本案例中某房地产开发总公司将下属的物业服务公司变成下属销售公司的一个部门，显然混淆了物业服务行业与房地产开发行业的正常关系。正确认识和理解物业管理与房地产开发的关系是促进房地产经济发展的关键。

［体验分享］

收集有关物业管理与房地产开发的关系的资料，并对归纳别人的观点和自己的看法，并做比较。

政策规范

（1）参见2007年8月26日国务院修改后《物业管理条例》第24条、第29条、第30条、第57条、第59条、第64条规定。

（2）参见《业主大会和业主委员会指导规则》第8条、第10条、第11条、第24条、第50条规定。

二、物业管理与业主

知识精要

1. 业主权力的实现

房屋的所有权人为业主。业主有权对自己拥有的房产的使用、经营和管理做出决定，这就是业主自治，这种自治是通过业主大会来实现的。业主大会由物业服务区域内全体业主组成，是代表和维护物业服务区域内全体业主在物业管理活动中的合法权益的自治组织。

业主享有专有所有权、共有所有权和共同管理权，其中专有所有权是基本的权利，而共有所有权和共同管理权则是因专有所有权而存续。根据《民法典》第二百七十一条规定："业主对建筑物内的住宅、经营性用房等专有部分享有所有权，对专有部分以外的共有部分享有共有和共同管理的权利。"第二百七十三条又规定："业主对建筑物专有部分以外的共有部分，享有权利，承担义务；不得以放弃权利为由不履行义务。业主转让建筑物内的住宅、经营性用房，其对共有部分享有的共有和共同管理的权利一并转让。"

业主委员会是业主大会的执行机构，由业主大会从全体业主中选举产生，经政府备案成立的代表全体业主合法权益的社会团体，其合法权益受国家法律保护。

业主大会或者业主委员会的决定，对业主具有约束力，但业主大会或者业主委员会不得做出侵害业主合法权益的决定。根据《民法典》第二百八十条规定："业主大会或者业主委员会的决定，对业主具有法律约束力。业主大会或者业主委员会作出的决定侵害业主合法权益的，受侵害的业主可以请求人民法院予以撤销。"第二百七十二条规定："业主对其建筑物专有部分享有占有、使用、收益和处分的权利。业主行使权利不得危及建筑物的安全，不得损害其他业主的合法权益。"

2. 业主对物业管理活动的监督管理

当业主将部分物业公共事务管理权委托给物业服务企业时，就需要通过物业服务合同的签订与履约来实现。具体来说，就是业主通过与物业服务企业签订物业服务合同，将业主自行管理与物业服务企业的作用界限划定清楚，业主除对自己物业专有权属部分进行自行管理和支配，业主还需要通过业主大会和业主委员会管理必要的公共事务，通过物业服务企业完成业主自己完成不了，或业主自己完成不经济的一些物业管理项目任务，从而使业主或业主委员会在共同管理事务方面，扮演的角色主要是决策者、监督者。物业服务企业则成为专业物业服务提供者，扮演的角色主要是执行者、实施者、经营者。

另外，物业服务企业应将内部经营管理与其向业主提供物业服务产品的外部管理服务区分开来，处理好两者之间的关系。企业内部经营管理水平的提高有利于保证向业主提供优质物业服务；优质物业服务有利于获得业主的满意评价，赢得物业服务项目的持续管理权，从而保证企业的经济效益。因此，以优质物业服务满足业主需要，实现业主的实施物业管理委托代理初衷和目的，是保证物业服务企业经济效益，增强企业市场竞争力，实现可持续发展的正确选择。

案例分析

案例3－2　未经召开业主大会物业服务合同无效

［案情陈述］

某花园小区数名业主将该小区的业主委员会和G物业服务公司告上法庭，要求法院判令两被告签订的“物业服务合同”无效。原因是G物业服务公司是该小区的前期物业服务公司，服务质量低劣，业主普遍不满意，但是小区业主委员会未召开业主大会，擅自聘请G物业服务公司继续为小区提供物业管理服务，并私下签订了物业服务合同。业主们认为业主委员会未依照《民法典》和《物业管理条例》的规定召开业主大会就选聘物业服务公司，严重侵犯了他们的合法权益，要求法院伸张正义，维护业主权益。

［讨论话题］

（1）业主委员会为何要私自与物业服务公司签订物业服务合同？

（2）未召开业主大会的情况下签订的物业服务合同是否有效？

［思路提示］

本案例关键在于弄清业主委员会的职责范围，如果超出了其职责范围，其行为就不合法，业主权益被侵害时，就应当通过合法途径讨回公道。

［分析说明］

本案例反映的是业主委员会“代替”业主行使本应由业主行使的权利的侵权行为而引发的管理纠纷问题。业主作为区分所有权建筑物的产权人，当其权益受到侵害时通过法律途经讨回公道不失为一种有效手段。

业主委员会之所以要私自与物业服务公司签订物业服务合同，简单地说，是因为在实际生活中，许多物业服务公司与业主委员会存在经济利益关系，一些业主委员会的办公经费还是由物业服务公司提供的。因而，当物业服务公司的行为危害全体业主的共同利益时，业主委员会碍于种种阻力，可能怠于行使自己的职责。不但如此，在前期物业管理阶段，业主委员会或多或少存在物业服务公司的操纵痕迹，存在私利关系，在前期物业服务合同到期时，就有可能做出私下签订物业服务合同的行为，此案就是一例。除此之外，还有相反的情况，就是当业主委员会或主要成员与现有物业服务公司发生利益上的冲突，关系“闹翻”时，则往往勾结外部其他进入小区的物业服务公司，合谋赶走现在的物业服务公司。两种情况实质是一回事，就是业主委员会被物业服务公司的利益操纵，成为物业服务公司的利害攸关方，而忘记了自身是业主利益的代表和代表业主大会行使职权的法定身份。但业主委员会的权力来自业主或业主大会的授权，当业主的权益受到侵害时，应当拿起法律武器进行战斗。

1. 业主能否作为诉讼主体

业主委员会是业主大会的常设机构，业主委员会侵害业主权益行为发生后，是由业主大会来维权，还是由业主自己维权？根据《物业管理条例》规定，业主大会的性质应为议事机构而无独立人格，所以不能以自己的名义独立对外实施民事法律行为。况且，物业服务合同的当事人表面上是物业服务公司和业主委员会，但实际上，业主委员会也只是代表业主与物业服务公司签订物业服务合同，物业服务合同的最终权利和义务的承受人是具体的单个业主。因此，当业主的权益受到侵害时，业主应当有权向法院提起诉讼，要求保护自己的权利。2021 年 1 月 1 日实施的《民法典》第二百八十条规定："业主大会或者业主委员会作出的决定侵害业主合法权益的，受侵害的业主可以请求人民法院予以撤销。"该条款赋予了业主追究业主大会和业主委员会侵权行为责任的诉权。参照上述规定，就本案例而言，物业服务公司和业主委员会签订的物业服务合同是在未经合法程序的情况下签订的，侵犯了业主的合法权益，业主有权作为原告行使诉讼权寻求法律救助。

2. 物业服务合同的法律效力

在未召开业主大会的情况下签订的物业服务合同是无效的。根据《民法典》第二百七十八条第四款规定，选聘、解聘物业服务企业是业主共同决定事项。应当由专有部分面积占比三分之二以上的业主且人数占比三分之二以上的业主参与表决，并应当经参与表决专有部分面积过半数的业主且参与表决人数过半数的业主同意。根据上述规定，选聘、解聘物业服务企业是业主大会的职责，不能由业主委员会单方面做出决定。本案例中业主委员会在选聘物业服务企业时既未召开业主大会，也未经由专有部分面积占比三分之二以上的业主且人数占比三分之二以上的业主参与表决，四分之三以上业主同意，其选聘的程序是违法的。业主大会或者业主委员会做出的决定侵害了业主的合法权益，受侵害的业主可以请求人民法院予以撤销。

［本案启示］

业主委员会作为业主大会常设机构，理应维护业主的权益，但由于业主委员会委员的自利性短期行为，虽然会一时得逞，但从长远看，随着业主权利意识的觉醒，这种违背业主意愿的行为也会无处遁形。

［体验分享］

请从业主的角度，谈谈对业主委员会职责划分的看法，业主应当重点监督业主委员会的哪些职责？

案例3－3　谁有权决定在高层住宅屋顶设立广告牌及广告收益的处置

［案情陈述］

为搞好文明城市建设，某城市政府文明委要求市内高层楼宇夜晚要亮化。某小区物业服务公司联系了一家广告公司，在楼顶上安装了灯光广告牌，既满足了有关政府部门的规定，又为物业服务公司增加了一定的经济收入。可是没多久，业主们就提出质疑，要求物业服务公司公开广告费收支情况，并认为此收益是楼宇共有部分产生的，应归业主共有。但物业服务公司认为是他们的投入所得的经营收入，与业主不相干，由此引起双方的纠纷。

［讨论话题］

（1）谁有权决定在楼顶或在楼房的外墙面设立广告牌？收益应该归谁，或者如何分配与使用？

（2）如何处理现实生活中大量存在的在楼顶或外墙设立广告牌的经营管理纠纷？

［思路提示］

本案例中物业服务公司利用物业共有部分——外墙面进行广告经营的问题，表面上涉及广告经营权的来源，但因其经营权来自产权，产权归属就成了关键，它决定了谁有权进行广告经营和收益分配方式。

［分析说明］

本案例反映的是物业服务公司利用经营垄断权，侵占物业公有部分资源开展经营活动并占有经营收益的问题。这个问题在目前具有普遍性。

产权制度是一切经济制度的基础，根据产权理论而知，谁拥有了产权，也就拥有了物业的其他相应的权利，包括使用权、收益权、处置权和经营管理权。另外，如若一个人（单位）的某种权利受到损害，他也就依法享有得到补偿的权利。

1. 楼顶产权的归属

关于楼顶的产权归属问题有各种说法，有人说归开发商所有，或卖或赠均由开发商决定；有人说归顶层业主所有，可分割建私人屋顶花园；也有人说归物业服务公司所有，可以出租赚钱。其实，这些说法都不对，严格来说，楼顶产权应归这座楼宇的各个房屋产权人所共有。原因主要是：从商品楼宇的成本和房价构成来看，购房者购买的商品楼宇，其价格构成中不仅包含了写字楼或住宅建筑本身的面积，也包括相应公共配套设施的面积；同时，也获得了相应的面积的土地使用权。此楼房的每一位购房人，不管购买几层，在购买了一部分写字楼或一套住宅后，也就随之购买了此楼一定面积的土地使用权。毫无疑问，这些面积的土地使用权既在楼房之下，也在楼房四周，同样包括楼房顶部，所有购房人对该块土地共同享有土地使用权。开发商在销售此楼房时，已相应地把此套房的土地使用权也转让给了每套房的购买人。所以，楼宇屋顶的产权只能为此楼宇的每一位购房人所共有。《民法典》第二百七十四条对此类产权归属明确规定："建筑区划内的道路，属于业主共有，但是属于城镇公共道路的除外。建筑区划内的绿地，属于业主共有，但是属于城镇公共绿地或者明示属于个人的除外。建筑区划内的其他公共场所、公用设施和物业服务用房，属于业主共有。""属于业主共有"的部分权利也是清晰的。根据《最高人民法院关于审理建筑物区分所有权纠纷案件适用法律若干问题的解释》第三条规定："外墙、屋顶""也应当认定为共有部分"；根据第七条规定："处分共有部分，以及业主大会依法决定或者管理规约依法确定应由业主共同决定的事项，应当认定为《民法典》第二百七十八条第一款第（九）项规定的有关共有和共同管理权利的'其他重大事项'"。

2. 广告牌的经营

由于楼顶（或外墙面）属于该楼宇业主共有部分产权，当然其使用权、收益权、处置权和经营管理权都应该归该楼宇业主集体所有。进行广告经营应经业主同意，并依法进行利益分配。物业服务公司未经业主同意，擅自进行广告经营性活动，业主有权请求物业服务公司将扣除合理成本之后的收益用于补充专项维修资金或者业主共同决定的其他用途。对此，国务院《物业管理条例》第五十四条规定："利用物业共用部位、共用设施设备进行经营的，应当在征得相关业主、业主大会、物业服务企业的同意后，按照规定办理有关手续。业主所得收益应当主要用于补充专项维修资金，也可以按照业主大会的决定使用。"《最高人民法院关于审理建筑物区分所有权纠纷案件具体应用法律若干问题的解释》第十四条规定："建设单位或者其他行为人等擅自占用、处分业主共有部分、改变其使用功能或者进行经营性活动，权利人请求排除妨害、恢复原状、确认处分行为无效或者赔偿损失的，人民法院应予支持。属于前款所称擅自进行经营性活动的情形，权利人请求行为人将扣除合理成本之后的收益用于补充专项维修资金或者业主共同决定的其他用途的，人民法院应予支持。行为人对成本的支出及其合理性承担举证责任。"

现实生活中此类侵权行为大量存在，如何处理要分不同情况进行。首先，设立、安装广告牌是商业经营行为，同时还可能影响到市容市貌，因此，必须首先经过工商、城市管理等相关部门的批准，按政策法规要求进行设计施工。其次，在相关部门同意和批准的情况下，谁有权利决定在楼顶或外墙面设立广告牌，关键看谁是楼顶或外墙面的所有权人或者其代表人。房屋（屋顶或外墙面）产权，即所有权包括占有、使用、收益、处分的权能。这四项权能只能由所有权人行使或由所有权人授权他人行使。在共有情形下，应由共有人共同行使，其他任何人无权干涉。如果部分共有人在未得到其他共有人的同意或追认，非共有人未得到共有人的事先许可或事后追认而擅自行使占有、使用、收益、处分的权能，就构成了对所有权人所有权的侵害。

在上述分析的基础上，这里有两种情况：一是在写字楼或住宅楼售出不到50%时，因为开发商是拥有50%以上产权的大业主，因此有足够的投票权决定在屋顶或外墙面设置广告牌，当然不得影响或损坏其他业主的利益。二是在写字楼或住宅楼已经售出50%或以上时，开发商、广告商或物业服务公司要求在楼房顶层面或墙面上搭建广告牌开展经营活动，则应由此楼宇业主组成的业主委员会做出决定，并可委托物业服务公司具体操作；在尚未成立业主委员会的状况下，开发商可征得所有共有人的同意。如达不成一致意见，可按照各自拥有的共有权份额进行表决，由于利用共有部分从事经营性活动是应由业主共同决定的“其他重大事项”，应当经专有部分占建筑物总面积过半数的业主且占总人数过半数的业主同意，但不得损害其他共有人的权益。

在物业管理权委托给物业服务公司后，管理权就和所有权发生了分离，就意味着，由开发商或业主作为产权人将管理权授予物业服务公司，物业服务公司依据物业服务合同和法律法规对写字楼或住宅楼进行管理，其中也包括对外用共有部分资源进行广告经营活动的管理。在有关楼宇屋顶（或外墙面）设立广告牌进行经营事宜，征得相关业主、业主大会、物业服务企业的同意后，就可以按照规定征得工商、城市管理等相关部门同意和批准的情况下办理有关广告经营手续，开展相关业务活动。此时，物业服务公司就有权根据业主的决定和委托对广告经营活动进行管理，如有权要求广告发布人发布的广告要符合写字楼或住宅小区的统一规划，不能影响写字楼或住宅小区的外观形象，不致损害其他业主或使用人的权益，等等。

3. *广告经营的收益分配*

关于广告经营活动的收益分配问题，广告牌等的使用收益属于此楼宇共有人共有财产产生的收益，自然应当属于此楼宇全体共有人所有，或是分配给全体共有人，利用物业共用部位、共用设施设备进行经营的收入，应当在扣除物业服务公司在此项业务开展中的合理成本之后将盈余的收益用于补充专项维修资金或者业主共同决定的其他用途。如用于为共有人服务的公益事业，也可以用于物业服务公司为共有人开展的公益服务，其他任何人、任何共有人不能单独占有。

另外，由于顶层设置广告牌等会给顶层业主带来更直接的、更大的可能损害，如安装时的噪声，安装之后检修时的干扰，以及万一安装有问题带来的风险（漏雨、坍塌等），以及广告牌正常运营中的电磁辐射、光污染等，因此，设立广告牌等得到的收益，应该给顶层或直接相关的业主以更多的补偿。对建设单位或者物业服务公司擅自占用业主共有部分进行广告经营性活动，业主有权请求排除妨害、恢复原状，并赔偿损失。

在现实中，由于划分共有产权份额比较困难，其总金额与用于物业服务公司开展的公益服务花费以及业主交纳管理费的负担等相比并不多，所以，这部分收益处置问题以前是大家并不关心的问题，物业服务公司也大都不公开这部分收支情况，也不会将这部分收益分配给每户业主。由于《物权法》的出台，人们开始了对建筑物区分所有权的关注，物业服务区域部分公共资源经营问题成为物业管理纠纷较多的领域。

［本案启示］

现实生活中物业服务公司利用物业共有部分资源开展经营活动非常普遍，但业主对公共资源价值认识不足，对公共部分产权维权活动也不积极。因此应该唤醒业主的产权意识，关注共有部分资源的价值，积极参与这些公共资源共同管理活动，维护产权的完整性和获得应得收益。

［体验分享］

说说所在小区物业服务公司利用小区公共资源进行经营活动的形式，是否征得业主同意，业主对此又是如何看待的。

政策规范

（1）参见《民法典》第 277 条规定。

（2）参见《物业管理条例》第 10 条、第 11 条、第 12 条、第 19 条规定。

（3）参见《业主大会和业主委员会指导规则》有关规定。

（4）参见《中华人民共和国合同法》第 52 条规定。

（5）参见《最高人民法院关于审理建筑物区分所有权纠纷案件具体应用法律若干问题的解释》第 1 条、第 2 条、第 3 条、第 4 条、第 6 条、第 7 条、第 14 条、76 条规定。

三、物业管理与社区治理

知识精要

社区治理结构是指政府、社区组织、其他非营利性组织、辖区单位、居民，合作供给社区公共产品，优化社区秩序，推进社区持续发展的制度和运作机制。[①] 中国基层社区的社区治理应当具有中国特色，这是因为社区作为文化的载体具有地域性、民族性和社会性。社区治理一方面要发挥多元主体的作用，调动社区资源为社区发展目标服务；另一方面要分清主次，解决组织主体、服务载体和多元主体参与力量的关系。具体来说，根据中国的国情和治理实践，就是要以党建为引领，以行政为主导，以居民自治组织为指导，物业管理为载体和智慧化服务管理平台，以业主组织为自行管理

① 陈伟东，李雪萍. 社区治理与公民社会的发育［J］. 华中师范大学学报（人文社会科学版），2003，42（1）：27 – 33.

主体，在其他组织及个体的参与与支持下，形成社区治理体系与模式，最大限度地发挥资源效用，实现社区命运共同体的共建、共享、共赢。

在引入物业管理机制之后，城市的社区治理已由原本街道、居委会等基层组织负责的单一治理路线，转变为党建引领下的基层组织管理与专业化物业管理相结合的社区综合治理模式。

社区管理包含社区文化、环境卫生、社会治安、综合治理、物业管理等众多要素。物业管理作为社区管理的一个子系统，二者在职能和方法上有些类似，但在权属关系和性质上却不一样。物业管理是基于业主产权分离后的管理权委托的企业化的管理服务行为，而社区管理是以街道和居民委员为主体，带有很强政府色彩的社区行政管理活动和社区服务等公益活动。因此，两者之间有功能重叠部分，又有各自的空间。两者的关系是相对独立又相互配合的关系，社区服务需要物业管理做基础，物业管理受社区治理、指导。

物业管理和社区管理作为社区治理中的社会管理主体或系统，它们有着共同的目标，那就是建设和谐社区，提高居民生活质量，增进社区整体的公共利益。不过由于业主产权的重要性，以及物业管理与业主利益更直接、物业服务公司的实力要比社区居民委员会更雄厚、社区居民委员会处于最超然的地位等因素的存在，所以业主自治是社区治理的基础。物业服务企业作为物业管理服务的市场主体是社区治理的最有效载体，对社区治理和社区稳定发展具有稳定器有作用，居民委员会则是社区治理的调节器。

案例分析

案例 3－4　物业管理与社区治理能否双轨运行

［案情陈述］

为完善城市社区服务体系，促进社区公益性与福利性事业的发展，目前作为非营利性社区机构的××市某社区服务中心正式成立并开始运营。

根据该社区服务中心章程规定，社区服务中心主要从事社区内公益性、福利性服务及便民、利民服务，开展各项社区便民服务如居家养老、老年大学、会员服务、社区共有资产及公益慈善基金的经营与管理、社区义工及社工的奖励、社区救助等服务工作，一切盈利将用于社区公益和福利事业。

该社区服务中心的经费来源主要由三部分组成：一是开发商捐赠的福利基金和捐赠给社区的集体共有资产；二是政府各种拨款和社会赞助；三是社区服务中心在业务范围内开展服务活动的收入。社区服务中心收入盈余不得分红，而是按“三三制”原则使用，催生社区经济，完善社区服务，培育社区福利：年收入的1/3用于社区服务中心日常企业化运作；1/3 上缴市民政局作为本社区公益慈善基金专用款；1/3 用于社区救助、奖励基金。

目前，该社区服务中心业务范围内的便民、利民公益性项目以及社区资产管理和社区公益基金管理工作已全面开展，有偿服务的社区企业服务营利性项目也已部分开展。随着社区服务中心的诸项业务逐步深化，该社区提出“将社区当酒店、居家当客房、业主当宾客”的构想和实现社区物业管理与社区治理双轨运行机制。

［讨论话题］

（1）物业管理与社区治理有什么联系和区别？

（2）物业管理与社区治理能否双轨运行？

（3）社区服务中心成立对社区物业管理与社区治理有何影响？

［思路提示］

本案例的关键是弄清楚物业管理与社区治理的联系和区别，分析各自的运行机制，然后看看有没有结合点和怎么结合好。另外，两者的结合还要有利于和谐社区建设和居民生活质量的提高。

［分析说明］

本案例中提出社区物业管理与社区治理双轨运行，是一种有益的探索和尝试，值得鼓励，不过要真正让双轨制运行好还必须遵循社区治理的客观规律，否则可能是劳民伤财。关于社区治理，正如前面所述：在引入物业管理机制之后，城市的社区治理已由原本街道、居委会等基层组织负责的单一治理路线，转变为基层组织管理与专业化物业管理相结合运作的社区综合治理模式。但是物业管理是基于业主产权分离后的管理权委托的企业化的管理服务行为，而社区治理是以街道和居民委员为主体带有很强政府色彩的社区行政管理活动和社区服务等公益活动。两者作用边界有重叠，但毕竟各自运行模式有所不同，因此，不能简单地谈结合。在这里首先要弄清楚物业管理与社区治理的联系和区别，然后才能谈如何结合的问题。

1．物业管理与社区治理的联系

（1）物业管理和社区治理的指导思想一致，都是为了增进社区公益，推动社会发展与进步。

（2）物业管理和社区治理的社会目标一致。物业服务区域建设和社区建设都要以人为中心，开展多种多样的活动，为人们的生活、工作、学习提供良好的空间。两者共同的社会目标就是建设和谐社区。

（3）物业管理与社区治理是同处于社区的关联管理系统。社区治理系统按行政逻辑运行；物业管理系统按市场化逻辑运行。两者共存于物业社区中的关联系统，必然要发生联系、影响、制约作用。因此，物业管理需要考虑社区管理因素及要求，反之亦然。

（4）物业管理和社区治理互为影响。物业管理通过物业管理服务，为社区居民创造安全、舒适的生活和工作环境，影响人们的生理和心理，良好的物业服务有利于人们的生存、发展，促使人们的思想、精神、道德得以升华。社区治理则通过多种途径来建设社区文明，提高居民的文明素质，培养良好的社区环境和社区参与意识，为物业管理的正常开展打下基础。

2. 物业管理与社区治理的区别

（1）管理的主体不同。社区治理的主体是政府指导下由社区成员参加的社区管理委员会，也即由社区范围内的政府组织、企事业单位、社团组织和居委会等多方参与、共同管理的多元化互助的新型社区组织。物业管理的原始权力主体是业主，市场主体是接受业主委托的承担专业物业管理的物业服务企业。

（2）性质特点不同。社区治理是国家管理社会生活、群众管理社会生活和各种社会主体相互交融的基础性社会管理。物业管理则是社会化、专业化管理，它是在业主或业主委员会的委托下围绕“人居环境”而实施的公共事务委托管理，不仅具有公共性，还具有劳务交换性质和经济性。

（3）管理的内容不同。社区治理与物业管理在管理内容上均具有综合性，但综合性的内涵不同。社区治理的内容不仅包括对整个社区建设与发展的规划和组织，而且包括社区范围内具体事物的专项管理，例如，计划生育、婚姻家庭、卫生保健、科技教育、安置就业、扶贫帮困、老龄工作等。物业管理的内容则是围绕物业开展的专业化管理与服务，如各类房屋建筑及附属设备设施的维修养护、物业环境的治安保卫、消防管理、清扫保洁、绿化管理、停车场的管理以及相关的家庭生活服务等。

（4）运行方式不同。社区治理主要以行政管理、互助管理的运行方式来实施管理。街道办事处与社区有关单位组织之间，是一种纵向的组织和被组织、协调和被协调、指导和被指导、监督和被监督的关系；社区有关单位组织之间则是横向的互助关系、协作关系、相互支持与配合的关系。而物业管理主要以业主自行管理与专业化物业管理相结合的运行方式来实施管理，如成立业主委员会选聘物业服务公司，签订物业服务合同，由物业服务公司提供有偿物业服务，业主及业主委员会实施监督落实，等等。

3. 物业管理与社区治理的结合

通过上述分析可以看出：物业管理与社区治理虽然有本质的区别，但也有密切联系，两者之间是相互影响、相辅相成的关系。一方面，关系处理得好相互促进，关系处理不好则两败俱伤，因此两者之间有结合起来综合运行的必要。另一方面，两者之间有一些联系是非常密切的，有结合运行的操作机会和空间，因此将物业管理和社区治理结合起来运行是可行的。

基于上述认识，本案例中成立“社区服务中心”的做法，对社区物业管理与社区治理将产生积极正面的影响。实践中情况如何，将取决于该机构和人员正确理解物业管理与社区治理的关系，划清两者之间的权责界限，确定清晰的合作点，搭建好合作的平台，并逐步形成合作的机制。本案例中，该中心定位为非营利性组织，主要从事社区内公益性、福利性服务及便民、利民服务。这样的定位有利于客观、公平、公正地处理各方关系，是正确的组织性质定位。同时政府拨款、开发商捐助、社会赞助、中心经营收益等经费来源途经保证了中心的正常运行。这些都表明“社区服务中心”这一物业管理与社区管理结合的具体形式是可行的、可推广的社区治理模式。不过需要指出的是“开发商捐赠给社区的集体共有资产”的性质需要界定清晰的产权，如果是业主的共有财产则其权益就归业主，相关事项的决定必须经过业主集体决定才是合法的，不能侵害业主权益。另外，“中心”不能凌驾于居民委员会和业主委员会之上，而只能是对两者的补充、协助和协调，这是非常重要的原则。

［本案启示］

物业管理和社区治理两者凭借的管理权能不一样，现实生活中可能出现两者打架的不和谐局面，如果有一种组织形式能将两者连接起来，协调两者之间的关系，充分发挥两者在和谐社区建设中的作用，则是非常有理论和实践价值的一件事。“社区服务中心”的成立无疑是一种有益的探索和尝试。

［体验分享］

调查了解或反思总结一下所在小区物业服务公司、业主和社区居民委员会的关系状况，它们之间是否有找到协调的途经和方式，说来大家分享一下。

案例3－5　和谐社区靠大家，物业服务当先锋

［案情陈述］

一个周末，某小区环境显得格外优美整洁。中心广场的喷泉全打开了，在阳光的照射下泛射着七彩的光芒；花园中背景音乐播放着婚礼进行曲……这一天，是小区22A业主小林和小赵结婚的日子。

11时30分，小区入口大门处，增加了8名保安列队两排迎接车队和来客。

12时，载着新娘的婚车驶入了小区，停在了大堂前。从大堂入口到电梯前厅铺了大红地毯，电梯厅的液晶屏上播放着对新人的美好祝福，入户大门上贴了一个大大的喜字，物业服务中心也送来了花篮。新房内，热心的邻居也前来帮忙张罗，欢声笑语不时溢出，噼里啪啦的气球声代替了节日欢庆的礼炮……小区到处都洋溢着婚庆的氛围。

下午3时，新郎穿着笔挺的西装、新娘身着洁白的婚纱，在伴郎伴娘的陪同下，一起来到小区的中心花园拍照留念。喷泉边、拱桥上、亭榭旁、草地上，处处留下了新郎新娘幸福的身影。旁观的人群也受到温馨气氛的感染，送出真挚的祝福。

下午4时，载着新人的婚车驶向婚宴酒店……

小林和小赵刚刚入住小区，他们到广州的时间并不长，在广州的亲戚朋友也不多。婚礼之前双方亲人才来，许多事情都要这对新人亲自办理。由于两人平常都要上班，没有时间筹备婚礼，心里难免有些担心。物业服务中心获悉后主动联系小林，表示愿全力协助。二人大喜。于是，物业服务中心派专人协助他们筹备婚礼，除布置新房、提供采购信息外，还通知了社区老年协会前来帮忙。由物业服务中心彭主管牵头，连同老年协会一起组成新婚协助小组，对周六的婚礼过程进行策划和配合。在众人的协助下，一切进展得非常顺利。

婚礼这天，物业服务中心所有员工早早赶到现场，各司其职，有布置接待现场的，有负责接待客人的，有协助拍摄的，有派发喜糖的，有播放音乐的……

婚礼晚宴结束后，新人回到了新房，小林说："今天还算顺利，多亏了物业服务中心和邻居们的帮助才没有出什么洋相，要不然这么多的事情真是忙不过来。"小赵感言道："是啊，物业服务中心精心设置的氛围真让我感动。这个社区的邻居很热心和友善，物业服务人员也真是不错。明天我们就登门致谢这些帮助和真心祝福我们的人吧!"

［讨论话题］

（1）业主小林和小赵婚礼成功说明了什么?

（2）物业服务公司在和谐社区建设中的地位和作用如何体现和发挥?

［思路提示］

本案例主要说明物业服务公司在小区和谐建设中的地位和作用，这种地位和作用需要物业服务中心的具体的服务工作来体现和证明，而且与其他业主、居民委员会相比，物业服务中心最具有这种服务的条件和能力。

［分析说明］

本案例反映了物业服务中心在和谐社区建设中有不可替代的作用，反映业主对物业服务的需求不仅体现公共物业服务上，还体现在社区文化生活中。

本案例中业主小林和小赵婚礼的成功举办是在物业服务中心的主动服务和协调整合其他社区力量共同帮助下实现的。物业服务中心充分发挥自身的优势和资源条件，派专人协助他们筹备婚礼，除布置新房、提供采购信息外，还通知了社区老年协会前来帮忙，由服务中心专人牵头，连同老年协会一起组成新婚协助小组，对周六的婚礼过程进行策划和配合，在众人的协助下，婚礼一切进展得非常顺利。这充分说明了物业服务公司在小区生活中的重要作用。

1. 物业服务企业在社区中的作用

物业服务工作做得好，物业服务质量高，业主满意，不但社区和谐了，对物业服务公司获得物业持续经营管理权也是有极大帮助的。在和谐社区建设中，物业服务企业具有如下重要作用。

（1）物业服务企业在和谐社区建设内容选择上的主导作用。物业服务企业作为物业服务区域物业服务垄断经营组织，掌握着大量经济资源和话语权，在和谐社区建设内容或建设重点与次序上有重要的选择权和影响力，在这一点上，单个业主和居民委员会是无法与物业服务企业竞争的。

（2）物业服务企业在和谐社区建设过程中的资源支持服务作用。物业服务企业作为物业服务区域的经营实体，拥有人、财、物、信息等各种资源，对社区居民需求比较了解并能开展各项专门社区服务项目，对社区居民需求的满足是建立在市场化、社会化、专业化的服务模式上，是可行、可持续、有质量保障的服务模式。这不但实现了物业服务区域的和谐社区建设目标，也实现了企业的经营目标，更实现了经济效益和社会效益双丰收。

（3）物业服务企业在和谐社区建设过程中的统筹、协调作用。和谐社区建设的社会性，决定了物业服务区域的社区文化建设的主体具有多元性，它不仅需要物业服务企业、业主的参与，还需要众多的相对独立而又彼此联系的基层政府部门和其他社会组织的参与。为了使这些部门和组织在参与文化建设过程中步调一致，物业服务企业要根据小区特色文化建设的总体规划，将众多的社区文化建设主体的目标进行统筹、协调，从而推进社区文化建设的有序发展。

（4）物业服务企业在和谐社区建设过程中的稳定器作用。物业服务企业通过和谐社区建设，活跃气氛、凝聚人气、协调人际关系、缓解邻里矛盾，从而起到解决社会问题、维持小区社会稳定的作用。政治稳定、经济稳定、社会稳定，说到底取决于群众的稳定、人心的稳定。众多现代物业管理小区的稳定又是城市社区稳定的基础。物业服务企业在和谐社区建设过程中的内在稳定器作用是显而易见的。

目前，由于社区力量缺少整合，物业服务企业、业主委员会、居民委员会及其他组织都在管理部分社区事务，社区治理处于看似有序，实则群龙无首的状态，主要是“婆婆太多，吵吵闹闹谁也管不了事”，“和尚太多，阿弥陀佛各念各的经”。很多社区状况令人担忧。小区业主为了维权，与开发商有冲突，和物业服务公司有摩擦，对业主委员会不信任，甚至排斥政府工作人员，社区现状与和谐社区差距甚远。因此，建设和谐社区任重道远。

2. 物业服务企业建设和谐社区的途径

(1) 成立物业服务区域和谐社区建设协调机构，整合和谐社区建设的各方力量。

和谐社区建设必须有它的载体，现有的社区主体单独主政和谐社区建设工作很难服众，也没有组织愿意做这种吃力不讨好的事情。只有整合社区各种力量一起做对大家有益的事，才有可能做好公益事业。而在物业服务区域中，物业服务企业最有条件和实力做统筹策划工作。只要本着公平、公开、公正、公益的原则，整合各方力量的工作是有可能实现的。关键是要做好各方面的调查准备，并与多方利益主体做好沟通。

（2）通过与业主沟通，争取业主的支持，获得整合力量的社会基础。物业服务企业应与业主进行深入的沟通，首先只有在物业管理服务上取得业主的信任和支持，才能开展和谐社区建设的力量整合工作。其次要发掘、培育关键业主，取得他们的支持，让他们在力量整合中发挥骨干作用。同时要注意做好客户关系管理工作，通过构建多种沟通途经，提供沟通机会和平台，达成各方力量的意见表达和理解，从而为力量整合创造条件和气氛。

（3）积极组织开展各种社区文化活动，以社区文化活动推动和谐社区建设。社区文化对社区内的每个居民都将产生重要的影响。格调高尚、内容健康向上、丰富多彩的社区文化，将对每个居民产生强大的吸引力，从而形成社区凝聚力。在活动开展的时候，可以将文化元素引入社区，实现潜移默化的素质教育。

（4）对社区特殊服务需求给予支持，提供优质服务。特殊服务需求主要是零星的、需要专业化服务帮助的个性化需求，如婚庆需求、搬家需求、老弱病残料理需求等特殊服务需求。这些需求的满足，既体现了物业服务企业的专业化服务水平，也表达了物业服务人的爱心，还增进了社区和谐、友爱、欢乐的气氛。

（5）开展各种亲善活动，培育融洽的社区人际关系。如：在节日快到的时候，给每位业主寄上贺卡表示祝福；记住业主的生日，适时送上一份小小的生日礼物；业主患病之时，送上一些水果表示慰问……这些小事会培养业主对物业服务公司的信任感和亲情感，缩短彼此间心灵的距离。又如开展一些和儿童有关的活动、设置一些和儿童有关的活动器械，这将会极大地改善业主对于物业管理的态度，也增加业主之间、儿童之间的交流，融洽邻里之间的关系，改善社区人际环境。

［本案启示］

本案例好像只是反映物业服务或者社区生活的一片段，其实不然，它反映的是目前物业区域普遍存在的对社区和谐建设的理解和落实问题。和谐社区建设不是空洞的口号和不着实际的政策条文，而是要靠社区各方力量，特别是物业服务企业的具体努力去实现。

［体验分享］

回忆你在小区或其他有专业物业服务场所接受物业服务公司人员服务的经历，从服务态度、服务方式、服务效果和主观评价，以及由此产生的你对有关物业管理服务的看法等几个方面，与大家分享你的心得。

政策规范

（1）参见《物业管理条例》第 6 至第 20 条、第 34 条、38 条、48 条规定。

（2）参见《业主大会和业主委员会指导规则》有关规定。

（3）参见《最高人民法院关于审理建筑物区分所有权纠纷案件适用法律若干问题的解释》第 3 条、第 4 条、第 5 条、第 14 条规定。

四、物业管理与公用事业经营

知识精要

公用事业单位主要指的是，在物业服务区域内的物业服务企业及供水、供电、供气、供热、通信等单位。物业服务企业与供水、供电、供气、供热、通信、有线电视等单位应该是由于物业小区管理与服务的社会化、专业化分工而产生的相互独立、分工明确，而又需要相互协作相互配合的市场经济主体，它们之间在经济交往中是平等交易的关系。

物业服务企业与公用事业单位分工明确。供水、供电、供气、供热、通信、有线电视等单位都是取得特定营业资格的供应企业，这些供应单位分别为业主、物业使用人提供水、电、气、热、通信和有线电视等商品和服务，并依法承担物业服务区域相关管线和设施设备维修、养护的责任。业主、物业使用人应当支付相应的费用。这些费用由公用事业单位向最终用户收取。物业服务企业可接受公用事业单位的有偿委托代收有关费用，但不得向业主收取手续费等额外费用。

物业服务企业应与公用事业单位密切配合。为了搞好物业管理工作，物业服务企业必须加强与各单位的联系，在日常工作中及时发现问题，凡属于供水、供电、供气、供热、通信、有线电视等单位维修、养护责任范围内的问题，要及时向有关单位通报，督促其及时解决问题，保证业主和物业使用人的正常生活和工作。当供水、供电、供气、供热、通信、有线电视等单位因维修、养护等需要临时占用、挖掘道路和场地的，应当事先通报物业服务企业，以便于物业服务企业通知业主和使用人做好自己的生活和工作安排，有关单位应在合理的时间内尽快完成维修、养护任务，并将道路、场地恢复原状。

物业服务企业不得以业主欠缴物业费为由停水、停电、停止供热、供燃气等。根据《民法典》第九百四十四条规定：“物业服务人不得采取停止供电、供水、供热、供燃气等方式催交物业费。”

案例分析

案例3－6　物业服务停止，是否可以停水、停电、停暖

［案情陈述］

12月21日发现××物业服务公司办公室门上贴着法院判决书复印件和一张落款为12月20日的停止服务通知。通知上写着，“由于业主拖欠物业费数额巨大，公司无力垫付各种开支，决定从今天开始暂停一切服务，并用自己的方式追讨欠款”。

该物业服务公司工作人员说，根据法院判决，他们从12月20日撤离小区，现在正跟业主委员会办理交接手续。“我们已经没有任何义务为小区居民服务了。”他称，应该由业主委员会负责小区的供暖、供水、供电问题。

长期以来，该物业服务公司在小区内不作为。一业主为此还写了打油诗：“单元门锁坏，小区绿地秃。车辆丢失无人管，大门虚设任进出。人身安全无保障，业主权益谁维护？请为业主鼓与呼！”在三区，一位没交物业费的Z女士称，小区里没有幼儿园，供应的热水太烫没法洗澡，人防通道变成了车库出租……一些业主也认为，拒交物业费只会导致恶性循环，但又没有其他办法。

还有的业主在网上表示：刚入住时都被迫缴纳一年的物业费、供暖费，怎么会有欠费，请拿出物业明细，到底这一年来贪了大家多少钱，不要口口声声说业主欠1 000多万，恐怕物业服务公司欠业主的几千万配套工程倒是事实了。

［讨论话题］

（1）物业服务公司的行为反映了什么问题？根源在哪里？解决思路如何？

（2）物业服务公司可否以业主欠费为由停止一切服务？能否采取停止供水、供电、供暖的措施呢？

［思路提示］

针对本案例，首先要弄清物业服务企业为何被炒掉，其次是要明白物业服务企业在炒后是否可以停止一切服务行为，包括停水、停电、停止供暖等影响业主正常生活的服务行为。

［分析说明］

本案例反映的是目前在物业管理行业普遍存在的物业服务企业和业主为表达不满和私自采取不正当手段维护自身利益的不良现象。案例中物业服务企业与业主之间发生物业服务纠纷，业主以拒交物业费来表达对物业服务公司的不满，物业服务公司以停止公用事业服务的行为（如停水、停电、停止供暖等）来威胁和要挟业主，以达到追讨业主欠款的目的。由此来看，双方都不理性。

双方都要以理性的方式依法办事，否则会给自己带来更大的损失。

要化解矛盾和纠纷，我们必须首先弄清纠纷的根源。其实业主和物业服务公司最根本的矛盾大多来自对开发商的不满，比如先期承诺的很多配套设施没有兑现或房屋质量、拆迁遗留问题等。遇到这种状况，物业服务公司一方面积极与开发商协调，同时也与业主们多沟通，做些解释工作。当然如果是物业服务企业自身的经营管理水平问题，造成服务质量不达标；或者是物业服务公司有侵权和损害业主权益的行为，那就应该是物业服务公司要改变经营方针，提高服务质量的问题。除此以外，还有可能是业主的原因，如刁难物业服务公司、故意不交费等，那就是业主要改变态度、遵纪守法的问题了。

1. 物业服务企业和业主之间的责任界限

根据《物业管理条例》第十一条规定，业主有权共同决定选聘和解聘物业服务企业。显然业主有依法定程序炒掉物业服务公司的权力，但同时业主应当依物业服务合同约定，交纳物业费。根据有关司法解释规定，物业服务企业已经按照合同约定以及相关规定提供服务，业主仅以未享受或者无须接受相关物业服务为抗辩理由的，人民法院不予支持。同时，人民法院支持物业服务企业在其经书面催交后，业主无正当理由仍拒绝交纳或者在催告的合理期限内仍未交纳物业费的正当请求，业主应当支付物业费。当然如果物业服务企业不履行或者不完全履行物业服务合同约定的或者法律、法规规定以及相关行业规范确定的维修、养护、管理和维护义务，业主请求物业服务企业承担继续履行、采取补救措施或者赔偿损失等违约责任的，人民法院应予支持。物业服务企业违反物业服务合同约定或者法律、法规、部门规章规定，擅自扩大收费范围、提高收费标准或者重复收费，业主以违规收费为由提出抗辩的，请求物业服务企业承担继续履行、采取补救措施或者赔偿损失等违约责任的，业主请求物业服务企业退还其已收取的违规费用的，人民法院都应予以支持。

2. 有关停水、停电等问题的相关规定

关于物业服务企业是否有权停水停电等问题，国家有关规定很清楚。物业服务企业在追讨欠款上有合理的诉求，但以停水、停电、停止供暖相威胁是违法行为，应当纠正。根据《物业管理条例》第四十四条规定，物业服务区域内，供水、供电、供气、供热、通信、有线电视等单位应当向最终用户收取有关费用。物业服务企业接受委托代收前款费用的，不得向业主收取手续费等额外费用。第五十一条规定，供水、供电、供气、供热、通信、有线电视等单位，应当依法承担物业服务区域内相关管线和设施设备维修、养护的责任。这两项规定说明公用事业单位与业主之间有直接的基于公用产品的交易关系，公用事业单位承担公用设施管线的维护、养护责任，业主向公用事业单位缴纳使用费用。物业服务企业可以接受公用事业单位的委托费用，但不得向业主收取手续费等额外费用，说明物业服务公司与公用事业单位在收费事项上有可能产生委托代理关系。这说明物业服务企业只是在公用事业收费代理上与业主发生关系，公用事业单位并未授予物业服务公司对业主停水、停电、停止供暖等权力，也没有向业主收取手续费等额外费用的权力。

关于停水、停电等行为，国家有明文规定，公用事业单位都不得擅自采取这些行为。根据《中华人民共和国电力法》第二十六条规定："供电营业区内的供电营业机构，对本营业区内的用户有按照国家规定供电的义务；不得违反国家规定对其营业区内申请用电的单位和个人拒绝供电。"第六十四条规定："拒绝供电或者中断供电的，由电力管理部门责令改正，给予警告；情节严重的，对有关主管人员和直接责任人员给予行政处分"。1996 年 10 月 8 日颁布实施的《供电营业规则》第十四条规定，用户不得自行转供电。这些规定说明即使是电力部门也不能随便停止供电，即使要停电也要有合法理由，如供电设施检修、依法限电或者用户违法用电等原因，并应事先通知用户；对逾期未交付电费的可处以加收违约金的经济处罚，自逾期之日起计算超过 30 日，经催交仍未交付电费的，供电企业才可以按照国家规定的程序停止供电。但这里相关法律没有赋予物业服务公司停电的权力。根据"用户不得自行转供电"的规定，物业服务企业也不能以用户身份向业主转供电。因此物业服务企业无权停止供电。

同样根据 1994 年 7 月 19 日颁布实施的《中华人民共和国城市供水条例》第二十二条规定，城市自来水供水企业和自建设施对外供水的企业应当保持不间断供水。由于工程施工、设备维修等原因确需停止供水的，应当经城市供水行政主管部门批准并提前 24 小时通知用水单位和个人；因发生灾害或者紧急事故，不能提前通知的，应当在抢修的同时通知用水单位和个人，尽快恢复正常供水，并报告城市供水行政主管部门。第三十三条规定，城市自来水供水企业或者自建设施对外供水的企业擅自停止供水或者未履行停水通知义务的，由城市供水行政主管部门责令改正，可以处以罚款；情节严重的，报经县级以上人民政府批准，可以责令停业整顿；对负有直接责任的主管人员和其他直接责任人员，其所在单位或者上级机关可以给予行政处分。第二十五条规定，禁止盗用或者转供城市公共供水。第三十五条规定，违规盗用或者转供城市公共供水的，由城市供水行政主管部门或者其授权的单位责令限期改正，可以处以罚款。可见对于供水问题的规定和处理国家有关法律规定，有着与供电问题相似的处理政策。物业服务企业也无权擅自停水。

不仅如此，由于物业服务公司对业主的停止供水、供电、供暖等破坏公用事业正常运转，影响业主正常生活的行为，一些业主开始以各种形式表达不满，造成了一定程度的社会不稳定性，引起了国家和地方政府部门的重视和社会的广泛关注。北京市原建委随后颁布的《关于 2007 年度全国物业管理示范项目和北京市物业管理优秀项目考评及复验有关事项的通知》明确规定，申报项目的物业服务企业应取得相应资质，上一年度无重大责任事故，未发生经主管部门确认的有关收费、服务等方面的重大投诉，未发生强行接管、擅自撤管、断水、断电、停电梯等行为。

［本案启示］

本案例给大家一个重要的启示是物业服务公司和业主之间都有合理诉求，但都有不合逻辑、不合法律规范的行为发生，这说明大家对物业管理活动的关系没有弄清，对如何处理的法律、法规不了解，采取了盲目的行动。如果这种情况很普遍地发生，也就说明了普及物业管理理论和法律法规知识，形成成熟的物业管理关系模式，保证物业服务公司稳定可持续经营是非常重要的。

［体验分享］

大家通过各种方式，如反思、访谈、调查、观察、文献搜索等形式获得有关物业服务公司在处理物业纠纷时的做法，并进行归类和简要总结，在讨论会和课堂上与大家一起分享。

案例3－7　“物业联盟”“较劲”公用事业单位

［案情陈述］

一段时间以来，某市城区十几家物业服务企业结成“统一阵线联盟”，欲以“物业联盟”的形式和供水、供电等公用事业单位就维修界线划分问题公开“较劲”。

起因于维修界线划分不清。前不久，××区××小区×住宅楼业主向记者反映，地下管道漏水，多户业主家的小棚、地下室被泡，地下室内的冬储菜、酸菜及一些物品不同程度因水泡受损，居民为此怨气冲天……据了解，这一居民楼地下管道的漏水问题已经困扰居民达十年之久，时断时续，却迟迟没有得到根治。问题得不到根治的原因是小区的物业服务企业与供水企业之间在维修界限问题上纠缠不清。类似的供水、供电等公用设施维修问题在居民区内时常发生。

［讨论话题］

（1）以“物业联盟”的形式对抗供水、供电等公用事业单位的行为反映了什么问题？根源在哪里？如何化解？

（2）物业服务企业与供水、供电等公用事业单位的维修界限究竟如何划分？

［思路提示］

本案例要解决的问题是物业服务企业与公用事业单位在管线维修、养护责任界限不清的问题。这就需要分析其产生的根源，从人们的认识上和法律、法规、政策上分析清楚是关键。

［分析说明］

本案例中物业服务企业组成“物业联盟”以抵抗公用事业单位的在公用事业设施

管线维修、养护上的不作为，以化解业主的不满，实质上反映的是物业服务公司、业主和公用事业单位在维修、养护责任界限不清引发的纠纷问题。究其原因，主要有两个方面。

第一，传统的公用事业管理观念和习惯行为影响了问题的有效解决。由于众所周知的计划经济时代公用事业单位“霸王作风”和目前仍然存在的公用事业经营垄断，造成了公用事业单位及其工作人员在市场经济体制条件下，仍然没有形成良好的服务意识、服务规范，服务态度不好、服务质量差，简单粗暴对待客户，居高临下地与客户打交道，单方面决定服务标准和行为，很容易与业主和物业服务企业发生经济纠纷，面对公用事业单位的强势地位，物业服务企业唯有联合起来才能与之抗衡，维护自身的权益。

第二，现行法律制度规范存在规范不细、界限不清的问题。在物业服务区域，一旦发生水、电、暖等管线出现问题，物业服务企业有义务维修或协助公用事业单位做好维修工作，以保证居民生活正常秩序。同时出现此类问题业主肯定要找物业服务公司寻求解决，如果是物业服务公司维修、养护范围内的责任，当然就会直接做好维修工作；但是如果维修责任在公用事业单位，则要与公用事业单位进行协商解决问题。此时往往会出现因为由谁维修的责任问题纠缠不清而无法进行施工，影响业主生活的情况。物业服务公司受到业主的压力，如果不能及时解决问题，轻则影响服务质量和业主满意度，重则可能发生物业服务公司被投诉或炒掉的严重后果。因此物业服务公司比公用事业单位压力大得多。如果是因为法律制度不完善的原因造成的，则需要完善法律制度；而推动法律制度的完善需要一些利益主体的集体力量，“物业联盟”便应运而生。

回到现实中来，根据现有的法律规范，如何划清两者之间的责任界限呢？根据《物业管理条例》第五十二条规定，供水、供电、供气、供热、通信、有线电视等单位，应当依法承担物业服务区域内相关管线和设施设备维修、养护的责任。2008 年 2 月 1 日起施行的《住宅专项维修资金管理办法》第三条规定：“本办法所称住宅共用部位，是指根据法律、法规和房屋买卖合同，由单幢住宅内业主或者单幢住宅内业主及与之结构相连的非住宅业主共有的部位，一般包括：住宅的基础、承重墙体、柱、梁、楼板、屋顶以及户外的墙面、门厅、楼梯间、走廊通道等。本办法所称共用设施设备，是指根据法律、法规和房屋买卖合同，由住宅业主或者住宅业主及有关非住宅业主共有的附属设施设备，一般包括电梯、天线、照明、消防设施、绿地、道路、路灯、沟渠、池、井、非经营性车场车库、公益性文体设施和共用设施设备使用的房屋等。”在此规定中，没有列出供水、供电、供暖等公用设施管线的维修项目。由此可见，建设部的部门规章对公用设施维修管理只是规定由公用事业单位管理，具体怎么管理、怎么划分责任界限则没有明确规定。这种做法是合情合理的，不是其职责范围内的事也不好做规定。

供电部门比较有典型性，下面再看看国家对供电设施管理是如何具体规定的。国务院《电力供应与使用条例》第十七条规定，共用供电设施的维护管理，由产权单位协商确定，产权单位可以自行维护管理，也可以委托供电企业维护管理。第二十六条规定，用电计量装置应当安装在供电设施与受电设施的产权分界处。《供电营业规则》第四十七条规定，供电设施的运行维护管理范围，按产权归属确定。其中公用低压线路供电的，以供电接户线用户端最后支持物业为分界点，支持物属供电企业；产权属于用户且用户运行维护的线路，以公用线路分支杆或专用线路接引的公用变电站外第一基电杆为分界点，专用线路第一基电杆属用户。《民法典》第二百七十三条规定："业主对建筑物专有部分以外的共有部分，享有权利、承担义务；不得以放弃权利为由不履行义务。"此规定支持了按产权归属确定维护责任的原则标准。根据这些规定可以归纳几点：一是共用供电设施的维护管理的主体是由产权单位，也就是维护责任在产权单位。二是根据产权单位可以自行维护管理，也可以委托供电企业维护管理规定。如果产权单位委托供电企业维护管理，则供电企业因接受委托而承担维护管理责任；但在这种情况下，发生的维护费用应当由产权单位负责。

综合分析，关于供电设施管理问题，首先应当明确责任主体，即在没有委托给供电企业管理时，责任是产权单位的（如小区全体业主）；在将供电设施管理委托给供电企业时，供电企业应根据合同约定提供维护管理服务，并由产权单位承担相应费用。其次是要划清责任界限。根据上述规定，供电等公用设施的维护费用没有列示在住宅专项维修基金的开支范围内（当然也不排除考虑由供电等公用事业有关规定来界定更合理、更恰当，作为物业管理方面的规章也不可能规范调整相关问题），《电力供应与使用条例》和《供电营业规则》则根据权属关系将界限划分问题规定得非常清楚。根据这样的划分来处理供电设施的维护管理权利和责任，就可以解决问题。

但在实际生活中，业主是否有委托供电企业来维护管理，回答往往是否定的。诸如此类的事，一般是由开发商或物业服务公司来协商此类事件。一来开发商是前期物业管理中的主要业主，二来业主委员会成立晚，加上早期设施设备很少会出问题，人们往往忽视了此类事情，只有到了一定使用年限，设备老化，问题才显现出来。此时回头看才发现可能是开发商、物业服务公司，也可能是自己的不注意，酿成了此类问题的发生，往往又采取不理性的做法，试图简单处理问题。物业服务企业在此问题上的主张，主要是担心没有协调好业主与供电企业的责任划分及费用负担问题，会导致业主不满，或供电企业要求业主负担费用，业主又认为有维修基金，应该在维修基金中开支。目前部门物业项目维修基金管理混乱，特别是物业服务公司或开发商已经侵吞挪用了住宅专项维修基金时，由于害怕问题的败露，不得不寻求其他解救之策。

关于供水设施维护管理，国家有关规定直接将管理责任明确为供水企业。1994 年

10月1日实施的《中华人民共和国城市供水条例》第二十七条规定，城市自来水供水企业对其管理的输（配）水管网、进户总水表等设施，应当定期检查维修，确保运行。第二十八条规定，用水单位自行建设的与城市供水管道连接的用户外管道及附属设施，必须经城市自来水供水企业验收合格并交其统一管理后，方可使用。第三十三条规定，城市自来水企业未按照规定检修供水设施或者在供水设施发生故障后未及时抢修的，由于城市供水行政主管部门责令改正，可以延迟罚款；情节严重的报经县级以上人民政府批准，可责令停业整顿；对负有直接责任的主管人员和其他直接责任人员，其所在单位或者上级机关可以给予行政处分。

在研究有关法律法规政策规定，划清公用设施管理责权关系，了解现实中的前因后果之后，回头再看以“物业联盟”的形式对抗供水、供电等公用事业单位的行为，就觉得意义不大。物业服务企业应该做好物业服务工作，帮助业主明确是非，从维护弱势主体——业主权益出发，找到处理由公用设施维护管理引发的纠纷的钥匙，从而也维护自身的权益。

特别要指出不管物业服务费中是否包含公共设施日常维修、维护费用，在签订物业服务合同时，应明确物业服务费是否包含公共设施日常维修、维护费用，是否要在住宅专项维修基金中开支。总而言之，业主不能重复付费，维修责任要落到实处，只有这样才能从根本上避免纠纷出现。

［本案启示］

本案例不仅仅是反映公用设施维护管理的责任落实问题，在物业管理关系中，公用事业单位与物业服务公司、业主，乃至开发商的关系是最难协调的领域。这根源于传统的公用事业单位的经营管理观念和作风，加上少数不良的开发商和物业服务公司在此领域的错误认识，就会形成难以化解的经济利益纠纷，由于涉及面广，错综复杂，问题往往比较棘手，简单的诉诸法律，很难解决，即使表面解决，从整个社会来讲没有解决根本问题，这需要从理顺关系开始。

［体验分享］

收集相关案例，试着自己去厘清关系头绪，提出解决方案，在课堂上与大家分享。

政策规范

（1）参见《民法典》第284条、第285条、第286条规定。

（2）参见《物业管理条例》第11条、第42条、第45条、第52条、第63条、第72条规定。

（3）参见《最高人民法院关于审理建筑物区分所有权纠纷案件适用法律若干问题的解释》第3条、第5条、第6条、第9条、第10条规定。

（4）参见2008年2月1日起实施的《住宅专项维修资金管理办法》第3条规定。

（5）参见《中华人民共和国电力法》第26条、第29条、第64条规定。

（6）参见1996年9月1日实施的《电力供应与使用条例》第17条、第26条、第39条规定。

（7）参见1996年10月8日实施的《供电营业规则》第7条、第14条规定。

（8）参见1994年10月1日实施的《中华人民共和国城市供水条例》第22条、第25条、第27条、第28条、第33条、第34条、第35条规定。

【本章小结】

本章主要针对物业管理与房地产开发、业主、社区自治、公用事业等相关领域的关系协调处理中的政策把握、管理方法与艺术问题，设计了一些典型的案例并进行分析，以帮助学生提高处理物业管理关系的能力，适应物业管理和经营服务的实际需要。

【练习与实践】

一、案例试析

案例练习3－1 “1＋3＋1”党建模式，合力打造“红色物业”

［案情陈述］

社区是社会治理的基本单元，社区治理水平与每个居民的幸福指数息息相关。中海物业管理有限公司苏州分公司（以下简称“苏州中海”）党支部通过“一核双联四化”的品牌打造方式，辅助“1＋3＋1”党建工作模式，创新苏州中海社区党建特色系列品牌。以街道社区党组织为引领，把企业党员、社区党员、业主党员进行有效融合，同时联合房地产企业建立多方联动运行机制，实行“党建＋组织建设、党建＋品牌服务、党建＋多元共治、党建＋多彩活动”的模式，共同参与解决群众最关切的问题，使各方同心、同向、同步，力求在多元治理中找到最大公约数，画出最大同心圆，持续提升业主幸福感，打造有体系、有温度、有特色的和谐社区。

一、党建＋组织建设，搭建基层红色平台

（1）组织体系健全。

首先在试点项目成立党小组，配备党小组长，对党小组内成员进行分工，并明确职责，项目党组织架构和人员信息公示上墙。做好党员管理工作，完善党员档案、党员名册、党员信息等基础资料和档案。

积极联络街道社区选派专人担任试点项目党建指导员，积极参与项目活动，制定三年计划及指导方案，逐步实施、落实。构建社区、业委会、物业三方议事协商平台，建立"六个一"运行机制，依托社区"五大员"和"红色管家"平台，协调各方资源，采取多种形式开展党建工作。项目党组织每季度向街道社区党组织汇报一次党建工作情况，并主动接受街道社区党组织指导，积极开展各类活动。

（2）运行机制科学。

建立多方联席会议制度，设立议事规则及工作流程，每月召开一次联席会议，对涉及物业管理服务的重大事项、重大问题、重点工作共同协商解决。与社区共同搭建社区建设理事会，社区书记担任理事长，项目负责人、业委会主任、居委会工作人员、红色管家项目负责人、综合执法大队、社区社会组织负责人、社区民警及辖区内商户代表担任理事。

（3）党员作用彰显。

严格执行"三会一课"等基本制度，每年制定党建活动经费预算，及时记录收支情况，每月开展"主题党日"，积极开展"红色管家"、党员责任区、党员示范岗等创建活动，进一步提升党组织在员工心中的地位。

在试点项目管理处设立"学习雷锋便民服务柜"，提供简单的药品、维修工具、生活用品等供住户借用。在门岗设立"党员先锋岗"，把党员同志安排在门岗内首要对客服务窗口，坚持将物业服务落实为有温度的服务。

主动融入属地街道社区治理网格党建范畴，组建"红色管家"党员志愿服务队，每年至少开展4次义务帮扶系列活动，主动联系小区业主党员参与共建共治。

党组织活动与物业管理服务工作有机融合。主动联系落实小区业主党员到属地社区党组织报道，协助支持业主中的党员参与楼栋长等选举活动，协助支持业主中的党员参与到小区党组织活动、公益活动、综合治理等相关活动。

（4）党建阵地规范。

主打"悦邻·同心圆""悦邻·百花园""悦邻·七彩玲珑""悦邻·铂金服务"四大主题阵地，并健全相应党建工作制度。根据小区特色，在公共区域增加相匹配的党建元素，在"红色管家"平台支持下，坚持党建引领小区治理，在楼栋设置网格化党建及楼栋党员公示牌。

（5）管理服务高效。

强化安全责任，对小区安全隐患部分严格落实防范措施、设置警示标识，明确小区安全防范服务责任制和责任人，完善消防安全制度及消防安全操作规程，定期进行消防安全巡视检查，对消火栓柜、防火卷帘、防火门、灭火器、疏散指示灯、应急灯及应急工具等消防设施设备组织检验、保养，确保设施设备完好，安全疏通通道畅通，在醒目位置合理设置疏散标志和示意图，严格禁止私拉乱接、飞线充电、高空抛物等行为，定期开展形式多样的安全警示教育宣传。

各项目积极推行生活垃圾"定时、定点、定人督导"，"三定一督"四分类投放模式。做好生活垃圾分类、日产日清工作，定期对保洁设施设备进行卫生消毒，确保公共区域环境整洁，保修服务与投诉制度健全。

（6）民主监督有力。

“1+3+1”党建工作机制能够推动业委会和物业管理服务项目融入基层治理，配合街道社区落实党建工作要求，开展多种形式宣传教育，配合做好对业主的政治引领。落实属地物业管理行政管理部门、街道有关基层治理要求，配合街道动员和组织业主积极参与小组治理，组织居民有序参与事前、事中、事后的全过程监督，建立健全与业委员的沟通联系机制，听取业主和业委会对物业服务的意见建议，主动接受监督，提高小区治理水平。每年至少开展一次业主满意度调查，针对业主反映的问题加以整改，整改情况向业主公示，业主满意度较高。

二、党建+多元共治，凝聚区域红色合力

（1）铁腕整治，拓展幸福空间。

苏州中海海悦花园一区以社区建设理事会为平台，为解决试点项目商铺多年老大难问题，在社区、城管、公安等多部门联动下，对商业街进行联合整治，将商铺北面违章搭建全部拆除，同时在小区西南角设立城管执法岗亭，发挥“党员纠察队5+2”模式，即每周5天、每天2次的巡查反馈，解决了市政道路“朝夕”式的流动摊贩问题，助推商业街区常态化工作，从“脏乱差问题商业街”向打造沿街商铺的标杆、亮点、典范华丽转变。

（2）多方联动，解决项目痛点。

苏州中海海悦花园六区高空抛物一直都是小区老大难的问题，是高空坠物的“重灾区”，经过多种方式多次宣传无效，在党建联盟单位的支持下，物业、业委会、社区居委会三方达成一致意见，动用公共收益增设高空抛物摄像头。经过施工、调试、观察，该项工程于2018年12月17日竣工验收，得到了广大业户的一致好评，有效杜绝高空抛物现象，并获得主流媒体的多次报道，目前该摄像头已在苏州公司下辖各城市项目推广。

（3）未雨绸缪，守护小区安全。

在抗疫战争中，所有中海物业服务人员夜以继日坚守在各小区疫情防控的第一道防线，组建联合巡逻队、联合检查队、联合服务队，施行“流动岗位”制，同时开展“红色义剪”“免费打印服务”“免费跑腿”等系列活动，为一线员工及业主提供生活便利服务。

疫情期间相关工作及优秀典型受到各省市主流媒体报道18次，并荣获“全省住房和城乡建设行业新冠肺炎疫情防控工作先进基层党组织”称号。

三、党建+多彩活动，激活基层红色细胞

（1）开展民俗互动活动。

春节、元宵、端午、重阳等民俗节日组织举行社区活动，让业主融入其中、参与其中，感受民俗文化的魅力和精髓，弘扬传统文化。

（2）开展公益便民服务活动。

清洗地垫、磨刀、修鞋、理发、缝纫、入户安全检修、安全乘梯宣传、消防宣传等便民活动定期开展。

（3）开展居民关爱活动。

开展赠送开学礼，设立护学岗，为高峰上学孩子保驾护航，关爱母亲，通过妇女节、母亲节，对女性业主进行关爱。关爱空巢老人，重阳节送上长寿面，平时随时与老人保持联系，将关爱老人落到实处。

（4）开展季节性温暖传递活动。

夏季一杯清凉的饮料，冬季一份温暖的甜粥，暖心服务从点滴出发。

四、党建+品牌服务，注入品牌红色基因

自创建红色物业以来，苏州中海各项目已接待省内外各级党政企事业单位参观调研40余次，考察人次达800余人，创新做法受到省市各界媒体报道20余次。试点项目小区业委会履职尽责，起到了良好的沟通和监督作用；小区党员和志愿者甘于奉献，成为文明的倡导者，真正形成多方共建、共享、共治小区的局面。

同时，苏州中海也相继荣获了“苏州工业园区四星级党组织”“苏州市工人先锋号”，以及苏州市首批优秀“退役军人之家”“全省住房和城乡建设行业新冠肺炎疫情防控工作先进基层党组织”“2020年度党建引领物业管理服务工作省级示范点”等荣誉称号。

以前，物业只是单纯的市场主体，自身能力有限。自从实施“红色物业”以来，社区和物业服务公司实行“双向进入、交叉任职”，物业服务公司由单打独斗变成了社区、物业、业主，甚至消防、工商等职能部门多方联动，物业服务范围进一步外延。从过去“见面无好事”到现在“遇事多协商、难事共解决”，通过党课联上、活动联办、工作联抓的方式，有效形成同频共振、同向发力的组织体系。

党建元素的加入不仅提高了员工的服务意识，为企业管理带来了活力，也赢得居民的肯定。根据第三方调研结果，苏州中海试点项目业主的满意度从80%提高到95%，物业费收缴率也上升到了90%，这是“抓好党建促服务，抓好服务促发展”带来的良好成果，社区、居民、物业三方共赢，共享党建发展红利。

［分析问题］

（1）请谈一下以“1+3+1”党建模式打造“红色物业”的做法有什么借鉴地方。

（2）如何结合实际打造红色物业模式？谈谈自己的思路和工作要点。

案例练习3－2　开发商遗留问题应由物业服务公司承担吗？

［案情陈述］

深圳市某小区的物业服务公司是开发商的全资子公司，在承接物业管理服务后，开发商遗留下一系列的问题慢慢显现出来，比如开发商将小区的底层机房改造成为保安宿舍、没有预留足够的会所和物业管理办公面积等。业主将开发商的遗留问题归结到物业服务公司身上，说开发商和物业服务公司是一个单位的，应该承担责任。以致于业主与物业服务公司的矛盾愈演愈烈，业主最终提出要解聘物业服务公司。

［分析问题］

（1）如何看待物业管理和房地产开发的关系？

（2）物业服务公司和业主在出现由开发商遗留的问题时应当如何应对？

二、实践活动

1．活动主题

分析物业管理关系

2．活动目的

了解目前物业管理关系现状，掌握物业管理关系分析的方法，提高化解和理顺物业管理关系的能力。

3．活动内容

（1）了解物业服务公司和业主对物业管理关系的看法。

（2）通过网络搜集有关物业管理关系的主要观点和典型案例。

（3）召开一次班级物业管理关系分析研讨会，发表小组和个人看法。

4．活动要求

（1）在老师指导下拟定好访谈提纲和设计好调查问卷，确定访谈的问题和对象，安排好访谈的时间和地点。

（2）根据老师的安排，3～5人为一小组，选择一个物业小区，通过访谈、问卷等调查方式了解有关物业管理关系方面的看法，做好提问、记录、录音、录像等分工。

（3）注意访谈和问卷的典型性和代表性。

（4）做好文稿的撰写分工，成立物业管理关系分析报告撰写小组。小组应吸收调查访谈小组的总结报告的撰写人参加。

5．活动成果

（1）提交访谈调查的总结报告。

（2）通过总结分析研讨会的意见形成物业管理关系分析报告。

第二篇　物业服务技术案例篇

内容介绍

本篇主要内容是关于物业服务企业在开展物业服务与管理过程中涉及的业务工作领域的相关知识范畴。首先介绍了物业服务关系建立与维护，包括物业服务关系建立的市场化形式——物业服务招标与投标；正常物业服务与管理活动中的物业服务客户关系管理；构成物业服务与管理良好环境条件的物业小区社区文化建设；为满足业主个性化需要和物业服务公司经济效益需要而开展的物业经营服务。其次介绍前期介入与前期服务，包括前期介入、前期物业管理、物业服务公司接管验收与业主收楼等内容。最后是物业公共服务，包括装修与维修管理、设备设施管理、物业环境管理、物业区域秩序维护管理、居住行为管理等。

学习指导

本篇主要解决物业服务企业在开展物业服务与管理的业务工作过程中，如何根据国家法律、法规及政策，物业服务项目的特定环境，业主需求及企业经营管理目的和条件，做出正确判断和选择，采取有效的对策、措施，积极有效地开展物业服务项目与管理工作。通过各种案例及分析提高学习者在物业服务工作中对涉及的物业管理知识、政策法规的运用能力，使物业服务与管理工作建立在合法、合理、可行的基础上，增强物业服务技术能力。

第四章　物业服务关系与维护

【学习目标】

1．理解掌握物业服务市场与招投标、物业服务客户关系管理、物业服务区域社区文化建设、物业经营服务等物业关系维护的几个重点领域的基本知识。

2．学会判断物业服务活动中有关物业服务关系维护的重要问题，并做出正确的选择与处理，不断提升物业服务能力。

一、物业服务市场与招投标

知识精要

1．物业服务市场的构成

（1）物业服务市场主体。物业服务市场主体是指物业服务市场的行为者，包括物业服务产品的需求主体、供给主体与调控主体三者。①需求主体。物业服务市场的需求主体是业主。物业的所有权人（业主）存在通过专业物业管理服务来维护保养物业，维持良好物业服务区域良好的生态环境和社会秩序，以实现物业保值增值的需求。②供给主体。物业服务市场的供给主体，是指各种物业服务产品或服务的供给者。各类物业服务企业，包括综合性的物业服务企业、专业性的物业服务企业（如项目公司、清洁公司、环境绿化公司、保安公司、维修公司等）或其他提供物业服务的管理人。③调控主体。各级政府的物业行政管理部门及相关的机构、物业管理协会都会在物业服务市场上起到不同的协调作用，都是调控的主体。同时，这些组织机构也可以是提供物业管理服务政策法规服务产品的供给主体。

（2）物业服务市场客体。物业服务市场客体是指物业服务市场上用于交换的对象，即物业公共服务与物业经营性服务。物业公共服务是指物业服务企业通过为其所服务区域的业主提供服务，同时收取一定物业服务费用的过程。物业经营性服务是指物业服务企业通过为业主代理经营其委托的物业并获得物业收益，或通过经营物业服务区域的公共资源，发挥资源的效用，同时也得到经营劳务报酬或利润的物业服务过程。物业经营性服务，是物业服务市场最能反映物业服务经济特征的客体内容，体现了服务的成果。

（3）物业服务市场环境。广义的物业服务市场环境包括硬件环境和软件环境；狭义的物业服务市场环境主要是指与物业服务交易活动有关的制度环境，包括规范市场的各种社会制度、与物业服务相关的法律法规以及具有效应的契约文件，如市场经济体制、《民法典》、《物业管理条例》等。

2. 物业服务招投标

当建筑物区分所有权人决定通过市场化方式将物业管理权委托给目标物业服务企业时，往往要通过招标投标活动来实现。这也是市场经济条件下规范物业管理市场秩序的通常做法。物业服务招标是指建筑物区分所有权人（业主或开发建设单位）在为物业项目选择管理者时，通过制订招标文件，向社会公布招标信息，由物业服务企业竞投，从中选择最佳者，并与之订立物业服务合同的过程。物业服务投标是指符合招标要求的物业服务企业，根据招标要求，提出投标申请，参与投标活动的过程。

物业服务招标必须贯彻“公平、公开、公正和诚实信用”的原则。物业服务招标是一项通过市场化方式交易物业管理权的过程，目的是通过市场竞争性投标活动，招标单位可以找到自己理想的物业服务企业，投标企业也可以获得物业经营管理项目，双方便建立物业服务经营关系。作为市场竞争性交易活动的物业服务，就必须遵循这一原则。

为了使自己的投标书能成功中标，物业服务企业应特别注意投标书的质量。在编写的过程中应做到以下几点：在编写标书、确定方案时，一定要有针对性、可操作性，体现企业的优势和专业水平，深刻理解业主的意愿。

国家也提倡业主通过公开、公平、公正的市场竞争机制选择物业服务企业。业主有权选聘和解聘物业服务企业；业主委员会可代表业主与业主大会选聘的物业服务企业签订物业服务合同，监督和协助物业服务企业履行物业服务合同。

物业服务招标投标有利于明确双方责任，减少经济纠纷；有利于物业服务企业竞争能力的提高，以及物业管理行业整体发展水平的提高。它对于推动物业管理市场化，推动物业管理行业良性竞争，培育和发展物业管理市场有着极其重要的意义。

案例分析

案例 4－1 物业服务企业为何都在抢着做这项业务？

［案情陈述］

目前，不少物业服务公司都在纠结要不要做老旧住宅物业的管理服务业务。老旧住宅物业改造后的服务管理，是治理好社会基层的刚性需求，与物业服务公司的业务高度契合。涉及的体量大、人口多，目前还能享受各级、各地政府不同程度的政策红利。但这些物业设备老旧，修缮资金严重不足，居住的居民普遍收入水平有限，后期管理面临的问题也较严峻。

面对来自老旧住宅物业改造后物业管理服务的巨大市场需求，各大物业服务公司究竟该怎么做是值得深思和探索的。

［讨论话题］

（1）如何看待老旧住宅物业改造后的物业管理服务市场？

（2）物业服务企业应怎样拓展此类业务？

［思路提示］

新时代人们对美好生活的追求必然要求物业服务行业补齐老旧住宅物业的管理服务短板，面对这一巨大需求，如何认识和拓展相关业务也就成为物业服务行业面临的一个挑战。

［分析说明］

本案例说明，随着城市化、现代化进程的加大，以及人们对美好生活的追求，物业服务市场空间也越来越大，物业服务企业必须突破传统的“小物业管理”思维，开拓城市服务的新天地。

各大物业服务企业开展老旧住宅小区物业服务项目争夺战，并非盲目行为。首先，老旧住宅小区物业管理是一块未被开垦的“处女地”，而且老旧住宅小区更新改造在一些城市已进行得如火如荼，更新改造后的管理服务问题是政府关心的问题。政府普遍给予物业费或其他形式的补贴，以及优惠政策扶持，如此一来，老旧住宅小区物业管理服务项目就成为香饽饽。其次，物业管理在未来城市服务管理、城市社会服务和城市公共管理中的地位将变得日益重要。老旧住宅区的管养只是城市服务的“一叶知秋”的一“叶”落地，城市服务以政府购买社会服务、公共服务和公共管理，将进一步拓展物业服务公司的城市服务空间。街道乡镇的社会服务、社区服务、政务服务、公共管理服务、智慧物业服务平台运营服务，已经全面向物业服务企业开放。国家治理体系和能力建设的刚性需求与物业服务公司的组织体系、业务技术能力和专业服务市场空间高度契合，并且有大量的政府政策红利存在。这对物业服务企业来说构成巨大吸引力，并足以支持物业人相信物业服务行业在城市服务领域的美好前景。物业服务行业企业应当大量拓展自己的物业服务业务空间，向更广阔的经营管理圈层拓展。

但是也要看到，老旧住宅区存在设备老旧、修缮资金严重不足的问题，而且大部分居民的收入水平有限、消费观念跟不上，甚至拖欠物业费，因此物业管理容易陷入死循环。如何搞好老旧住宅区物业管理，需要在探索中逐步推进。因此，企业在做老旧住宅区业务前，要先想清楚三个问题：一是选择什么样的老旧住宅区。老旧住宅区的体量很大，并不是所有小区都能获得营收、都能开展增值服务。因此，品牌物业选择和什么样的基层政府、老旧住宅区合作，有什么样的政策扶持，都非常关键。有政府出台的政策支持鼓励物业服务企业参与改造后的管理服务工作是重要前提。街道、社区组织协调、指导老旧住宅区业主及时依法选聘物业服务企业，实施专业化物业管理是必不可少的环节。市（县、区）给予财政补贴等方式，鼓励品牌物业服务企业管理老旧住宅区是重要保障。物业服务企业在做老旧住宅区业务前，要了解清楚不同地区对老旧住宅区的政策扶持力度，先找到有条件的区域，再积极切入提前布局。二是要看自身的基因能不能支撑老旧住宅区业务开展。老旧住宅区的管理服务一般会涉及城市更新改造，即市政建设与城市更新管理等公共管理领域，政府会建立公益物业服务企业库及相关制度，挑选实力强的优质品牌企业开展老旧住宅区的业务。但是这可能会降低品牌公司的服务品质，但是物业服务公司的服务品质是可以分档次的。物业服务公司想要做老旧住宅区等业务，可以制定不同的“产品系”来提供合理的服务，也可以根据政府制定或业主制定的菜单来提供服务。关键是如何将中高端住宅物业服务方法借鉴到老旧住宅区服务项目，不能简单照搬、移植，需要花费很多精力去做创新工作，形成本企业老旧住宅区服务模式和品牌。三是能不能将物业管理服务融入社区治理，建立以物业管理为基础的社区治理体系，打通党和政府联系服务人民群众的“最后一百米”，把服务落到实处。政府先期完成基础类改造，要求做到应改尽改，财政也有保障。同时老旧住宅物业区应当在党组织领导下，在街道（镇乡）、居民委员会组织和指导下，成立业主组织，确定服务内容和标准，选聘物业服务企业。物业服务公司开展业务前，要想清楚如何发挥品牌优势，能参与哪些类型的改造内容，以及能不能引导居民积极参与共建共治社区治理模式建设，让各项政策落地，达到事半功倍的效果。从而建立起以党建为引领、政府为主导，业主积极参与管理有序，生活有提升、物业服务公司有盈利的长效机制，实现社区和谐发展和居民生活美好的目标。

国内一些头部物业服务企业如保利物业正在探索解决方案。以环卫项目为主的城市大管家模式、街镇（乡）全域服务模式、城市社区智慧服务管理模式，以及其他各类城市服务探索模式将对中国物业管理行业的空间拓展形成巨大引力，将推动城市服务与国家治理体系和能力建设领域的“大洗牌、大融合、大发展”。

总体来说，应当跳出传统的住宅物业服务区域管理服务思维与模式，从城市服务、智慧生活服务和社区治理角度，探索新思维、新思路、新模式。一是扩大管理范围，形成规模效应，增加城市服务的竞争力。老旧住宅区都有通病，比如布局相对分散、产权相对复杂。面对五花八门的需求，各级政府机构沟通、治理起来，非常头疼。面对这样的局面，碧桂园服务、宋都物业等选择和政府机构合作，共同治理老旧住宅区。碧桂园服务就提出“智慧红色城市大物业运营模式”，扩大管理服务面积，积极探索性价比更高的物业管理和社区治理协同服务。把主要精力集中在改造后的老旧住宅区如何建立长效运营管理机制等问题上，通过创新形成可持续的运营模式。比如把零散的老旧住宅区整合成片区化、网格化管理；机械作业服务覆盖街区内市政道路和老旧住宅区的主干道路来降本增效；组织志愿者来构建更加和谐友爱的社区氛围……而宋都服务和杭州采荷街道共同探索出了“金牌管家”大物业管理模式。整个街道的老旧住宅区都由宋都服务统一来进行物业管理服务，提供公共保洁、公共秩序、公共维护、公共安全、垃圾减量分类、微偿服务、河道管理、防违控违等九项基础服务。宋都服务还创新了“1 +1 + N”智慧管理路径。也就是说，用1个联合指挥中心、1个综合服务平台把N个应用场景落地，解决外来人员管理难、问题反馈不及时、乱拉乱搭等一系列问题，线上线下结合来提升管理效率。这类合作的方式，至少可以带来两点好处：其一是物业的管理服务半径大了。在更大的管理范围里，物业服务公司可以形成规模效应，通过科技等手段，更加合理安排人员、部署环卫绿化等机械作业，降低成本，提高效率。其二是在实践中，物业服务公司可以不断锻炼社会基层治理的能力，为更大的城市服务业务积累经验、增加与政府合作的切入点和竞争力。二是老旧住宅区业务向前延伸，提供一站式解决方案。比如万科物业和武汉江汉区签署了战略合作协议。在老旧住宅区的改造和管理中，万物云并不是以住宅区物业管理服务切入，而是依托自己在社区管理、服务和运营的经验，提供老旧住宅区改造工程顾问咨询服务、工程建设、竣工承接查验服务、设施设备维修养护服务等。保利物业则提出了“城镇焕新”计划，通过4R服务流程和服务供应，覆盖咨询、改造、管理、运营四个环节，可以为老旧住宅区提供全生命周期的建管一体化、一站式服务。三是移植增值服务，做大边际效益。扩大面积、创新管理模式，对于品牌物业实现收益来说，可能还不够。很多物业发展老旧住宅区业务，都是看中增值服务。在广告位收入、收取停车费、运营社区配套用房等方式平衡资金后，还可以移植教育、医疗、养老、保洁等基础型的增值服务，让品牌物业把自己的增值服务的边际效益做得更大，获取更多收益。近年来，碧桂园服务开展的“三供一业”业务（国企将家属区水、电、暖和物业管理职能从国企剥离，转由社会专业单位实施管理)，也涉及老旧住宅区的改造和管理。碧桂园服务表示将通过培训社区增值业务专业团队，推动包括社区传媒、生活团购等在内的社区增值服务落地。

［本案启示］

随着城市服务市场空间的不断扩大，物业服务企业要突破传统思维，拥抱城市服务更广阔的空间。而老旧住宅小区物业管理服务是一个全新的领域，需要物业服务企业结合自身条件，以全新的思维、理念与模式，借鉴已有的经验，选择恰当的策略与路径，勇敢探索城市服务新领域。

［体验分享］

请分析描述一下您所认识的城市服务的某个领域的业务边界及所要做好的相关工作。

案例4-2　业主委员会抗辩“双过半”公开公正应有效

[案情陈述]

某日，××市××区法院正式开庭审理××小区部分业主代表张×、范××起诉小区业主委员会一案。作为小区全体业主代表的业主委员会，与其所代表的业主对簿公堂。法庭上，原告律师递交的起诉状称：“业主委员会在选聘物业服务机构的过程中，违反《××小区业主大会议事规则》《物业管理条例》及《××市物业管理条例》的规定，在未召开业主大会和未取得业主合法授权的情况下，违背广大业主意愿，擅自与A物业服务公司签订《物业管理合同》。”请求法院判决业委会与A物业服务公司签订的合同无效。

对此，被告方辩护律师答说，被告人是经业主大会选举产生，并依法在××市××区房管局和××区××办事处备案的××小区业主大会业主委员会，其产生符合国家法律法规规定，也受××小区大多数业主支持和拥护。作为业主大会的常设办事机构，业主委员会是维护物业服务区域内全体业主在物业管理活动中合法权益的合法代表。本案涉讼的选聘物业服务公司行为，是在××区房管局、××街道办事处、××社区居委会的指导下，经业主大会以书面形式征求业主意见，并经××小区专有部分面积占比三分之二以上的业主且人数占比三分之二以上的业主参与表决，专有部分占建筑物总面积过半数的业主且占总人数过半数的业主（“双过半”）同意，授权业主委员会选聘物业服务企业并与其签订物业服务合同，不违反任何法律禁止规定，符合《民法典》《物业管理条例》和《××市物业管理条例》等相关法律法规的有关规定，符合《××小区业主大会议事规则》和《××小区业主委员会工作规则》的规定，其过程公正公开，程序合法，合同有效。

[讨论话题]

（1）本案例中原告与被告发生纠纷的焦点在哪里？为何会发生纠纷？

（2）你认为被告辩护律师的回答是否正确？如何评价？

[思路提示]

本案例反映的是不同的业主对行使物业服务企业选聘权的不同理解、不同态度和处理方式问题，这是不可能仅仅从法律法规角度做出判断就完事的，要真正有效解决问题，还需弄清纠纷的根源，要从认识上和法律上双管齐下来化解纠纷。

[分析说明]

本案例反映的是不同的业主对物业服务企业选聘权在行使上的不同理解、不同态度和处理方式问题，焦点在于业主选择物业服务企业的选聘权的实现。正是因为不同的业主有不同的选择标准和理由，导致两个业主利益集团在选聘物业服务企业问题上产生对立局面。如果从法律角度“快刀斩乱麻”当然可以暂时平息纠纷，这也是必要的步骤。但如果心结没有解开，没有得到满足的一方仍然会制造出新纠纷，胜出的物业服务公司进驻后，也很难开展工作。关键是要统一认识、依法办事，同时照顾到各方利益。当然不可能让所有人都满意，这需要物业服务公司以优质服务去慢慢化解不满者的心结。否则只打官司，仍然解决不了问题。正确的做法是诉诸法律的同时，要提高双方认识，双管齐下才可能奏效。

透过本案例中被告律师的应答辩词，可以看出被告——业委会在选聘物业服务企业的做法上应该是合法的。

1. 业主委员会的行为合法

首先，业主委员会是依法选举产生，并在当地房地产行政部门和街道办事处备案，作为业主大会的常设机构，在业主大会闭会期间依法做出现职责范围内的事，是履行职责的合法行为。根据《物业管理条例》第十五条规定，业主委员会有权召集业主大会会议，代表业主与业主大会选聘的物业服务企业签订物业服务合同。

其次，业主大会采取书面形式征求业主意见是合法的。根据《民法典》第二百七十八条规定，选聘和解聘物业服务企业或者其他管理人的事项业主共同决定事项，应当由专有部分面积占比三分之二以上的业主且人数占比三分之二以上的业主参与表决，且经参与表决专有部分面积过半数的业主且参与表决人数过半数的业主同意。本案例中，选聘物业服务公司行为，是在当地房管局、街道办事处、社区居委会的指导下，经业主大会以书面形式征求业主意见，并经该小区专有部分面积占比三分之二以上的业主且人数占比三分之二以上的业主参与表决，并经专有部分占建筑物总面积过半数的业主且占总人数过半数的业主（“双过半”）同意，授权业主委员会选聘物业服务企业并与其签订物业服务合同，不违反任何法律禁止规定。

最后，业主委员会就选聘物业服务公司事项及时向业主、物业使用人了解、征求意见和建议。原告之前对于业委会的公告、上门发放征询意见表、征集意见和签名表达业主是否授权选聘一事，并未向业委会提出过任何意见，仅是在选聘结果公布后持有异议，说明业主委员会在此事上履行了职责，是根据广大业主意愿依法选聘物业服务公司的行为。

此纠纷的发生在目前物业管理领域是比较有典型性的“少数业主，排斥多数业主”的现象，即少数业主不满多数业主的决定，提出反对意见，甚至对簿公堂。这是典型的民粹主义思想的现世表演。物业管理法律法规的少数服从多数，简单地说，就是重大事项决定须大多数同意通过，一般事项过半数通过。选聘物业服务企业时法律法规要求是简单多数即过半数通过即可，此时总会有不少的人或不少的物业产权面积的代表不能实现目的，如100人决定事项，51人同意通过，同意者达到目的，意思得到表达，而49人不同意或弃权意思就不能得到表达。此时不同意者应该接受结果，除非能举证对方有程序和操作上的违法行为。

2. 少数业主的不正当私利

本案例也提示了与物业服务公司选聘活动相关的一个不正常现象，就是部分业主为一己私利，往往采取不正当手段私下与一些物业服务公司勾结，密谋暗箱操作，窃取物业服务经营管理权，从中获得“好处”。当事情败露或不达目的时，就采用闹事、诬告、拒绝合作等方式进行对抗，破坏物业服务活动的正常开展和社区正常的生活秩序。本案中少数业主与S物业服务公司可能有不正当的联系，从而在业主委员会没有与S公司而是与A公司签署物业服务合同后做出起诉行为。

上述两种行为和现象是联系在一起的，是一种出现在物业服务区域的社会毒瘤。它对物业服务招标、物业服务公司选聘、业主合法权益的行使等物业管理服务正常活动的开展造成极大的破坏，也是对物业管理行业市场化改革，形成公平、公正、有序竞争秩序的破坏，必须铲除。

［本案启示］

物业服务市场的规范完善任重道远，大家关注物业服务公司的选聘也是正常的合理诉求，不过要采用合理、合法的方式来行使职权，达到目的。必要时采用法律武器维护权益也未尝不可，但要慎重，因为在小区“低头不见，抬头见”，对簿公堂关系就僵了，正常的生活秩序和和谐的小区局面就会受到影响，甚至恶化。

［体验分享］

谈谈你们所居住的小区是如何选聘物业服务公司的，或者搜集相关资料，归纳总结一下主要做法。

政策规范

（1）参见《民法典》第278条。

（2）参见2003年9月1日建设部印发的《前期物业管理招标投标管理暂行办法》（建住房〔2003〕130号）。

（3）参见《最高人民法院关于审理物业服务纠纷案件适用法律若干问题的解释》有关规定。

（4）参见《住房和城乡建设部等部门关于推动物业服务企业发展居家社区养老服务的意见》（建房〔2020〕92号）有关规定。

（5）参见2020年12月25日住房和城乡建设部等十部门联合印发的《关于加强和改进住宅物业管理工作的通知》（建房规〔2020〕10号）。

（6）参见2020年12月4日颁发的《住房和城乡建设部等部门关于推动物业服务

企业加快发展线上线下生活服务的意见》（建房〔2020〕99号）。

二、物业服务客户关系管理

知识精要

在物业服务企业获得物业服务项目经营管理权后，作为企业，必须与客户，主要是业主及非业主使用人维持良好的客户关系，实现持续经营。此时，客户关系管理便是一项维持物业服务关系的重要日常工作。

客户关系管理（CRM，Customer Relationship Management）是企业为了生存及持续创新而提供的新的思维方法与实现策略，是通过围绕客户细分市场来组织企业，鼓励满足客户需要的行为，并通过加强客户与服务企业之间的联系等手段，来提高盈利、收入和客户满意的遍及整个企业的经营服务策略。

物业服务客户关系维护是物业服务企业工作的重要组成部分。加强客户关系维护是物业服务企业“以客户为中心”的经营理念的要求，有利于培养忠实客户群，提高物业服务企业经济效益，客户关系维护是适应竞争的需要，良好的客户维护与服务能树立优良物业服务形象。

建立物业服务企业的客户关系体系应注意的问题：充分利用客户交流渠道，进行畅通有效的交流；要发挥现有的信息分析处理能力，对已获得客户信息进行分析处理；要实现对互联网的全面兼容，充分利用互联网了解市场需求及客户信息；建立和充分运用企业客户关系管理系统，提高管理效率。

客户维护工作应遵循注重过程管理、注重客户状态管理、注重客户满意管理、注重客户成本管理等原则。在处理业主的投诉时要遵循真诚以待、相敬有加；处理及时，回访有序；善于理解，做贴心人的原则。

案例分析

案例4－3　让业主满意的客户系统

［案情陈述］

某物业客户系统软件公司设计的客户关系管理的基本功能包括业主管理、时间管理、服务跟踪管理、电话服务、客户服务、潜在客户管理等，具体如下：

业主管理：业主的基本信息；与此业主相关的基本活动和活动历史；联系人的选择；建议书和服务合同的生成。

时间管理：日历；备忘录；任务表；进行个人事务安排，如约会、会议、活动、电话、电子邮件、传真，有冲突时，系统会提示；进行团队事件安排；查看团队中其他人的安排，以免发生冲突；把事件的安排通知相关的人。

服务跟踪管理：组织和浏览服务信息，如业主和非业主、业务描述、时间、可能结束时间等；产生各项服务的阶段报告，并给出服务所处阶段、所需的时间、历史服务状况评价等信息；对服务给出战术、策略上的支持；对地域进行维护；把服务人员归入某一地域并授权；地域的重新设置；根据利润、领域、优先级、时间、状态等标准，用户可定制关于将要进行的活动、业务、业主、联系人、约会等方面的报告；提供类似BBS的功能，用户可把服务秘诀贴在系统上，还可以进行某一方面服务技能的查询；服务费用管理；服务佣金管理。

电话服务：电话本；生成电话列表，并把它们与业主及业务建立关联；把电话号码分配到服务人员；记录电话细节，并安排回电；电话服务内容草稿；电话录音，同时给出书写器，用户可做记录；电话统计和报告；自动拨号。

客户服务：服务项目的快速录入；服务项目的安排、调度和重新分配；事件的升级；搜索和跟踪与某一服务业务相关的事件；生成事件报告；服务协议和合同；问题及其解决方法的数据库。

潜在客户管理：业务线索的记录、服务机会的分配；潜在客户的跟踪。

以上六个部分是客户关系管理的有机组成部分，通过系统工程编制成一定的管理软件，同时还需在实践中不断调试、维护和升级。

［讨论话题］

（1）客户管理功能设计反映了什么理念？为什么？

（2）以上这些客户管理功能在实际工作中如何协调运作？

［思路提示］

首先要知道物业服务的客户在哪里，他们的需求是什么，我们怎样去满足客户的需求，然后才能设计出有效的管理客户的管理系统。各种客户管理功能本身存在一定的逻辑关系，搞清逻辑关系才能处理好功能发挥过程中的协调运作问题。

［分析说明］

本案例中客户关系管理的基本功能，如业主管理、时间管理、服务跟踪管理、电话服务、客户服务、潜在客户管理等，主要围绕业主客户进行管理，是对业主需求满足的关注。此种设计体现了“以客户为中心”的经营理念。物业服务公司使用此管理系统就能发现业主需求、服务业主需要、做好跟踪服务、挖掘客户服务潜力，从而稳定物业服务公司与业主的关系，保证经常经营活动的开展，从而获得物业服务公司正常的经营收益。

1. 物业服务公司提供的产品

物业服务公司提供物业服务产品，其客户就是业主或非业主使用人。由于客户的复杂性、需求特殊性，物业服务公司首先要提供一般化的公共服务。根据建设部《前期物业服务合同（示范文本）》第2条，物业公共服务需求主要有八大类：物业共用部位的维修、养护和管理；物业共用设施设备的运行、维修、养护和管理；物业共用部位和相关场地的清洁卫生，垃圾的收集、清运，以及雨水、污水管道的疏通；公共绿化的养护和管理；车辆停放管理；公共秩序维护、安全防范等事项的协助管理；装饰装修管理服务；物业档案资料管理；等等。另外，物业服务公司还要根据特殊需求提供个性化服务，这样才能满足业主及非业主使用人的需要。

2. 什么是客户关系管理

物业服务企业在其经营、管理和服务的过程中，不可避免地与业主或非业主使用人产生极其复杂的关系。这期间必须尊重客户，提高员工与客户接触的效率和客户的反馈率。客户关系管理正是这样一种旨在改善企业与客户之间关系的新型管理机制。著名国际咨询公司 Gartner Group 将客户关系管理定义为：企业的一项商业策略，它按照客户的分割情况有效地组织企业资源，确立以客户为中心的经营行为，以及实施以客户为中心的业务流程，并以此为手段来提高企业的获利能力、收入以及客户满意度。它强调的理念是通过增加与客户的接触，在更加了解客户的基础上，为客户提供满意的服务，从而使得客户能够逐步成为忠诚的客户，给企业创造更大的经济价值。客户关系管理使企业一方面通过提供更快捷和更优质的服务吸引和保持客户，另一方面通过对业务流程的全面管理降低企业成本。

与此同时，业主也如物业服务企业一样非常看重物业服务的价值，即相对于他们付出的成本所获得的物业服务产品的质量等。物业服务公司应在提供优质服务的同时千方百计地降低成本。如运用客户管理信息系统等信息化管理手段降低管理成本，运用先进的技术和管理手段降低物业设备的运营、维护、保养和维修费用等都是必然的合理的选择。

物业服务企业运用物业管理客户管理系统，就能更好地发现客户需求，跟踪物业服务过程，了解、掌握物业服务质量信息，及时与客户进行沟通、反馈和补救以满足客户要求，提高客户满意度。

3. 客户关系管理各基本功能之间的关系

客户关系管理的基本功能之间如何处理协调运作，发挥其客户管理中的作用？这里首先要了解客户会怎样评价服务质量，有两个标准可供借鉴。

（1）美国哈佛大学学者萨瑟（Earl Sasser）、奥尔逊（R. Paul Olson）和威科夫（Daryl Wyckoff）认为，顾客会根据7种服务属性评估服务质量：①安全，指人身安全和财产安全。②一致，指服务的规格化和可靠性。③态度，指服务态度。④完整，指服务项目是否完整。⑤环境，指服务环境和气氛。⑥方便，指服务时间和服务地点是否方便顾客。⑦时间，指服务所需时间和服务速度。

（2）在 ISO 9004－2《质量管理和质量体系要素第二部分：服务指南》中，对服务特性所体现的内容归纳如下：①设施、能力、人员的数目和材料的数量；②等待时间、提供时间和过程时间；③卫生、安全性、可靠性和保密性；④应答能力、方便程序、礼貌、舒适、环境美化、胜任程度、可使性、准确性、完整性、艺术水平、使用和有效的沟通联络。

由于物业服务信息系统在实际运用中不但提供了固定的物业服务项目及功能模式，而且有一定的交互性，因此在业主管理、时间管理、服务跟踪管理、业主和非业主使用人服务、电话服务、客户服务、潜在客户管理等功能实现中，是相互补充、相互支持、相互影响的关系。业主管理、业主和非业主使用人服务和潜在客户管理，不但了解客户需求，但以客户需求为导向开展服务，体现了以客户为中心的经营理念；时间管理体现了服务效率要求和物业服务安全、可靠、稳定性特性；电话服务及客户服务是物业服务的有形途径和载体，它需要客户服务中心来支持。

总之，物业服务客户关系管理贯穿于整个物业服务企业的经营过程，在各个服务阶段和在整个物业服务客户关系管理中，管理者必须以客户为中心，以提高客户满意度为目标，要围绕客户满意这个主题开展工作，要借助客户关系管理系统的支持，更要充分发挥物业服务人员的积极性，关注业主的个性化需求，积极有效地开展物业服务工作，提高物业服务质量，从而提高业主及非业主使用人的物业服务满意度。

［本案启示］

本案例主要告诉我们：物业服务客户管理一方面要发挥先进管理技术手段的作用，另一方面物业管理信息系统所呈现的客户关系管理功能设计是建立在物业服务客户关系管理的经验教训基础上的科学总结，但是要更好地发挥信息技术手段的积极性，关键是要发挥物业服务人员的积极性。这样才能使好的管理技术手段发挥作用，才能实现以客户为中心的经营理念，使业主满意。

［体验分享］

了解一下某物业服务公司所使用的客户关系管理信息系统，看看在客户管理上有什么漏洞，并试作分析。

案例 4－4　把员工作为公司的内部客户

［案情陈述］

K 物业服务公司在战略调整中以客户为中心，同时把员工作为公司的内部客户，在市场经营上，员工统一地把外部客户放在第一位，因为业主构成的外部客户群是市场经营线的源泉与根本，以经营目的带动服务过程；在管理上，各级领导、组织与员工之间，处处关心员工的需求、进步与成长，把员工放在第一位，因为员工是公司的文化主题和服务输出主题，以提升品质目的带动服务提升的过程，以此构建和谐的、相互支持的工作、学习、生活平台和环境，最大化地彰显员工的管理地位和服务地位，调动员工的内在积极性，把 K 物业服务公司的管理与服务提高到一个崭新的品牌阶段。

［讨论话题］

（1）本案例反映什么问题？

（2）把员工作为内部客户的做法是否可取？为什么？

［思路提示］

物业服务客户管理与一般商业客户管理有不同的特点，一方面物业服务行业作为劳动密集型服务业，区别于一般的商业服务业；而另一方面服务的对象是业主及非业主使用人，这又不同于主要与机器打交道的劳动密集型制造业，因而员工是关键因素，也是重要客户，他们决定了物业服务的质量和物业管理行业的基本面貌。

［分析说明］

本案例中 K 物业服务公司将员工视为内部客户的做法反映了物业服务企业对员工在物业服务过程中日益重要的作用的重视。根据詹姆斯·赫斯克特（James L. Heskett）等提出“服务—利润链”理论，营利能力、客户忠诚度和满意度以及员工的忠诚度、满意度、生产率之间紧密联系。利润的增长由客户忠诚度和满意度来驱动，客户忠诚度是客户满意度的直接结果；客户满意度在很大程度上受客户得到的服务价值的影响；服务价值是由满意度、忠诚度和生产率高的员工创造的；员工满意度又主要来自高质量的支持性服务和政策，这些服务和政策使员工为客户创造价值。根据罗伯特·卡普兰（Robert Kaplan）博士和大卫·诺顿（David P. Norton）博士于 20 世纪 90 年代发明的平衡记分卡而提倡以下四个领域的评估：财务成果；客户满意度；向客户交付服务和产品的流程；学习和发展，其中包括组织对员工培训、发展和学习所持的态度。卡普兰和诺顿认为，上述四个领域都是相互关联的，为了识别错误出现的第一迹象，必须对这些领域进行评估。

因此，K 物业服务公司重视各级领导、组织与员工之间的关系，处处关心员工的需求、进步与成长，把员工放在第一位。因为员工是公司的文化主题和服务输出主题，以提升品质目的带动服务提升的过程，以此构建和谐的、相互支持的工作、学习、生活平台和环境，最大化地彰显员工的管理地位和服务地位，调动员工的内在积极性。这些都是科学的做法，也将 K 物业服务公司的管理与服务提高到一个崭新的品牌阶段。

将员工视为内部客户的做法是可取的。物业服务公司的经营是按照物业服务合同约定，对房屋及配套的设施设备和相关场地进行维修、养护、管理，维护物业服务区域内的环境卫生和相关秩序的活动。其营利能力和增长由客户忠诚度来驱动，而客户满意度驱动客户忠诚度，价值驱动客户满意度；而员工生产率驱动价值，员工忠诚度驱动员工生产率，员工满意度驱动员工忠诚度，内部质量驱动员工满意度。这些都是一环套一环，环环相扣，即内部员工满意才有外部客户满意，才有外部客户忠诚度，才有企业的盈利和增长。现代管理者不能单纯地关注利润等财务指标，服务行业新的评价指标显示，客户忠诚度才是决定利润的更为重要的因素。据贝恩咨询公司波士顿办事处的副总裁弗雷德里克·赖克赫尔德（Frederick F. Reichheld）和哈佛商学院教授厄尔·萨瑟（W. Earl Sasser，Jr.）估计，客户忠诚度提高 5%，利润就能增加 25%～85%。以客户忠诚度衡量的市场份额质量，其重要性不亚于市场份额的数量。作为服务企业，应该利用尖端的信息化系统，跟踪客户忠诚度和满意度中涉及的因素，并据此衡量分析每个时间段内的客户保留率、每个客户使用服务的数量（或“关系程度”）和客户满意度等。

总之，客户满意度驱动客户忠诚度，客户的满意度最终是通过员工来实现的。真正的客户关系管理要求以客户为中心的管理理念深入员工的内心，直至整个企业形成一种以客户为中心的企业文化。要实现这种企业文化，必须关注员工的感受、成长，即员工的满意度。因此，不仅要强调客户满意度，也要关注员工的满意度。因此，管理者必须提高客户和员工的满意度。

［本案启示］

客户管理中要学会两手抓，一手抓内部员工客户管理，一手抓外部顾客客户管理。员工满意度和工作效率提高了，才可能有高效的外部客户关系管理。

［体验分享］

寻找机会与有客户管理经验的人交流你对客户关系管理的看法，并将获得的经验与同学们交流分享。

政策规范

参见《前期物业服务合同（示范文本）》。

三、物业服务区域社区文化建设

知识精要

在物业服务过程中，除要搞好客户关系管理外，社区文化建设也是制造良好管理服务环境、融洽双方物业服务关系的重要领域。

1. 社区文化

社区文化指在一定地域范围内，因为共同生活和习俗所形成的文化价值观念的规范道德。社区文化的特征主要有开放性、多元性、地域性、归属性。社区文化的内容应包括环境文化、行为文化、制度文化和精神文化。

现代社会高强度、快节奏的工作方式，容易导致不良的心理状态和紧张的人际关系，可能引起各种身心疾病，也带来诸多社区问题。社区文化可以创造一种和谐、愉快、友好的家庭氛围及周边环境氛围，让人们的心理得到放松，身体健康、精力充沛地去工作和学习。良好的社区文化建设可以创造出一种舒适、安静、祥和的居住氛围。

社区文化活动通常采用如下几种方式：一是运用传播文化的工具和康乐设施开展联络感情的活动，增强人们之间的友谊；二是创建文明单位、文明楼、文明家庭、文明市民、文明住宅小区等活动，注重文明居住，邻里团结、互助，积极参加各项公益活动；三是积极开展各类文明活动，提倡讲文明、懂礼貌，树立新风尚；四是组织各类体育比赛，加强住户之间的交往与联系，培养集体观念，增强公民意识；五是在特定的节假日，专门进行各类联欢活动；六是在一些涉外居住小区结合外国友人的实际情况积极开展中西合璧的社区文化活动。

2. 物业小区社区文化建设的原则和内容

物业小区社区文化建设的原则主要有：主体对象确定性原则；大众参与性原则；活动娱乐性原则；文化观念整合性原则；文化活动亲善性原则。

物业小区文化建设的基本内容主要有：设施建设；组织建设；政策建设；队伍建设；网络建设；文化品位建设。

3. 社区文化对物业服务企业的作用

社区文化对物业服务企业的发展有如下五个方面的作用。一是有助于物业服务企业提升品牌影响力与核心竞争力；二是有利于培养业主忠诚度；三是有利于提高市场美誉度；四是有利于在物业服务领域中架起社区文明的桥梁；五是有利于社区意识和共同的社区价值观的形成，促进物业服务区域人际关系的融洽和物业服务区域社会的和谐。因此，物业服务企业应重视物业服务区域的社区文化建设，并把具有自身特色的物业服务区域社区文化建设作为企业核心竞争力的一个重要内容来进行构建。同时，物业服务企业要成为物业服务区域社区文化建设的直接组织管理者，主导着物业服务区域文化建设的过程、内容和方式。

案例分析

案例4-5 红色观影，致敬百年：中山保利林海花园邂逅露天电影

［案情陈述］

百年征程波澜壮阔，百年初心历久弥坚。2021年，是中国共产党成立100周年。保利物业服务股份有限公司（以下简称保利物业）一直紧跟中国共产党步伐，服务国民，积极响应国家战略。

为庆祝中国共产党成立100周年，从党的百年伟大奋斗历程中汲取继续前进的智慧与力量，保利物业特举办红色观影节，以重温红色经典，感受革命情怀。

夜幕降临时，中山保利林海花园的物业服务公司工作人员在小区搭起了“露天电影”剧场，吸引业主们前来观看。透过光影故事，深入群众，深入人心，同时露天电影本身的“怀旧”感，勾起了他们的心中记忆，恍如回到20世纪80年代中期的美好时光。

观影结束后，业主们相继发表观影感慨，向革命先辈们表达赤诚礼敬，怀着爱国拥党的热情，发自心底喊出了“请党放心，强国有我”的铮铮誓言，争做社会主义接班人。

［讨论话题］

（1）本案例反映了什么？如何看待物业服务公司的观影活动？

（2）物业服务公司在社区文化建设中起到什么作用？

［思路提示］

物业管理服务与社区文化建设有密切的关系，两者相互影响，相互促进。因此，物业服务公司应当适应社会、政治、经济环境变化，以红色文化活动融洽物业管理，促进业主关系的和谐。

［分析说明］

本案例反映的是物业服务公司通过观影活动丰富社区居民业主的文化生活，让居民业主重温中国共产党的百年奋斗历程，传播红色经典，传播正能量，融洽物业服务公司和业主的关系，引导用正确的观念、思想和方法来解决问题，有利于团结广大居民业主，克服物业管理中的各种困难和问题。

1. 社区文化建设的重要性

物业服务企业与社区文化建设之间有相互影响的作用，社区文化建设好，社区文明程度高，业主和居民生活和谐、有品位，社区秩序井然，就会对物业服务工作的开展起到帮助作用。反之，社区文化落后，社区问题丛生，居民之间不和谐，物业服务

企业就很难开展物业服务工作。除此之外，社区文化对物业服务企业的发展还有如下直接的作用：有助于物业服务企业锻造品牌与核心竞争力；有利于培养业主忠诚度；有利于提高市场美誉度；有利于在小区中架起社区文明的“桥梁”；有利于社区意识和共同的社区价值观的形成，促进小区人际关系的融洽和小区社会的和谐。因此，物业服务企业重视社区文化建设是理性的选择，是和谐社区建设的正确之举。

2. 物业服务企业在社区文化建设中的作用

正因为社区文化建设对物业服务公司和社区和谐发展有重要作用，所以物业服务企业应当充分利用自身的资源和条件，在力所能及的范围内开展社区文化建设活动。物业服务企业在社区主体中的地位决定了其作用主要在以下几点：

（1）在社区文化建设内容上的选择作用。物业服务公司应考虑以下三个因素来选择社区文化建设的内容：社区居民在文化方面的切身利益需要；政府在社区内开展社区文化工作的需要；物业服务企业在社区文化建设上的总体目标需要。虽然基层政府部门和业主要参与其中，但物业服务企业在内容的选择上具有主导作用是非常明显的。

（2）在社区文化建设过程中的服务作用。物业服务企业在其经营管理中间接为社区文化建设服务，为物业所有人和使用人创造整洁、文明、安全、舒适的生活和工作环境，给人们提供一种文化消遣，起到给居民提供轻松、舒适、愉悦的精神服务的作用。

（3）在社区文化建设中对有文化差异小区居民进行的文化整合作用。主要表现在：一是价值整合。物业服务企业有必要通过社区文化活动整合来自不同区域的文化、不同业主的价值观以减少矛盾、冲突和利益纠葛。二是规范整合。社区规范是根据有关法律规范和道德规范制定的维持社区秩序，调整人与人之间社会关系的行为准则，如社区公约、居民守则、居住区管理规定等。

（4）在社区文化建设中的统筹、协调作用。物业管理小区的社区文化建设的主体呈现多元性，为了使这些部门和组织在参与文化建设过程中步调一致，物业服务企业要根据小区特色文化建设的总体规划，将众多的社区文化建设主体的目标进行统筹、协调，从而推进社区文化建设的有序发展。

（5）在社区文化建设过程中的社会经济稳定器作用。物业服务企业通过社区文化建设，活跃气氛，凝聚人气，协调人际关系，缓解邻里矛盾，从而起到解决社会问题、维持小区稳定的作用。众多现代物业管理小区的稳定又是城市稳定的基础。

［本案启示］

物业服务企业应在搞好物业服务工作的同时，重视社区文化建设。从公司经营管理和公益服务需要出发，力所能及地开展社区文化建设，充分利用现有的资源环境，调动社区和业主等社区主体资源，开展社区文化活动。从而融洽物业管理服务中的业主关系，赢得良好的口碑，取得更大的经济利益和社会效益。

［体验分享］

调查了解或反思社区文化活动的形式和效果，归纳现有小区文化活动的积极与消极作用，然后讨论如何改进。

案例4－6　母亲节：风情万种的社区文化活动集锦

［案情陈述］

花开五月，时光至美，又是一年母亲节！向每一位母亲致以节日的问候。温馨的时刻值得深深回味。

福华村：浓情五月　感恩母亲

福华村物业服务中心精心策划，与业户共同邂逅了一场与繁花的浪漫约会。活动中踩气球让大家其乐融融，母女真情告白让人触动心弦，让更多业户了解插花的魅力、插花技巧和插花的乐趣——“浓情五月　感恩母亲”。

幸福花园：感恩母爱　花传幸福

幸福花园物业服务中心准备了自助茶水、可乐、水果、零食等下午茶，策划了以“感恩母爱，花传幸福”为主题的永生花团扇制作亲子活动。在制作过程中，母亲与孩子之间的一颦一笑，大手与小手的温暖传递，一个凝视的眼神，都充满了温馨的爱，完美地阐释了“永生花”团扇的寓意：永远守护，团团圆圆。

龙辉花园：浓情五月　感恩母亲

龙辉花园物业服务中心给小区母亲们送牛奶，饱含浓浓的、纯纯的祝福。晚间在小区放映电影《你好，李焕英》，一起感受那母爱的力量。

梅林屋村：情系五月天　感恩母爱

梅林屋村物业服务中心将温情送给母亲们，在这个特殊的日子里，向妈妈们致以最深沉的爱意和最美满的祝福。

莲花二村：浓情五月　感恩母亲

母爱是世界上最纯净无私的爱，也是作为子女们最应该给予回报的爱。母亲节当天，一幕幕温情的画面、一朵朵香气馥郁的康乃馨，承载着浓浓亲情飘荡在莲花二村小区的每个角落。

［讨论话题］

（1）本案例反映什么问题？

（2）莲花物业社区文化活动有什么特色？如何评价？

［思路提示］

社区文化活动的形式多样，动力和源泉来自不同的地方，物业服务公司可以因势利导，做好规划和引导工作，充分调动民间力量，形成社区文化的特色和风尚，是社区文化建设的实质性内容和组织形式。

［分析说明］

本案例介绍了物业服务公司在母亲节期间依靠民间力量，引导群众自觉自愿地开展“自助式社区文化”活动的情况，反映了社区文化活动的群众性、民间性和常态化的特性，也说明社区文化建设只有依靠群众才能持续有效地开展。如果是搞形式主义、商业化的热闹卖场文化则只可能是昙花一现，不利于社区文化建设。

莲花物业倡导开展社区文化活动主要有以下几个特色：

一是主旨明确。母亲节各物业服务区域组织居民开展的不同主题各具特色的文化活动，弘扬母爱、感恩母爱、传递母爱，传播孝道文化，注重培养健康文明娱乐，为创建和谐社区做出了贡献。社区文化活动在物业服务公司的引导下，通常会渗透着物业服务公司的利益。如果没有处理好社区文化的社会效益与物业服务公司的企业经济效益的关系，社区文化活动就会变得商业化、庸俗化，很难取得业主居民群众的认同和长期参与。因此，要注意结合居民实际需求，因势利导地加以引导、激发、支持群众性文化活动，增强活动的融洽性、可接受性。

二是队伍稳定。社区文化活动应当从长远角度考虑，一方面物业服务公司要有稳定的社区文化活动专业人员队伍，另一方面要充分发挥社区居民，特别是老年居民的作用，来开展定期的大众化文化活动项目，才能使社区文化活动长年累月开展下去。如案例中的各具特色的母亲节文化活动形式，以及细化到每个月的文化活动，并且得有很专业的指导，才会有这些特色的母亲节社区文化成果。另外，社区中得有由居民组成的各类文化兴趣小组，开展这些活动才会成功，居民才是社区文化活动的主力军和中坚力量。

三是根植民间。文化活动的民间性、群众性、大众化，也是其长期存在的重要原因。现在一些物业服务公司充分利用现代娱乐设施设备，开展大型文化娱乐活动，这样能产生轰动效应，是一种有效的短期明显见效文化活动项目选择策略。但是对于广大业主而言，他们一来没有条件，二来没有动力，三来参加不了，只当看客。这样的文化活动没有群众参与性，也就不能持久地开展。案例中永生花团扇制作、送花、踩气球等活动，为社区群众所喜闻乐见。这是文化活动能长期存在，并不断兴旺的根源。

四是支持有力。在依靠民间力量开展群众性的文化活动，建设和谐社区过程中，需要物业服务公司和政府的支持。如给予经费支持，组织各种比赛活动，并给予奖励，可以激发民间文化活动组织的积极性，形成社区文化活动的整体氛围，促进社区文化由自发到自觉的演变。

社区文化活动建设方式多种多样，关键看物业服务企业怎么因势利导地组织，只有正确认识到物业服务企业和社区文化建设的关系，才能构建适合本物业区域的文化活动项目、组织形式和活动模式。特别是要处理好物业服务企业短期利益和长远利益的关系、经济效益和社会效益的关系、自为组织和自发组织的关系、现代文化娱乐项目和传统民间文化项目的关系。

［本案启示］

本案例给我们的启示是要让文化建设与群众生活结合起来，让群众自觉自愿地参加，有了广泛的群众基础，文化建设才能持久地进行下去。

［体验分享］

总结一下社区群众性文化活动项目有哪些，并进行分类、整理，与大家一起交流。

政策规范

（1）参见各级党委政府及部门有关文明城市和社区文明建设、社区文化建设的文件。

（2）参见 2020 年 12 月 25 日住房和城乡建设部等十部门联合印发的《关于加强和改进住宅物业管理工作的通知》（建房规〔2020〕10 号）。

（3）参见 2020 年 12 月 4 日颁发的《住房和城乡建设部等部门关于推动物业服务企业加快发展线上线下生活服务的意见》（建房〔2020〕99 号）。

四、物业经营服务

知识精要

物业经营服务通常被归类到物业服务业务中，这当然是对的，不过从物业公共服务与经营服务关系的角度，经营服务更多是作为公共服务的补充和支持，也就是说由于公共服务的公共性、社会性和微利性，需要经营服务的经营性和营利性来支持和帮助，以实现物业服务关系中双方利益主体的共同目的，从而维持良好的物业服务关系。但是经营性服务要以公共服务为中心，服从公共服务需要，以赢得业主，保证物业管理经营权的存续。

对物业经营管理的概念可定义为：物业服务企业是以市场化为导向，以谋求物业服务企业和业主的共同利益最大化为目的，以满足业主及非业主使用人的需求为目标的社会化、综合化、经营性的服务与管理。物业服务企业开展物业经营服务，有利于满足日益提高的业主及非业主使用人的各方面需求，进而提高他们的工作、生活质量；

有利于提高物业服务企业的经营效益和市场竞争能力；有利于物业公共服务能力的提高，丰富物业管理市场的交易内容，为业主选聘物业服务企业提供更广泛的空间和标准；有利于提高物业服务企业自身素质及业主委员会的自治能力。

物业经营服务依赖社区公共资源，此处讲的公共资源是指物业服务企业接受物业服务区域业主委托而管理的建筑区划内专有部分以外的公共场所、公用设施和物业服务用房等公共资源。物业服务企业可以充分利用其管理物业工作特性、物业区域公共资源和最贴近市场的优势，开展多种经营服务。除此以外，物业服务企业在选择物业管理服务项目上，也要从战略上考虑经营方针、经营方向和业务发展的重点领域。

物业经营服务的特点：物业经营服务具有经营性服务与物业公共服务的互补性和制约性、对物业区域条件与市场的依赖性、需求与服务的差异性、经营管理定位的现实性和超前性、物业经营服务的营利导向性。

案例分析

案例4－7 物业公共部位的广告经营谁说了算

［案情陈述］

日前，××电视台主持人赵××将其所住小区的物业服务公司告上法庭。他在起诉书中说，他所在的×××小区的物业管理者，就广告事宜曾经与业主有过明确的合同规定。赵××要求物业管理者履行约定的义务，将广告收益情况向全体业主公示。赵××现为××电视台《××××》新闻频道主播，此案已经引起媒体的广泛关注。这场官司非常具有代表性，意义非同寻常。近年来物权纠纷一直是大家热议的话题。赵××本人也曾提到，可能有“多一事不如少一事”的民间教训，也可能有“各人自扫门前雪”的领地意识，或者还可能有“涉讼不吉”的习惯性隐忧。总之，不到万不得已不要与人对簿公堂。坦率地说，其提起诉讼也没有到万不得已的时候，只是其无法漠视不法侵害就发生在身边。

赵××在自己的博客中写道：“严格地说这是我的第二桩官司，在第一桩官司里我是被告，是物业服务公司告我拖欠物业费，判决很快下来，××市××区人民法院判令我缴清所欠物业费，并承担20元诉讼费，没的说，我很快执行了法院判决。我为什么要欠物业费呢？就是因为该物业服务公司擅自将经营的小区广告的收益悄无声息地装进了自己的腰包。”

［讨论话题］

（1）此案例反映什么问题？为什么会有这样的问题出现？

（2）如何看待和化解物业公共区域资源经营的纠纷？

［思路提示］

首先要弄清物业区域公共资源的权属关系，然后才能根据权属关系理顺经营管理关系，从而规范经营权和收益分配权的行使，纠纷才能化解。

［分析说明］

本案例反映的是物业区域公共资源经营管理上的混乱问题。出现这样的问题根源应该是物业公共区域资源的产权关系长期以来混乱不堪造成的。直到《物权法》颁布实施以后，由于物业服务区域公共部位的产权得到明晰，此问题才浮出水面。

物业服务区域公共资源的利用，长期以来是一个难题，经营效益不高，亏损居多。经过物业服务企业的努力，这一局面有了相当规模改观，特别是占用公共场地的停车服务、户内外广告经营、小区广场临时租赁经营等领域，有较高的获利，为越来越多的业主所关注，也成为物业纠纷的重要领域。本案例就是围绕"广告收益纠纷"的官司的一桩典型案例。

应该说，时下物业管理小区公共资源基本上得到充分的经营和利用，物业服务企业功不可没。但这种经营利用大多是在开发商先期制度安排下，由物业服务公司自行开展，业主及业主委员会（很多小区压根就没有成立）很难接触到经营管理活动的信息，更不要说监督权、分配权和处置权的行使。

1．有关业主共有的规定

《民法典》第二百七十一条规定："业主对建筑物内的住宅、经营性用房等专有部分享有所有权，对专有部分以外的共有部分享有共有和共同管理的权利。"第二百七十二条规定："业主对其建筑物专有部分享有占有、使用、收益和处分的权利。业主行使权利不得危及建筑物的安全，不得损害其他业主的合法权益。"第二百七十三条规定："业主对建筑物专有部分以外的共有部分，享有权利，承担义务；不得以放弃权利为由不履行义务。业主转让建筑物内的住宅、经营性用房，其对共有部分享有的共有和共同管理的权利一并转让。"第二百七十四条规定："建筑区划内的道路，属于业主共有，但是属于城镇公共道路的除外。建筑区划内的绿地，属于业主共有，但是属于城镇公共绿地或者明示属于个人的除外。建筑区划内的其他公共场所、公用设施和物业服务用房，属于业主共有。"第二百七十五条规定："建筑区划内，规划用于停放汽车的车位、车库的归属，由当事人通过出售、附赠或者出租等方式约定。占用业主共有的道路或者其他场地用于停放汽车的车位，属于业主共有。"第二百七十六条规定："建筑区划内，规划用于停放汽车的车位、车库应当首先满足业主的需要。"第二百八十二条规定："建设单位、物业服务企业或者其他管理人等利用业主的共有部分产生的收入，在扣除合理成本之后，属于业主共有。"《物业管理条例》第五十五条规定："利用物业共用部位、共用设施设备进行经营的，应当在征得相关业主、业主大会、物业服务企业的同意后，按照规定办理有关手续。业主所得收益应当主要用于补充专项维修资金，也可以按照业主大会的决定使用。”根据 2020 年 12 月 23 日最高人民法院审判委员会第 1823 次会议修正通过的《最高人民法院关于审理建筑物区分所有权纠纷案件适用法律若干问题的解释》第十四条规定：“建设单位、物业服务企业或者其他管理人等擅自占用、处分业主共有部分、改变其使用功能或者进行经营性活动，权利人请求排除妨害、恢复原状、确认处分行为无效或者赔偿损失的，人民法院应予支持。”“属于前款所称擅自进行经营性活动的情形，权利人请求建设单位、物业服务企业或者其他管理人等将扣除合理成本之后的收益用于补充专项维修资金或者业主共同决定的其他用途的，人民法院应予支持。行为人对成本的支出及其合理性承担举证责任。”这些解释可谓是对业主权益的最后保障了。

2. 公共资源的经营服务

化解公共资源经营服务上的纠纷，对物业服务企业与业主建立良好的共存共赢、和谐发展的稳定关系的重要性是不言而喻的。化解公共资源经营服务上纠纷的出路，在于明晰业主公共资源产权和理顺物业服务企业与业主之间的委托代理关系，从源头上解决问题。

首先是确立物业区域公共资源产权主体。建筑物区分所有权理论将建筑物区分所有权分为专有权、共有权和成员权（或共同管理权），共有权和成员权应通过业主集体和自治机构集体行使。法律法规和相关司法解释已经清晰地明示了业主对物业区域公共资源的产权，应该得到坚持。政府在制定政策法规时、法官在判案时、媒体在引导时……是否要坚持一下这个判断呢？如果这个立场也不坚持，那又坚持什么呢？进而言之，有地方政府相关条例将“公用设施、设备和公共场所（地）的经营收入”归入“住宅区管理服务费”是否妥当？需要大家进一步明辨是非。

其次是物业区域公共资源经营管理权归属问题。在明确了公共资源的产权主体之后，如果此时物业服务公司出现在公共资源经营管理之中，它也就是受托管理的从属性市场主体，而业主是公共资源经营管理权原始主体。物业服务公司在得到业主的委托后才能获得约定的经营权，并在平等条件下签订物业服务合同，约定权利义务事项，收益处理等也应征得业主同意。为什么在现实中频频出现类似于“广告收益纠纷”等公共资源经营纠纷案件，或许可以从下面可能存在的因果关系链中找到问题的症结所在：优势利益主体控制和业主的不觉悟等导致业主委员会普遍难以成立—业主权利缺少合法实现的组织主体—公共资源经营权旁落—开发商和物业服务公司分赃行为（如开发商减免物业服务费、物业服务公司私吞经营收益等）发生—经营管理信息不透明（如不公开账目、做假账等）—业主权益受损—业主觉醒（表现出不满、拒交物业服务费）—法律诉讼（都期望用法律讨回公道）—物业服务公司维护自身利益的行动（如制造证据等事后补救措施）及政府维护稳定、协调的社区关系（如实施补贴政策等)。这其中业主委员会难以成立和经营管理权旁落是关键问题。它导致物业公共资源经营管理主体缺失和经营管理权利关系混乱。

再次是公共资源经营管理关系的理顺，这是落脚点，只有理顺了经营管理关系，才能建立正常的公共资源经营委托代理经营体制，纠纷发生的理论前提就不存在了。作为制度设计者和居中判断者就有了科学行事的可能，物业服务企业和业主之间的关系就有了正常可能。简单地说，就是在坚持业主作为物业产权原始主体前提下，保障其对公共资源经营管理权、收益权和处置权的实现。通过委托和合同约定的方式，规范物业服务公司和业主双方的权利义务，建立起物业服务区域多方利益主体共赢的运行机制，去化解纠纷，创造和谐。

最后是与公共资源经营管理相关的问题也要有步骤地推进解决。要看到物业服务行业不成熟、物业管理意识不强、物业管理理论研究不深入、对物业服务与管理的规律认识不够、政策的科学性不强等问题的影响，发生在物业服务企业和业主身上的所有问题都是发展中的问题，是在所难免的。同时要看到这些问题也是深层次问题，是到了必须解决的时候了。物业区域公共资源经营管理问题，反映出物业管理的公共性质问题，必须从理论上认识到物业服务中的公共管理问题的重要性，把握其中的规律，学会从公共管理的角度解决公共管理问题。必须指出的是，物业服务商品交易与经营活动不同于一般服务商品交易经营活动，物业服务中的公共产品性质和业主公共事务管理权的集体委托的公共管理性质都限制了企业（也包括个别损害物业区域公共权益或无视物业服务公司合法权益的业主）自利行为的扩大化，物业服务企业在追求自身利益时也要考虑业主的利益，业主在考虑自己的利益时也要考虑物业服务公司的利益，政府在制定政策时要立足于长远的社会利益。“经济人”假设，最后还是要回到一种约束条件下，尽可能以较少的成本获得较大利益上来，这种利益也只可能是满意的收益，而不是“最大化”收益。

［本案启示］

物业服务企业充分利用物业区域公共资源开展经营服务，有利于充分利用公共资源的效用，直接目的是为企业增收，间接也为提供良好的物业公共服务创造了条件。但是如果因为产权不清晰、经营服务不合法、收益分配操作隐晦曲折，引起业主的反对，并进而失去物业项目经营管理权，那就是占小便宜、吃大亏。依法办事、守法经营是应当遵守的市场经济的基本规则。只有这样，公司和业主才能在双赢中和谐共处。

［体验分享］

说说你所在小区是否有物业服务公司擅自占用物业区域公共资源进行经营的现象，你如何看待此行为，你们小区业主和业主委员会有没有采取什么行动解决这些问题。

案例4－8　物业管理步入洗牌时代　部分物业服务公司主动退出楼盘

［案情陈述］

物业服务行业经过40多年的发展，已经到了大调整、大洗牌的阶段，一个明显的标志就是一些大中型物业服务企业纷纷退出住宅物业服务市场，寻求在其他物业服务领域的发展。产生这种现象的原因是多种多样的，有的是经营困难被动退出；有的是经营重心转移，主动避免危局的出现；有的则是天降大祸，遗憾地离去……

据资料反映，2006至2007年，中国物业服务行业的知名品牌中海物业与万科物业相继对外宣称，将适时退出非本集团开发的楼盘，专职为本集团开发的楼盘服务。2007年，中海物业主动退出了深圳市场的数十个楼盘，万科物业也退出了政府开发的大型社区桃源村。不过，中海物业与万科物业宣称主动退出市场是为了给本集团开发的楼盘提供更好的服务。

长期以来，由于物业服务收费是社会关注的热点问题，政府物价部门在制定物业服务指导价格时，调升的少，高降的多。但是，物业经营的实际成本一直攀升。特别是物业服务行业是一个劳动力密集型企业，近几年随着城市最低工资标准不断上调，人力成本的压力逐年加大；由于食品价格上涨，员工食堂的支出相应大幅增加；近两年随着房价的上涨，办公楼的租金也水涨船高。虽然支出增加了，但物业服务公司的收费却没有相应增加；物业服务行业利润越来越低。随着经营成本的增加，一批规模小、服务差的物业服务公司将被淘汰出局。全国多个城市出现了物业服务公司“出走”的事件。据报道，由于亏损，2008年3月11日、3月15日与4月5日，福州市有三家物业服务公司突然撤离了所接管的楼盘，造成小区停电或停水，居民只好暂时住进宾馆。

同时，由于建筑质量、小区规划等开发商遗留问题的逐渐暴露，物业纠纷进入高发期，物业服务公司面临着因法律诉讼败诉而造成巨大经济损失的风险。2008年3月，某区人民法院对好来居高空抛物砸童案进行一审宣判，被告之一的某物业服务有限公司被判承担30%的责任，赔偿原告22万多元。现实情况是，高空抛物是比较常见的现象，如果造成的损失需要物业服务公司承担，那么小一点的物业服务公司只要碰上一宗类似的案件，一年的利润就没有了。

目前出现的物业服务公司退出住宅物业服务市场的现象，对于物业服务行业来说，也许是一件好事。经过大浪淘沙之后，只有规模大、模式新、服务好的公司才能生存下来，这样就会有更多的业主享受到大型物业服务公司的优质服务。

［讨论话题］

（1）物业服务公司从住宅物业服务市场“出走”反映什么问题？为什么？

（2）物业服务公司应如何应对这一局面进行发展战略的调整？

［思路提示］

物业服务企业作为经营实体，其生存发展之本是经济效益，没有经济效益就无法生存和发展，因此将物业服务公司的“出逃”行为看成经济理性的行为。同时，在物业服务行业内出现业主调整，也是行业经营水平升级的重要标志。

［分析说明］

本案例反映的是物业服务行业在发展到一定阶段必然要发展的业务重组和调整的问题，是物业服务行业走向成熟的必经阶段，也是物业服务提升经营管理水平和能力的重要标志。中国物业服务行业发展40多年来，从20世纪80年代初的恢复发展，到2003年《物业管理条例》颁布实施后的蓬勃发展，再到2007年《物权法》出台后的规范发展，物业管理行业走过了最艰难的发展时期，迎来了成熟壮大、稳定发展的大好时代。再到2021年1月1日《民法典》的实施，物业管理行业已经走出了传统的物业服务区域，进入到城市服务、社区服务的广阔空间。2008年开展出现的企业业务重组和战略重点转移，都是这一时期的典型特征，同时行业内竞争日益激烈，优胜劣汰也更加频繁，出现一些物业服务公司从一些以前的主业领域主动退出，或者实力弱小被淘汰等现象非常正常。理论上讲，由于竞争加剧，住宅物业服务质量应该会更好。不过现实中，可能会因为大中型企业的退出，对住宅物业服务质量会有暂时不利的影响。当然这一个调整中出现的阵痛，是因为社会关注到物业服务成本攀升、低价不能实现优质服务导致的。相信经过多方博弈，住宅物业优质服务将会重新回来。2014年以来一些企业，如保利物业进入城市街区服务管理领域，一些企业进入城市环卫管理及其他城市服务业态领域，迎来了成熟壮大的稳定发展的“大物业管理”时代。

作为物业服务企业，如何在这一行业大调整、大洗牌中，找准自己的位置，或坚守，或放弃，或进攻，或撤退都应当做出战略抉择，包括战略制定、战略实施、战略评价及调整。

1. 物业服务经营战略模式

面对当前国际开放的物业服务市场环境，物业服务企业必须根据自身资源，运用现代企业管理的战略方法，选择适应自身需要的企业战略管理策略组合，形成不同的经营战略模式。中国物业管理行业经过30多年的探索发展，逐步形成以下经营战略模式。

（1）战略服务经营模式。这是一种物业服务企业作为地产开发企业的附属机构，从属于房地产开发企业的发展战略而形成的经营模式。实质是从属于开发商多元化战略的子战略。虽然从开发商角度，物业服务企业本身利润较低，物业管理子公司所产生的利润在其集团企业所占的份额几乎可以忽略不计，但是优质的物业管理有利于房地产销售和开发企业品牌的建立。同时，物业管理子公司承接非自主开发的物业，回报低，风险大，还会削弱自主开发地产项目的服务竞争力。因此，很多物业服务企业将经营定位于服务地产开发的经营战略，退出外接物业项目。如深圳万科等几家知名地产企业下属的物业服务公司，就是这种战略经营模式的典型代表。

（2）内部专业化模式。这是物业服务企业将专业化服务市场内部化的一种经营方式。为了避免物业服务企业利润的外溢和流失，物业服务企业纷纷成立电梯维护保养机构、清洁服务机构、绿化服务机构、机电管理机构等专业服务机构。这些专业服务机构一方面承担自己公司的业务，避免利润外溢和流失；另一方面，在资质许可的情况下，参与专业市场竞争，对外拓展服务业务，为企业获得更多利润。不少早期大型物业服务企业都采取了这种模式。

（3）产业链条经营模式。这是一种充分利用物业服务公司资源优势，向地产产业链条上游和下游业务延伸，从而达到整合经营、获取盈利的经营模式。目前已经有许多物业服务企业在地产策划代理、物业租赁销售，甚至土地测量、地价评估、地产开发、园林施工、建筑监理等产业链条环节有所作为，向房地产产业集团方向发展。

（4）社区经济经营模式。物业服务企业由于服务于物业项目而具有独特的社区经济经营资源。如何利用这些社区经济资源，开展多种类社区经济经营活动，为企业获取附加利润，一直都是物业服务企业最关注的经营重点之一。将社区经济资源作为重要的经营资源，将管理处作为一个社区经济经营平台，开展平台型社区经济资源经营，如很多物业服务企业引入家电维修机构、家政服务机构、垃圾回收机构等社会服务机构，以管理处为中心，对各类服务机构进行整合管理，从这些服务机构的经营中获取利润。

（5）规模优势经营模式。因对规模经营的追求，物业服务企业必然走向通过物业管理项目数量增加来实现盈利的目标。即使是通过内部专业化策略和社区经济经营策略盈利的物业服务企业，也必须有更多的物业管理项目做支点。规模优势经营成为物业服务企业的必然选择，尤其是没有房地产开发企业可以依赖的物业服务企业。

（6）专业市场细分模式。物业管理市场细分，日益成为物业服务企业突破发展困局的策略手段，由此形成专业市场细分经营模式。专业市场细分模式可以形成物业服务公司在某类物业类型管理方面的优势，也有利于公司整合这类物业市场的拓展资源，使企业突破发展僵局，取得相对竞争优势，进而达成某种物业类型市场的相对垄断，确保其管理利润的实现。如有的公司专注于写字楼物业管理，有的专注于工业区物业管理。

（7）产品高端化经营模式。物业管理市场一直有高端市场与低端市场之分。从服务类型看，顾问服务市场利润高于全委托服务市场；从服务阶段看，新物业利润高于旧物业利润；从物业类型来看，写字楼商业物业利润高于住宅物业。高端服务产品需要的是经验优势、技术优势、品牌优势。由于物业管理服务属于无形的服务产品，因此产品高端化经营模式本质上是品牌化经营，就是要靠品牌高端化经营来实现经营目标。

（8）成本优势竞争模式。成本优势竞争策略已经广为物业管理行业应用，并成为最主要的竞争经营方式之一。成本优势竞争模式，是物业管理行业适应日益激烈的市场竞争的主要策略选择，但也是一种难以为继的战略模式。尤其是在物业管理人力成本和服务资源成本日益提高的前提下，非理性恶性竞争所造成的低成本经营方式，导致物业管理行业日渐陷入经营困境。

（9）多元化经营模式。从严格意义上看，社区经济经营模式和产业链条经营模式都应该属于多元化经营范畴。将社区经济经营模式和产业链条经营模式作为一种区别于多元化经营模式的独立模式，主要是因为这两类模式都是依赖物业服务企业项目资源优势，以物业服务业务为核心业务，围绕物业管理服务而开展的经营活动。它已经超越了物业管理核心业务范畴，从事与物业管理本身没有直接关联的其他产业的经营，如餐饮经营、超市经营、股票投资等。

（10）兼并式发展经营模式。随着物业管理竞争日趋激烈，物业管理行业平均利润逐渐降低，物业管理服务成本不断提高，出现了物业服务企业经营困难的现象。加之许多房地产商逐渐走向综合化发展，将更多精力集中于物业服务业务领域上，加上资本市场对物业服务板块的青睐，这就为大型物业服务企业，特别是上市物业服务企业进行资本运作创造了条件和机会。通过资本运作，企业可以迅速扩大模式，增加营收，提升市值，增强企业实力和打造知名品牌，赢得更多项目管理机会，形成资本运作经营模式。这种经营模式的出现，是中国物业管理行业市场发展的必然结果。

（11）城市服务空间拓展模式。2020 年以来，在抗击新型冠状病毒肺炎战疫的实践中，各地充分证明了物业管理行业企业在城市公共管理服务中不可替代的重要地位，城市服务大门已经向物业服务企业全面开放。随着国家政策在城市服务、街区服务管理和社区公共服务领域对物业服务行业的开放，政府出台各种优惠经济政策、财政补贴政策和政府购买社会服务政策，以及其他助手物业服务企业建立社区智慧服务平台，开展社区居家养老服务、推进垃圾分类管理工作等各类政策纷纷出台，物业服务企业的业务空间大大扩展，一些企业大兴进军城市环卫管理服务、社区服务、街区服务管理等城市服务领域，成为企业发展新的生长点。

2. 选择合适的物业服务经营战略模式

在实际工作中如何选择适应企业自身特点的物业服务经营战略模式呢？

任何物业服务企业要想在激烈的竞争中站稳脚跟、发展壮大、赚取利润，都必须根据市场环境变化和企业自身资源状况来理性取舍经营策略，采取适合于本企业发展的策略组合。

（1）战略服务经营模式更适合作为房地产集团子公司的物业服务企业，这样的物业服务企业定位从属于集团的发展战略，即构建集团房地产产品的服务体系，其企业经营的核心目标在于服务品质而非利润扩张。

（2）内部专业化模式和社区经济经营模式都建立在项目规模基础上，没有足够数量的项目和总体规模支撑，内部专业化模式和社区经济经营模式就难以实施。

（3）规模优势经营模式有两个取向。一是大规模优势，二是小规模优势。大规模优势主要是通过项目积累和总体规模扩张来实现规模品牌效益，进而增强市场竞争力。小规模优势是指一部分小型物业服务企业，以小型项目为市场目标，发挥自己在小项目管理方面的经验，避开与大公司的直接竞争，从而确立自己在物业管理市场上的相对优势。

（4）产品高端化经营模式适合已经形成品牌效益的物业服务企业。近年来，中国物业服务企业异军突起，凭借扎实的现场服务管理经验和多年的物业服务管理经验技术，开始抢夺高端物业服务市场。在管理经验和规范化程度日趋一致的前提下，内地物业服务企业有着比港资企业和外资企业更加“本土化”的优势，逐渐成为内地高端服务产品的竞争者。

（5）成本优势竞争模式是大多数小型物业服务企业的策略选择。为了与其他物业服务企业竞争，在没有建立优质服务品牌的情况下，为获得更多的物业管理项目，它们多以低价竞得物业管理项目，在管理过程中尽量减少成本，以维护持续经营。这种方式很难形成自己的品牌，有的公司甚至以偷工减料的方式提供比约定标准更低的服务，导致其发展受到制约。但是也有越来越多的企业采用现代管理方法和管理模式，使用先进管理手段、技术来降低成本，不降低服务质量或提供质优价廉的服务。

（6）产业链条经营模式适合已经形成一定积累并掌握相关产业发展技能的企业，为了凝聚和整合产业发展优势，就采取这种策略。

（7）多元化经营模式则是物业服务企业逐步演化为投资机构，将物业管理视为一种投资项目，根据企业所掌握的经营技术和资源，开展与物业管理无关的其他投资。这种策略的选择，其关键首先在于资金，其次在于其技术结构和投资决策的偏好。

（8）兼并式发展经营模式适合投资机构和经济实力较为雄厚的物业服务企业。前者是为了进入该行业时可以获得一个较高的起点；后者则是通过这种方式取得更快的市场发展。

（9）专业市场细分模式已经成为很多后起之秀的竞争策略。很多物业服务企业采取专业市场细分策略，积累在专业细分市场上的技术优势和人脉优势，促使企业获得相对竞争优势，从而实现市场突破。

（10）城市服务空间拓展模式适合大型企业，主要是因为城市服务需要全域化、多维度管理理念、模式和经验的支撑，需要掌握各类城市管理服务知识、技术与相关业务经营管理诀窍的人才和专家的储备，需要大资本、先进技术平台、管理资源的支撑，一些中小企业是无法进入。

［本案启示］

物业服务走向成熟壮大、走向更广阔的空间，由物业服务区域的“小物业管理”向城市管理服务空间的“大物业管理”是必然的，关键要认清形势，分析内外条件，根据自身特点和发展规划做出科学、理性的战略调整，在市场竞争中求生存、谋发展。

［体验分享］

请根据上述案例问题查找相关书籍和资料，说明物业服务企业进行业务重组和经营战略调整的原因。

政策规范

（1）参见《民法典》第 271 条、第 272 条、第 273 条、第 274 条、第 275 条、第 276 条规定。

（2）参见《物业管理条例》第 55 条规定。

（3）参见 2020 年 12 月 23 日最高人民法院审判委员会第 1823 次会议修正通过的《最高人民法院关于审理建筑物区分所有权纠纷案件适用法律若干问题的解释》第 14 条规定。

（4）参见《关于推动物业服务企业发展居家社区养老服务的意见》（建房〔2020〕92 号）。

（5）参见 2020 年 12 月 25 日住房和城乡建设部等十部门联合印发的《关于加强和改进住宅物业管理工作的通知》（建房规〔2020〕10 号）。

（6）参见 2020 年 12 月 4 日颁布的《住房和城乡建设部等部门关于推动物业服务企业加快发展线上线下生活服务的意见》（建房〔2020〕99 号）。

【本章小结】

本章主要针对物业服务关系的建立与维护问题，重点从物业服务招标投标、客户关系管理、社区文化建设和物业经营服务等几个方面，设计了一些典型案例进行分析，以帮助学生提高处理物业服务关系的能力，适应物业项目经营与日常管理服务工作的实际需要。

【练习与实践】

一、案例试析

案例练习 4－1 住改商破坏了物业管理的秩序

［案情陈述］

近日，广州市天河区××小区有业主反映，小区内有不少一楼的住房正在改建为商铺，很多外来施工人员进入小区，鱼龙混杂，使得小区的治安问题变得严峻起来。同时，不少违章施工恣意破坏园区的绿化带，业主们对此很反感。整个生活区的一楼遍布着咖啡店、鲜果店、服装店和美容店等各类商铺。有四栋居民楼的一楼已被挖掉朝外的墙壁，初步改造成了店面的格局。小区一楼“住改商”，破坏了他们原本美丽、安静的生活环境。许多“走鬼”也开始看上这片“风水宝地”，卖水果、卖蔬菜、卖小生活日用品的小贩纷纷涌进小区。不少犯罪分子乘机混入其中，并将黑手伸向了小区住户。

据知情者介绍，一个套房改造后可以隔成几个店面，每个店面每月的租金一般都在 7 000 元到 10 000 元之间，而如果作为住房出租，每月租金一般在 2 500 元左右。在巨大的经济利益驱使下，一楼业主纷纷“住改商”。

管理处对此也很无奈，负责人解释，小区内不少业主也曾多次向他们反映此类问题，但是作为物业管理部门，他们只是为小区内的业主服务，他们没有处罚权。他们能做的就是将业主们反映的情况进一步向政府的相关职能部门反映，起到沟通的作用。

［分析问题］

（1）“住改商”的做法反映了什么问题？如何看待此类现象？

（2）此案中的“住改商”行为对物业关系和秩序造成什么影响？物业服务公司应如何解决问题？

案例练习 4－2 租户乱抛脏物怎么办？

［案情陈述］

某日，某商城管理处的工作人员巡视时，发现三楼公用洗手盆周边墙面、地面溅有不少污水，丢有不少塑料袋，并发出阵阵异味。经过观察询问，查明这些污水和塑料袋来自于三楼一间从事足底按摩的店铺。这家足底按摩店的员工认为洗手盆是公用的设施，就随意泼洒，有时甚至隔着几米远，就将装有按摩污水的塑料袋向洗手盆泼去。

就此问题，管理处主管上门找该店老板沟通。没有多说，老板就表明态度，马上整改，保证将污水准确倒在洗手盆内，将塑料袋弃置于垃圾桶内。但一段时间以后，情况依旧未变。于是管理处主管再次登门，找到该店老板。这次老板态度大变，质问："你们不让我把污水倒在那里，那你说倒在哪里才对？"主管解释说："并不是不让你们往那倒，而是提醒你们往那倒的时候要注意点儿，因为环境卫生状况不好，大家都要受到影响。"老板不等主管说完就把头一摇："那我不管！"

［分析问题］

（1）本案例中按摩店的员工和老板的行为反映了什么问题？

（2）物业服务公司通过什么方式可以既能纠正这一不良做法，又能维持好租赁关系？

二、实践活动

1．活动主题

物业服务关系的维护在物业小区的重视程度调查。

2．活动目的

了解社会对物业服务关系的看法，找到维持良好物业服务关系的途径，提高物业服务关系的维护能力。

3．活动内容

（1）确定影响物业服务正常关系的重点领域。

（2）走访几家物业服务公司，调查物业服务关系处理的重点及处理的效果；与经理和员工交流，了解物业服务关系建立和维护的途径和方法。

（3）与教师或同学交流，请教关于物业服务关系领域的疑难问题的看法。

4．活动要求

（1）确定访谈的问题和对象，设计问卷和访谈提纲。安排好访谈的时间、地点，做好事前充分准备。

（2）访谈可以采用3人左右的小组进行，并进行必要的提问、记录、录音、录像等分工。

（3）对物业服务公司提供的材料要做好保密工作。

5．活动成果

（1）提交调查总结报告。

（2）做好访谈工作心得并在学习交流会上交流。

第五章　前期介入与前期服务

【学习目标】

1. 理解掌握前期介入和前期管理的重点工作、主要关系、纠纷处理等基本知识，了解关于物业承接查验和业主收楼方面的基本知识。

2. 学会分析、判断前期介入和前期物业服务以及物业承接查验和业主收楼等前期管理服务重要活动中的重要问题的性质、特点，树立正确的理念，运用科学的方法和管理艺术，理顺各种复杂的关系，化解各种物业服务纠纷，把握前期管理服务的主动权，提高前期介入与前期服务的能力。

一、前期介入

知识精要

前期介入是指物业服务企业在接管物业之前，就参与物业的规划设计和建设的过程，从业主与非业主使用人及物业管理的角度，就物业开发、建设和今后使用、管理等方面提出建议，并从物质上和组织上为将承接的物业做好准备。

1. 前期介入的作用

前期介入的作用主要有：

（1）完善物业的使用功能。在物业开发的规划阶段，物业服务公司就房型的设计、供电供水、污染处理、电信、道路、绿化、管线走向、服务配套设施及平面布局等方面提出建设性的意见，为未来业主把关，也便于日后物业管理服务工作开展。

（2）改进物业的具体设计。在物业设计时，物业管理人员从日后管理的角度及时向设计单位提出自己的意见，就能在物业设计阶段减少一些设计缺陷。

（3）能更好地监理施工质量。提早介入，一旦发现问题及早通过开发商限令施工单位解决，就可有效防止施工质量问题的发生和延续。

（4）为竣工验收和承接查验打下基础。由于在前期已介入物业的开发、建设过程，物业服务企业对验收的物业的各种情况都已相当熟悉，可以提高验收工作的质量，对于查验中发现仍需整改之处，也容易交涉和协调。

（5）便于日后对物业的管理。由于前期介入物业开发，物业服务企业对该物业的整体情况相当熟悉，为物业的管理、养护、维修带来许多便利，可大大提高物业管理的工作效率和工作质量。

2．前期介入的三种情况

前期介入的时间不同、方式和内容也有差异，大致可分为三种情况：

（1）早期介入，指物业处在规划设计阶段，开发建设单位聘请经验丰富的专业管理企业做顾问，参与规划设计，使设计在符合国家规范的前提下，尽可能地照顾到使用者的要求以及日后管理的需要。

（2）中期介入，严格监理施工的每一环节，对物业服务企业日后的设备维护、检修作用甚大，由于对安装布线了如指掌，一旦线路有故障，便能迅速查找原因，排除故障。开发建设单位侧重于建设与设计是否相符，而物业服务企业则着眼于细处，对设备安装质量的把关不仅着眼于验收调试，更要着眼于以后长远的使用。因此，物业服务企业监管不能放过任何一个小问题，以此保证安装质量达到高标准。

（3）晚期介入，开始前期管理。所谓晚期介入，是指开发建设工程基本结束，工程开始竣工验收、交楼以及筹备开业时物业服务企业的全面介入，物业服务企业开始履行“管家”职责全面介入工作。

案例分析

案例5－1　物业服务企业的前期介入给物业项目带来了什么

［案情陈述］

某物业项目位于粤西的一个沿海城市，开发规模较大，总建筑面积达40余万平方米，是当地最大的住宅建设项目，因此备受当地居民和政府的关注。整个项目分三期建设，第一期为经济适用房，同时被列为该市重点工作，整个小区建设申报国家康居示范工程小区。

该开发建设单位前期已开发过多项物业项目，自己组建了物业服务企业，为把这个项目建设好、经营好，该开发建设单位拟聘请有经验的物业服务企业担任项目的物业管理顾问，帮助解决前期的物业管理问题。

1．物业服务企业的介入

由于该地的房地产开发和物业管理水平在广东地区相对落后，消费者的置业观念和物业管理意识和其他地区相比还有差异，房地产售价和物业管理收费都处于较低的水平，因此以下的分析都是基于这种现状来展开。

（1）论证阶段。

在该项目的论证阶段，物业服务企业就参与了工作并就该物业的市场定位、物业管理服务的基本思路和框架、物业管理服务的运作模式发表了意见，并得到物业建设单位的采纳。

①考虑到整个工程项目的状况，第一期属于经济适用房，消费者大多属于中低收入阶层，在市场定位上除合理控制建设成本外，还应考虑降低物业管理成本。按此思路，第一期的绿化率可以低一些，设备选型可以便宜一些；而第二期、第三期由于消费者为中高收入阶层，绿化率要高，设备选型要好。②对整个项目的配套设施建设提出了意见，重点考虑配套设施的布局，既要方便于未来业主的使用，又要防止对业主的生活产生影响和干扰。③提出了人车分流的概念，这在该地属于新的提法，也是以后项目销售的亮点。④确定了物业管理早期介入和前期管理的时间、方式和工作内容，明确了各配合方之间信息沟通的渠道，确定了分阶段物业管理的目标和要求。

实践证明，这几条意见和建议对物业建设单位是非常有益的帮助，使其市场定位更加准确，性能价格比更为合适，在第一期销售过程中的良好业绩证明了这些。

（2）规划设计阶段。

在规划设计阶段，物业服务企业参加了多次论证会，就规划方案提出了多项建议，并得以采纳，也受到了业主的好评。

①考虑到项目较大、分期开发的情况，建议在方案设计时采用分组团的布局，且各组团相对独立和封闭。这样有利于按服务对象的不同提供不同的服务内容，确定不同的收费标准，满足不同层次的消费者的需求。②对智能化系统的设计、商业配套设施的建设、中心会所及休闲区域的布局、幼儿园的安置、会所功能的设置等提供了主导意见。由于物业服务企业在实际运作方面有丰富的经验，深得建设单位和业主的好评。③就物业管理的条件在规划设计时予以落实，不仅明确了办公用房，还落实了物业管理人员宿舍、食堂、休息室、仓库以及清洁车的停放场地等。④此阶段根据前期物业管理总体策划方案的思路，进行了详细物业管理方案的制订和实施进度表的确定，包括人员的编制及招聘、培训计划、费用测算等，这些都得到了建设单位的支持和认可。

（3）建设阶段。

在建设阶段，物业服务企业跟踪了整个过程，召集和参与了多次专题讨论会，其中一次提出了18项整改意见，这些意见大部分都在建设中被采纳，典型的介入内容如下：

①对生活垃圾堆放、清运和处理方式提出了具体要求，要求设立足够的垃圾桶放置位置，要硬底化，同时要方便清洗。②楼梯口大门的安排，既要便于安装对讲系统，又要便于安装集合信报箱，还要注重美观实用和便于维修。③在绿化带施工时，首先要考虑浇水管道的铺设，否则又要返修，造成浪费。④在施工过程中发现部分基础没有搞好，而该区属填海区，易发生不均匀沉降，如果发生这种情况，此处的管网就会

发生断裂。建议予以重新施工。⑤督促物业建设单位将一些特殊的装饰材料留出一部分，以便于物业管理的维修和更换，如一些彩色地砖、镀膜玻璃、涂料等。⑥对招聘的物业管理人员进行培训，并组织编写各类文件和规章制度，建立对内、对外关系的工作程序和工作要求，起草业主公约、装修管理规定和物业管理中涉及的文件资料。⑦与物业建设单位一起，同供电公司、自来水公司、煤气公司等相关部门协调，确定相应的管理方式和收费标准。

（4）销售阶段。

在销售阶段，主要介入以下工作：

①在销售前，将物业管理方案整理并全面完成编制工作，将许多涉及业主买房应知的内容，以书面文件的形式确定下来。②销售前对售楼人员进行系列的物业管理培训，使他们对物业管理的基本概念和基本知识有所了解，对将来该小区的物业管理内容和模式有统一的理解。③在售楼现场设立了专职的物业管理咨询人员，接受购房者的咨询，这种咨询和宣传沟通起到了很好的效果，避免了开发建设单位对物业管理的乱承诺的行为，也使未来业主对物业管理有了信心，增加了购买的欲望。④为使业主或未来业主对物业管理有所了解，在销售时，就让已招聘的部分物业管理人员上岗，如清洁人员、保安人员、绿化人员的规范化工作，更使得业主对物业管理的印象加深。

2. 前期介入的效果

由于专业物业管理服务早期介入，该项目已取得了明显的经济效益和社会效益，同时也使该项目成为粤西地区最具有影响力的项目和物业管理的范例。

在经济效益方面：首期16万平方米已基本售完，二期建设虽然还未完成，但销售势头强劲，部分户型甚至出现了抢购现象，房价也从最初的1 200 元/米^2，上升到目前的2 000 元/米^2，前期购房者都享受了房屋升值带来的收益。物业管理由于小区的入住率较高和其他方面的经营收入的补充，经济压力不大，同时开发商体验到了物业管理带来的效果，主动提出了给予其他方面的帮助以支持物业管理水平的进一步提高。

在社会效益方面：该小区已被当地政府指定为参观点和示范小区，成为当地城市建设和物业管理的样板。小区的物业管理已成为当地政府制定政策法规的实验地。该小区物业管理的成功，为当地物业管理意识和物业管理水平的提高起到了非常积极的促进作用。该项目成功后，开发建设单位的形象得以大大提升，使很多其他开发建设单位提高了对物业管理的认识，纷纷邀请物业服务企业合作和加盟。

［讨论话题］

（1）案例中物业服务企业为什么能给物业服务项目带来巨大的经济和社会效益？

（2）物业服务企业在前期介入中得到了什么？

［思路提示］

物业项目的前期介入有其自身的价值，这就是能给物业项目本身的功能设计、实施质量、维修养护、社区环境、使用的安全、方便和舒适、管理服务等带来好处。而这些又是因为物业服务企业在物业管理服务上的专业性，刚好弥补了设计施工单位的缺陷。

［分析说明］

案例中物业服务企业的前期介入之所以能给物业服务项目带来巨大的经济和社会效益，是因为物业服务企业在物业管理服务上拥有的专业特长与经验等因素，恰好弥补了建设单位的不足。物业服务企业专门从事物业管理服务工作，拥有丰富的专业技术资源和经验，在物业本体的维修与养护、物业安全使用、物业管理服务、物业秩序与环境保护、社区文化与生活和谐、业主需求等诸多方面有自己的专长，并能考虑未来业主的需要和物业管理服务工作的要求，关注小区生活的品位和质量。而设计、施工和建设单位关注的是物业的设计者的思想、设计的规划方案、施工如何达到设计标准、物业的销售和收回投资等。物业服务企业早期介入不但可以融入物业服务企业的专业与经验，提升物业的价值，还可以防范设计、施工单位的问题和缺陷的发生，消除物业隐患，对物业建设单位、物业服务企业和业主都有很大的益处，是解决物业建设与物业管理衔接问题的有效手段。正如“知识精要”介绍的，前期介入能在完善物业的使用功能、改进物业的具体设计等方面起到重要作用，能更好地监理施工质量，为竣工验收和承接查验打下基础，便于日后对物业的管理运作。因此，要重视物业管理服务的前期介入工作。

本案例中，由于物业服务企业的前期介入，该项目已取得了明显的经济效益和社会效益，同时也使该项目成为粤西地区最具影响力的项目和物业管理的范例。物业管理由于小区的入住率较高和其他方面的经营收入的补充，经济压力不大，同时开发商体验到了物业管理带来的效果，主动提出了给予其他方面的帮助以支持物业管理水平的进一步提高。可以说物业服务企业在该项目的前期介入中获得了直接的好处，同时该物业服务企业在当地“一炮打响”，树立了优质服务企业的形象和良好的口碑，为该物业服务企业在当地的长远发展打下了基础，这就是间接、长远的好处。

前期介入是物业服务的高端业务领域，并不是一般企业所能涉足的领域。物业服务企业要开展前期介入服务必须具有一定的实力、优质服务品牌、良好的资质、优秀的物业服务专业技术团队、良好的信誉和业绩、某些领域的特长等，这些都是必要的条件。

［本案启示］

在物业管理服务的早期介入工作中，要想取得开发商的理解和支持，关键是物业服务企业能否在前期介入中提供有价值的意见和建议。只有当开发建设单位看到了物业服务企业前期介入的价值才会接受物业服务企业的前期介入，长期以来建管脱节的问题才能得到解决。

［体验分享］

请收集一下业主对房屋建设质量的不满情况，分类并找到原因，看看与物业前期介入不到位或缺失有无关系，并与大家讨论。

政策规范

（1）参见《物业管理条例》第三章第22条、第24条、第25条、第28条、第29条、第31条规定。

（2）参见《房屋接管验收标准》（建设部建标〔1991〕69号）有关规定。

二、前期物业管理

知识精要

前期物业管理是指业主委员会与物业服务企业签订的物业服务合同生效前，建设单位选聘的物业服务企业实施的物业管理。从时段上讲，前期物业管理就是物业服务企业与业主委员会签订的物业管理服务合同生效之前，建设单位选聘的物业服务企业所实施的管理活动。一般而言，前期物业管理开始于收楼前的3～6个月不等。

前期物业管理的费用的支付者应视服务对象的不同而定。在物业交付使用之前，物业服务公司的服务对象是开发建设单位，而交付使用之后，服务对象则为业主及其使用者。在房地产市场中常常有物业已交付使用，而部分的物业尚未出售，此种情况下，业主就是建设单位。

前期物业管理是最复杂、难度最大而又最全面的管理工作。前期物业管理的基本内容，因工程性质、开发建设单位的具体情况而有所差异，一般要做好以下几个方面工作：建立管理机构；设计管理模式；招聘人才，培训上岗；深入工程建设现场，熟悉物业的概况；参与物业的竣工验收工作，为承接查验做准备；重点开展物业的承接查验工作，筹办交楼；逐步展开日常的管理工作；协助业主召开首次业主大会和成立业主委员会。

在物业管理市场上，物业产权的所有者是业主或早期的开发建设单位，他们是物业管理服务的需求者，即委托者；物业服务企业是物业管理服务的供给者，可称为代理者。物业管理的委托－代理关系必须以契约的形式明确双方的权责、共同的目标和利益。物业管理服务的契约是一种雇佣劳动契约，表现形式就是物业管理服务合同或前期物业管理服务协议。

委托代理关系首先出现在前期物业管理服务活动中。物业开发建设单位是前期管理服务的委托主体之一，充当委托人的角色。物业服务企业是前期物业管理服务的供给者。作为物业管理市场需求者之一的业主及业主委员会在前期管理阶段还未诞生，开发建设单位作为开发经营者，更是大业主，必然是委托活动的主角。委托的方式、途径和目的，都必然体现了开发建设单位的经营理念及其切身利益。正因为如此，在前期管理中业主的权益如何保障不仅是一个难题，也是一个问题发生比较多的领域。

案例分析

案例5－2　业委会未成立，业主有苦无处诉

［案情陈述］

朱先生去年搬进某小区，该小区除了正门和侧门设有门卫外，还有一扇小铁门可通向小区外的居民区。物业管理人士说，白天至晚上8时这扇门是开的，晚上8时以后要关门。但有两次朱先生晚上9时以后仍看到铁门大开。物业管理人士告诉他晚上小区保安“半小时巡逻一次”，而后来朱先生一次在晚上11时至12时在小区里行走的时候，却没看到巡逻的保安。还有一次，他看到三五个陌生人白天进入小区后骑车出去，而门卫却没有询问和阻拦。朱先生把这些事向物业服务公司做了反映，但状况并没有得到多大改善。小区顶楼原来设计时是作为逃生用的通道，后来不断有人家在顶楼建违章阁楼式房屋，通道已被阻断。如果低层住户发生严重火灾，电梯无法启用，就无法通过顶楼通道前往相连楼幢的顶楼逃生。他向物业服务公司反映过此事，但物业服务公司多敷衍了事。由于业主委员会没有成立，物业服务公司不管，也没有谁来监督，所以业主有意见，也没有人帮助申诉和解决。

［讨论话题］

（1）本案例反映的实质性问题是什么？为什么？

（2）业主的意见为何没有得到重视？如何克服？

［思路提示］

首先要弄清物业服务公司为何不关注业主的诉求。在前期物业管理期间，业主委员会没有成立，物业服务公司的选择权在开发建设单位而不在“小”业主，物业服务公司不关注业主的意见是有可能发生的。解决问题的关键是成立业主委员会，让业主自行管理权回归业主，物业服务公司选聘权也随之回归。

［分析说明］

本案例从表面看来，反映的是物业服务公司对业主的意见不重视的问题；从实质上看，反映的是业主不能行使物业管理者选聘权后所处的境遇，即产权不能完整实现、合法权益得不到保障的问题。在此情况下，业主的意见不能得到物业服务公司的重视，

也就再正常不过了。物业服务公司作为市场主体，它当然听从有权决定其经济利益，并且实际与它发生经济联系或影响其经济效益的人或组织。如果业主能够直接或间接影响到其利益时，物业服务公司也会重视其意见。而单个业主很难做到对物业服务公司产生实质性影响。只有成立业主委员会，让业主委员会集体行使业主的主权，包括选聘、监督物业服务公司的物业管理服务行为，才能让物业服务公司注意到业主的意见。

前期物业管理矛盾纠纷之所以频频发生，既有目前物业管理市场还不规范，开发商、业主及物业服务公司之间的权责界限不甚清晰的原因，也有部分物业服务公司自身员工素质低下、管理机制不健全的原因。从物业服务公司角度，应推进房地产开发与物业管理分业经营，使物业服务企业真正成为自主经营、自负盈亏的市场主体，从体制上解决建管不分产生的弊端，提高自身实力和水平等。从业主角度讲，要解决这一问题，充分利用现有的物业管理法律法规，完善自治组织，关键是成立业主委员会，有组织地维护自身权益。

1. 业主的权利

根据《物业管理条例》第六条规定，作为房屋所有权人的业主在物业管理活动中，享有按照物业服务合同的约定，接受物业服务企业提供的服务；提议召开业主大会会议，并就物业管理的有关事项提出建议；提出制定和修改管理规约、业主大会议事规则的建议；参加业主大会会议，行使投票权；选举业主委员会成员，并享有被选举权；监督业主委员会的工作；监督物业服务企业履行物业服务合同；对物业共用部位、共用设施设备和相关场地使用情况享有知情权和监督权；监督物业共用部位、共用设施设备专项维修资金（以下简称专项维修资金）的管理和使用；享有法律、法规规定的其他权利。

2. 业主权利的实现

业主的权利是通过业主大会和业主委员会来表达和实现的，业主大会是业主组织最高权力机构，业主委员会是由全体业主通过业主大会会议选举产生，是业主大会的常设性执行机构，也是在物业服务区域内代表全体业主对物业实施自治管理机构，对业主大会负责，具体执行业主大会交办的各项物业管理事宜。很显然，业主大会不可能天天开，那么在业主大会闭会期间，业主委员会就是为业主维护权益的常设机构和依托，没有业主委员会，业主的诉求很难得到伸张。所以成立业主委员会是新建小区业主实现合法权益的必经之路。

在前期物业服务公司和开发商及业主之间关系复杂、矛盾众多、纠纷不断的情况下，作为弱势的业主一方往往没有代表其利益的组织机构来应对。此时，依法尽快成立业主委员会成为解决问题的关键要素。可以说，业主委员会作为业主大会的执行机构，是沟通业主和物业服务公司的桥梁，代表和维护着房地产产权人、使用人的合法权益。根据《物业管理条例》第十五条规定，业主委员会执行业主大会的决定事项，赋有召集业主大会会议，报告物业管理的实施情况的职责；代表业主与业主大会选聘的物业服务企业签订物业服务合同；及时了解业主、物业使用人的意见和建议，监督和协助物业服务企业履行物业服务合同；监督管理规约的实施和业主大会赋予的其他职责等。通过业主委员会，业主可以针对物业管理服务中的问题，提出自己的意见和建议，业主委员会的作用是无法替代的。在业主充分享有权益，同时承担相应的义务、遵循权责一致的原则的前提下，业主委员会可以发挥应有的作用。

但是由于前期物业管理时期，业主委员会“难产”；业主委员会委员自身素质低；业主物业管理意识差；业主和业主委员会大多关注专有部分权益保护，对公共事务管理不关心，维权有偏差；业主委员会委员缺少服务意识，内部难以达成共识，利益协调难度大，对外缺少协调统一行动等原因，业主委员会不能发挥正常的作用，维权乏力。即使成立也形同虚设，业主当然就会有苦无处诉，诉了也解决不了问题。

3. 如何维护业主的权利

在前期物业管理时期，要维护好业主的合法权益，一是要及时依法成立业主委员会并正确发挥业主委员会的作用，这是维护全体业主的合法利益的关键环节和重要保证。二是努力构建业主委员会与物业服务公司在物业服务关系中的平等地位。三是规范业主委员会的产生与运作，使业主委员会有所作为。四是为业主委员会的运作提供制度、经济、行政等方面的有力支持，保证业主委员会正常运作。

［本案启示］

业主委员会是业主大会的常设机构，是维护业主权益的载体和保证。在前期物业管理服务时期，尽快成立业主委员会，并发挥其作用是维护业主权益，解决开发商遗留问题，特别是物业管理方面的问题的较好途径。

［体验分享］

你所在的社区是否成立业主委员会，是否也遭遇过朱先生的尴尬？说出来与大家一起交流。

政策规范

（1）参见《物业管理条例》第 6 条、第 15 条、第 22 条、第 28 条、第 29 条、第 31 条规定。

（2）参见《业主大会和业主委员会指导规则》第 8 条、第 9 条、第 11 条、第 16 条规定。

三、物业服务公司承接查验与业主收楼

知识精要

物业的承接查验包括新建物业的承接查验和原有物业的承接查验。新建物业的承接查验是在政府有关部门和开发建设单位对施工单位竣工验收的基础上进行的再验收。承接查验一旦完成，即由开发建设单位向物业服务企业办理物业的交接手续，标志着物业正式进入使用阶段，物业管理相应全面启动。原有物业的接管验收通常发生在产权人将原有物业委托给物业服务企业管理之际；或发生在原有物业改聘物业服务企业，在新老物业服务企业之间。在这两种情况下，原有物业承接查验的完成标志着新的物业管理工作的全面开始。

物业承接查验的内容包括资料和物业两大方面。根据国家规定，开发商或前期物业服务公司必须将物业档案资料和物业一并交给负责物业管理的物业服务公司。

物业建成并通过综合验收合格后，开发建设单位根据预售的合同要求，按时按质将物业交付给业主，实现房屋物业买卖过程的物与权属的移交，这一过程就称为交楼。对开发建设单位来说这是“交楼”，对于业主来说，接收新房屋称作“收楼”。由于建筑单位向开发商移交物业时要经过验收，即第一次验收；前期物业管理期间通常是由物业服务公司负责承接查验工作，即第二次验收；因此，物业服务公司代表开发商向业主“交楼”时的承接查验则是物业的第三次验收。“交楼”应为物业历经的第三次验收，理论上说，此时物业应该是“完美无缺”的商品，而实际上，三个不同阶段的验收，目的、要求、内容、方式都不相同，绝对不是简单的重复，是由粗到细、由大到小、由内到外的不同的验收过程。在实际工作中，由于承接查验不规范、不严格等原因往往引发出许多房屋质量纠纷问题。

案例分析

案例5－3　承接查验：物业服务公司须摆平开发商和业主

［案情陈述］

某小区维权小组发布的“监督××公司与物业服务公司公共配套部分承接查验情况汇报”如下：

近日，开发商三番五次地要求物业服务公司承接查验雨水、污水管网及景观等设施，在维权小组叶××和单××的四次现场监管下，开发商未能查验通过。查验期间，由于质量不合格，开发商为了马虎过关甚至到了和物业服务公司动手的地步，以达到早

日撤出目的，但是幻想都被一一打破。在此，对物业服务公司认真负责的态度表示赞许！

目前小区还存在的质量问题如下：

（1）雨水、污水排放设施目前存在的问题：雨水、污水井盖混杂，名称未对号；局部雨水、污水管网不畅，水污滞留；部分雨水、污水管网违反规范及设计要求，野蛮施工导致雨水、污水管网混流。

（2）景观设施目前存在的问题：种植土未按设计要求将建筑垃圾换成30厘米及50厘米厚的营养土；草皮稀拉及花木规格、品种缺少；休闲座椅、景观石、信报箱等缺失；溪水、踏步、浮雕墙、主次大门不合格。

（3）安全防范设施存在的问题：现有设施未达承诺的“无盲区”标准，甚至连每个单元门口一个摄像头的标准都未达到；围墙的红外线防范设施也多数不能使用；监控室的设施根本不能满足基本的需求；南大门的电动门及门禁不能使用。

（4）主体建筑存在的问题：单元门雨篷及无障碍通道的扶手未完工；消防系统的供水还缺少一道供水口；会所门前的踏步及地面未按图纸要求铺装石材。

［讨论话题］

（1）本案例开发商未能通过物业承接查验说明什么问题？

（2）物业服务公司在承接查验中应注意哪些问题？

［思路提示］

承接查验是保证物业建设质量、维护业主权益的重要环节，同时也是物业服务公司与业主搞好交楼工作的重要前提和保证，可见在此问题上物业服务公司和业主的利益是一致的。

［分析说明］

从业主维权小组的报告中可以看出，开发商未能通过物业承接查验的原因有两个：一是开发商的物业质量存在诸多问题，不符合质量要求；二是业主维权小组与物业服务公司紧密配合，使开发商无法在物业承接查验中蒙混过关。这说明了物业服务公司是站在业主的角度为业主服务，并在承接查验过程中体现出了专业能力和原则立场，从而维护了业主的合法权益，并赢得业主的信任。同时也说明业主的权益的维护需要专业知识，也需要一些热心业主在物业管理过程的每一个环节上去认真把关，才能实现。

从物业服务公司角度讲，物业承接查验工作做好了就能赢得业主的信任和支持，对日后的物业管理服务产生积极、有利的影响。物业项目承接查验工作执行得好与坏，甚至直接影响到未来物业管理工作能否正常开展。因此，物业服务公司及其工作人员要重视物业管理承接查验工作。

（1）要让开发商和业主积极参与，这是做好承接查验工作的前提。在承接查验环节，一方是开发商，一方是业主，物业服务公司必须从客观公正的角度，按合同和国家有关标准开展查验工作，才能维护双方合法权益，才能取得业主和开发商的理解和认可，否则查验工作无法进行下去，物业服务公司也会背上不公正、不专业的“黑锅”，不利于企业形象和品牌建设。因此可以说，没有业主或开发商的重视与支持，承接查验工作就无法开展。在承接查验过程中，物业服务企业要不断地和业主或开发商进行沟通，引起他们对工作的重视和支持，从而促进工作的开展。项目承接查验工作，一方面是物业服务企业做好自身服务工作的需要，另一方面也是业主或开发商了解物业管理项目现状，进而确定物业服务费和维修、改造投入的需要，同时也是物业服务企业与业主或开发商双方分清各自责任、减少纠纷的需要。因此，业主、开发商和物业服务公司都应当重视和支持物业管理项目承接查验工作，积极参与和配合做相关工作。根据《物业管理条例》第二十八条规定：“物业服务企业承接物业时，应当对物业共用部位、共用设施设备进行查验。”第二十九条规定：“在办理物业承接验收手续时，建设单位应当向物业服务企业移交下列资料：（一）竣工总平面图，单体建筑、结构、设备竣工图，配套设施、地下管网工程竣工图等竣工验收资料；（二）设施设备的安装、使用和维护保养等技术资料；（三）物业质量保修文件和物业使用说明文件；（四）物业管理所必需的其他资料。物业服务企业应当在前期物业服务合同终止时将上述资料移交给业主委员会。”第三十一条规定：“建设单位应当按照国家规定的保修期限和保修范围，承担物业的保修责任。”根据住房和城乡建设部2010年10月14日发布实施的《物业承接查验办法》（建房〔2010〕165号）第二十二条规定：“物业承接查验协议应当对物业承接查验基本情况、存在问题、解决方法及其时限、双方权利义务、违约责任等事项作出明确约定。”第三十二条规定：“物业交接后，建设单位未能按照物业承接查验协议的约定，及时解决物业共用部位、共用设施设备存在的问题，导致业主人身、财产安全受到损害的，应当依法承担相应的法律责任。”第三十三条规定：“物业交接后，发现隐蔽工程质量问题，影响房屋结构安全和正常使用的，建设单位应当负责修复；给业主造成经济损失的，建设单位应当依法承担赔偿责任。”可见物业服务公司和开发建设单位在物业承接查验中要承担的相应责任。

（2）制定工作方案是做好承接查验工作的基础。项目承接查验不仅是一项重要工作，而且是一项艰巨而复杂的工作，这就要求物业服务企业要精心策划，制定详细的工作方案，确保工作有序进行并按时完成。企业应当选派懂业务、有经验、专业技术水平高的人员，必要时，还可聘请社会上的专家组成专门的组织机构，专门负责项目承接查验工作。在组织机构内，专家人员应当做到分工明确、各司其职。工作方案制定时要事先和业主或开发商进行沟通、洽谈，并得到他们的认可，一经确定，双方即应照此办理，以促进承接查验工作顺利地展开。

（3）坚持客户为中心的理念，严格执行验收标准，及时沟通协调，是做好承接工作的保证。物业服务企业的宗旨就是以客户为中心，以为客户提供满意服务为宗旨，业主和物业服务使用人就是物业服务公司的客户，物业服务企业要通过自身的专业和优质的服务，不断满足业主和物业服务使用人的现实需求和潜在期望。同时在查验时又要坚持原则，应依据《物业管理条例》《物业承接查验办法》《建设部房屋接管验收标准》，以及项目图纸资料、管理委托合同、国家标准、行业标准进行接管。物业服务企业在项目承接查验时，应当遵循一个基本原则，即仅对项目现状做详尽的、细致的客观描述；对问题和缺陷，既不夸大，也不缩小；不对现状做任何分析和推测；不涉及与承接查验和服务无关的其他事项。一旦违反这个原则，就会造成物业服务企业承接查验工作的被动。如果物业服务企业参与承接查验的工作人员随意议论项目建设过程中或原物业服务企业服务过程中相关方的是是非非，甚至“掺和”在其中，势必引起相关方的反感和不满，从而导致其对项目承接查验工作的配合不积极，造成对项目承接查验工作质量与进度的负面影响，严重的还会影响到物业服务企业和业主或开发商的关系，对承接后的物业服务将产生严重的负面影响。因此，参与项目承接查验人员，应当学会和业主或开发商及有关人员沟通，取得其对工作的支持与配合，顺利完成项目承接查验工作。

（4）认清并解决历史遗留问题，是做好项目承接查验及接管工作的关键。物业管理项目的承接主要包括三个方面内容：一是建设文件、工程图纸及其他资料的承接；二是合同（协议）的承接；三是房屋、场地及其设备设施的承接。项目的承接查验与竣工验收不一样，虽然竣工验收具有法定作用，但它是按一定比例进行的抽验，只反映项目的总体情况，对细节关注不够。而承接查验是百分之百的查验，不仅关注总体，而且关注局部；查验得越细越全，遗留的问题也就说得越清，以后物业服务企业与业主和开发商的纠纷也就越少。

遗留问题要说得清，就要求企业对项目的承接查验要细致、全面、不留死角。具体承接查验项目有：①查验主要的文件、图纸及其资料、合同（协议）是否齐全。②再对现有的文件、图纸及其资料、合同（协议）要一页一页查验，看有无缺损等瑕疵，并做好记录。③对房屋、场地及设备设施的承接查验，要逐项逐室进行，力争做到百分之百的查验，并将存在的问题记录在统一的表格内。对本企业有查验困难的专业项目，可委托社会上的专业公司进行查验。

需要说明的是，对项目承接查验的结果一定要记录准确、完整，并制作承接查验清单，由双方相关负责人签字确认，作为物业服务企业承接项目和移交项目的依据。项目的承接查验工作，必须制作交接文件，由物业服务企业和业主（业主委员会或开发商）双方代表签字。交接文件要阐明交接时间、交接内容及事项（含建设文件、工程图纸及其资料、合同、设备设施清单等）、管理责任的时点划分、项目存在的问题及解决方案等。把遗留问题的解决落到实处，就是要求企业要随时随地和相关方沟通、协商，落实解决遗留问题的单位、责任人、时间、费用承担者等。

（5）本着科学、客观、公正的态度，坚持原则性和灵活性、细致入微与整体把握相结合的原则是化解承接查验工作发现的质量纠纷问题的重要法宝。①坚持原则性与灵活性相结合的原则。所谓原则性，就是实事求是、铁面无私、严格按照规章制度办事。物业服务企业应该对在承接查验中查出的各种问题做非常详细的记录，该返工的地方要责成施工单位返工，属无法返工的问题就应索赔。返工没有达到要求，不予签字，直至达到要求。所谓灵活性，就是在不违背原则的前提下，具体问题具体分析。对于大规模的物业，难免会出现一些不尽如人意之处，承接查验人员不必拘泥于成规，要针对不同情况分别采取措施，不能把承接查验的双方置于对立状态，而应共同协商，力争合理、圆满地解决承接查验中存在的问题。②坚持细致入微与整体把握相结合的原则。工程质量问题对物业产生的影响相当长远，给物业管理带来的困难与障碍也是巨大的。所以，物业服务企业在进行工程验收时必须细致入微。任何一点疏忽都有可能给日后的物业管理带来无尽的麻烦，也会严重损害业主的利益。大的方面，如排水管是否通畅，供电线路正确与否，各种设备的运行是否正常，等等。小的方面，如所用材料的性能优劣，供电线容的大小是否恰当，等等。电梯、空调、发电机组等大型设备的检测和验收必须在其负载运行一段时间以后进行。整体把握是指从更高层次、整体的角度去查验，无论是什么类型的物业，都不是孤立的和一成不变的，物业土地使用情况、市政公用设施、公共配套设施等综合性项目将标示出该物业的档次和发展潜力。对于住宅小区而言，因为与人们日常生活紧密相关，这一特点决定了一个舒适、优美、安静的环境是小区建设和管理的重要目标，这正是更高层次的把握；而写字楼则重视商务、办公的快捷、方便，并重视体现使用者的地位和身份，因此，内外装修和设备应是承接查验的重点。

［本案启示］

物业服务公司在承接查验中应坚持标准，客观、公平、公正地进行查验工作，不因开发商不满而改变标准和原则，这样才能赢得开发商和业主的理解。一味迁就任何一方都会为承接查验工作带来纠纷和麻烦，不利于物业服务公司的长远利益。

［体验分享］

如果有机会参与承接查验，譬如以业主、物业服务公司实习生身份，请对承接查验中的问题发表自己的看法。

案例5－4　前期管理中物业服务公司如何主动化解风险

［案情陈述］

××市××山庄物业服务区域，在物业交付使用后很长一段时间内一直难以摆脱施工遗留问题的困扰。开发商在建设、销售过程中遗留不少问题，例如：房屋建筑质量差、发布减免物业费的虚假广告、承诺“五星级服务”不兑现、配套设施设备不齐全、面积有误差和房款计算错误等。这些问题在广大的业主入住以后就不断暴露出来。而此时的开发商已将楼盘销售完毕，对此不闻不问。开发商筹建的R物业服务公司负责该小区管理，在服务上做了许多努力，力图弥补业主的损失，减少由开发商的问题造成的负面影响，但是由于问题多且错综复杂，得不到业主的理解和支持，业主以拒绝支付物业费来抵抗，问题越闹越僵，直到物业服务公司诉诸法律，将业主告上法庭。虽然一些业主通过学习、查找一些相关书籍和法律文件也知道拒绝支付物业费的做法不对，但是他们认为开发商和物业服务公司是一伙的，在承接查验环节负责前期物业管理服务的R物业服务公司没有尽到责任，导致业主吃亏。在问题长期得不到解决的情况下，业主在成立业主委员会后做的第一个决定就是解除前期物业服务合同，重新选聘了一家物业服务公司。但是前期R物业服务公司还有大量的物业费未收缴，损失惨重。虽然R物业服务公司以拒绝撤出为手段抗争了很长一段时间，最终还是以失败而告终。此事件在经济上、品牌形象和社会声誉上对R物业服务公司造成不可挽回的重大损失。

［讨论话题］

（1）本案例反映了什么？怎样看待R物业服务公司因开发商的遗留问题而招致的损失？

（2）物业服务公司前期物业管理服务中可能发生哪些风险？应注意哪些问题？

［思路提示］

前期物业管理服务中与开发商和物业服务公司的关系及经营管理理念、管理服务水平密切相关，厘清前期物业管理关系，摆正自己的位置，做好承接查验、管理服务等职责工作。只有维护好业主利益，才能协调处理好与业主的关系，化解前期物业管理风险，保证自身的利益。

［分析说明］

1．物业服务公司与开发商的关系，以及在承接查验中的责任

简单看这个案例，只要从法律上分清权、责、利关系就可以处理这个问题。比如，从法律的角度看，物业管理与房屋买卖是两种法律关系，前者是物业服务公司与业主之间就物业服务产品的委托产生的服务产品交易关系，后者则是业主与开发商之间就

房屋商品买卖所发生的房地产商品买卖关系。由于房屋质量等问题发生的纠纷，业主应与开发商进行交涉，物业服务公司作为第三者没有直接关系。虽然物业服务公司与开发商是有投资关系，但它们是两个不同的企业法人，业主不应该因为开发商的问题而拒绝向物业服务公司支付物业费。根据《民法典》第九百三十九条规定："建设单位依法与物业服务人订立的前期物业服务合同，以及业主委员会与业主大会依法选聘的物业服务人订立的物业服务合同，对业主具有法律约束力。"第九百四十四条规定："业主应当按照约定向物业服务人支付物业费。物业服务人已经按照约定和有关规定提供服务的，业主不得以未接受或者无需接受相关物业服务为由拒绝支付物业费。业主违反约定逾期不支付物业费的，物业服务人可以催告其在合理期限内支付；合理期限届满仍不支付的，物业服务人可以提起诉讼或者申请仲裁。"业主委员会决定解除前期物业服务合同，且前期 R 物业服务公司因还有大量的物业费未收缴，损失惨重的问题。根据《民法典》第九百四十六条规定："业主依照法定程序共同决定解聘物业服务人的，可以解除物业服务合同。决定解聘的，应当提前六十日书面通知物业服务人，但是合同对通知期限另有约定的除外。依据前款规定解除合同造成物业服务人损失的，除不可归责于业主的事由外，业主应当赔偿损失。"第九百五十条规定："物业服务合同终止后，在业主或者业主大会选聘的新物业服务人或者决定自行管理的业主接管之前，原物业服务人应当继续处理物业服务事项，并可以请求业主支付该期间的物业费。"因此，如果符合上述情况，业主所欠缴的物业费，R 物业服务公司应当向业主追讨。

关于物业承接查验中的问题，开发商与物业服务公司如果不作为或存在违法、违规行为，应当承担相应的责任。根据《物业承接查验办法》（建房〔2010〕165 号）第三十条规定："建设单位和物业服务企业应当将物业承接查验备案情况书面告知业主。"第三十一条规定："物业承接查验可以邀请业主代表以及物业所在地房地产行政主管部门参加，可以聘请相关专业机构协助进行，物业承接查验的过程和结果可以公证。"第三十二条规定："物业交接后，建设单位未能按照物业承接查验协议的约定，及时解决物业共用部位、共用设施设备存在的问题，导致业主人身、财产安全受到损害的，应当依法承担相应的法律责任。"第三十三条规定："物业交接后，发现隐蔽工程质量问题，影响房屋结构安全和正常使用的，建设单位应当负责修复；给业主造成经济损失的，建设单位应当依法承担赔偿责任。"第三十四条规定："自物业交接之日起，物业服务企业应当全面履行前期物业服务合同约定的、法律法规规定的以及行业规范确定的维修、养护和管理义务，承担因管理服务不当致使物业共用部位、共用设施设备毁损或者灭失的责任。"另外，对物业服务企业及开发商在承接查验中的不规范操作有明确的规范。第三十八条规定："建设单位不得以物业交付期限届满为由，要求物业服务企业承接不符合交用条件或者未经查验的物业。"第三十九条规定："物业服务企业擅自承接未经查验的物业，因物业共用部位、共用设施设备缺陷给业主造成损害的，物业服务企业应当承担相应的赔偿责任。”第四十条规定：“建设单位与物业服务企业恶意串通、弄虚作假，在物业承接查验活动中共同侵害业主利益的，双方应当共同承担赔偿责任。”第四十二条规定：“建设单位、物业服务企业未按本办法履行承接查验义务的，由物业所在地房地产行政主管部门责令限期改正；逾期仍不改正的，作为不良经营行为记入企业信用档案，并予以通报。”

但在实践中，这样的界限有时非常模糊。很多开发商在物业建设与营销的过程中，就物业管理方面进行了不少运作与宣传，有的开发商甚至在售房广告中将物业管理也作为一个卖点大力宣传，有些开发商在促销活动中还将优惠、免收物业费作为一种促销手段，甚至将物业费，物业管理服务的条件、标准和内容等写入了房屋买卖合同。这就会使广大的业主产生这样的认识：物业管理活动是房屋建设和销售的一部分。既然这样，业主往往认为，自己在入住后进行的抗争当然就可以对着物业服务公司来。

此外，由于目前我国物业服务行业的发展刚起步不久，真正市场化竞争与运作、发展的格局远未形成，很多物业服务公司往往极度依靠开发商，与开发商有着千丝万缕的关系。如果物业服务公司确实是开发商的一个部门或者有其他资产纽带关系，那么，房屋质量若有问题，业主应该可以拒交物业费。这实际上可以理解为一种债务的抵消。在物业管理法律关系中，业主应该向物业服务公司给付物业费，业主是债务人，物业服务公司是债权人；而在房屋买卖关系中，由于前期的质量问题或其他问题，开发商应该向业主给付赔偿或者补偿等，此时，业主是债权人，开发商则是债务人。虽然两者法律关系不同，但由于物业管理机构是开发商的一个部门或者有其他资产纽带关系，业主可以提出抵销债务的要求。

如果物业服务公司与开发商确实是单纯的两个法人主体，则它们之间是相对独立的，互相之间不应为对方承担民事责任。业主不能要求物业服务公司为开发商前期的建设质量等问题负责，因此，不能以物业费来抵消前述遗留问题产生的损失，而应该按照合同约定向物业服务公司给付物业费。

至于前期出现的遗留问题，如果是保修服务可以解决的问题，通过保修服务解决；保修服务解决不了的问题或者其他非保修方面的问题，应该由开发商负责解决。开发商应该按照国家法律、法规和合同约定等，承担相应的民事责任。

2. 前期物业管理服务工作中存在的风险

关于前期物业管理服务中的风险，应该是由于近年来频频出现因开发商的房屋质量遗留问题和前期物业管理的不作为，或迫于开发商的压力难作为，实际产生了大量损害业主权益的行为，导致业主与从事前期物业服务的物业服务公司发生纠纷案之后，大家才意识到的问题。这也是从事前期物业管理工作的物业服务公司必须处理好的问题。

前期物业管理存在风险的原因可能是：前期物业管理人员素质不高，对物业承接查验等方面工作不专业，出现纰漏，或故意放任问题的发生；物业服务企业或开发商承诺了无法实现的服务标准，无法让业主满意；物业服务公司经营理念与业主对物业服务公司的认知对立、错位，或者期望差距太大，业主无法接受；还有物业服务设施设备、服务过程的流程、态度及方式、方法存在问题，并引发了业主的不快；或人身财产损失后，引发业主的集体不满。由于上述原因，给物业服务企业的前期物业管理工作带来了一些风险。

（1）前期物业管理最常见的风险是工程管理的风险。主要是物业项目建设、施工、监理单位对建设过程的检查和落实不力。一些建设、施工和监理等单位往往只注重施工安装的结果，而忽视过程控制，这往往导致物业服务企业最终来承担责任以外的风险。当然也有物业服务公司在前期介入不到位，对物业设施设备安装过程监督不力，也会存在各种隐患，给物业服务公司带来直接的责任风险。因此，物业服务公司要特别注意：①竣工资料问题。一般物业应具备的资料包括建设、施工和竣工资料，这是日常管理的主要依据。这要求物业管理人员必须通过查证、检测等手段，把情况彻底搞清楚。②设备选型问题。一般物业在立项后，设计院提供初步设计方案，但偏差较大，随后进行的系统设计，往往设计深度又不够。这类问题一经发现，物业服务企业必须立即向建设方提出，说明利害关系，力争在物业使用之初变更设计，规避未来管理存在的设备事故风险。③施工质量问题。一般物业在施工过程中，监理单位能够较好地发挥作用，对施工质量进行有效的监督，但有些隐性问题，例如大管径的管道支撑强度问题、相对隐蔽设备的安装位置问题、设备的减震和保温效果问题以及设备运行方式是否灵活的问题等等，前期不易被发现，这需要物业服务企业练就火眼金睛。物业服务企业必须认识到，凡是存在施工质量问题的建筑，必将给物业管理带来巨大的负面影响，必须谨慎对待。

（2）前期管理最难化解的风险是专业人员不稳定的风险。前期介入人员可以说是物业服务企业的代表，特别是主要管理人员，代表着企业各方面的利益，在人员使用上务必慎重，企业要从对企业的忠诚度、社会责任心、专业技术能力和思想觉悟等多个角度统筹考虑人员安排。由于物业管理人员流动性较大，前期介入这个过程又是必不可少的，因此企业在人力资源管理上还要有具体措施堵塞漏洞，避免因人才流失而造成企业利益受损，进而承担管理不到位的风险。在一些具备综合专业技术知识才能胜任的特殊岗位，可能会由于某个人的离开，而继任者面对一个庞大复杂的系统，没有机会深入了解设计师的思路，对设备情况掌握得也不够深入和细致，由此将带来一系列管理问题，有的甚至长期无法解决。同时与开发建设单位的工作关系也不是一天两天就能建立起来，前期管理人员与项目的相关单位建立并保持着长期良好的工作关系有利于协调工作，及时解决问题，提高办事效率，营造良好的公司形象；反之，旧人一旦离职，新人还需重新建立关系，这给日后的管理带来极大的麻烦，也给企业造成损失。因此，物业服务公司在选派前期物业管理服务专业技术人员时要特别慎重。

（3）前期管理难以抵制的风险是开发商为房地产商品促销承诺的、物业服务公司难兑现的高标准服务风险。一方面，开发商或通过物业服务公司承诺的“五星级服务”主要是考虑房屋销售问题，但这是要日后的物业服务来实现的，如果不能实现，业主当然不满意。不仅如此，业主还会得出此物业服务公司是不负责任的“吹牛”公司，是劣质服务公司，应该“被炒掉”的结论。另一方面，即使是物业服务企业努力按所承担的责任和义务做好服务，都有可能难以满足业主的个性化需求，何况自己承诺了本身就不可能兑现的服务，业主如何能满意。这对于物业服务企业来说，是一项很大的风险。此类风险在前期物业服务中普遍存在，是必须要注意的风险领域。关键是物业管理服务要与房地产开发分业经营，不受房地产开发的影响。

（4）前期管理最不好控制的是物业服务过程风险。由于经济实力或降低成本的考虑，物业服务公司的设施设备难以正常运行，人员素质难以保证，加上物业服务过程中各种意外或意想不到的情况的发生，从而产生服务质量、事故、案件等问题。如果问题长期不能解决，业主形成积怨，最终将导致物业服务公司失去管理权。这主要表现在如下方面：①物业设施设备条件不具备，或存在风险，或不能正常运行导致的风险，如智能安保设备不能正常使用、不能防盗，井盖缺失导致坠井事件发生等导致居民人身财产损失而带来的风险。②物业服务理念与业主观念发生冲突也会有风险，如一些物业服务公司配合开发商做房屋销售工作很到位，而对业主的权益不闻不问，就是因为物业服务公司缺少以业主为本位、为业主服务的意识，而是以开发商或物业服务公司为本位、以开发商或物业服务公司营利为中心的意识。物业服务公司长期这样做，“管家”必然被炒掉，风险由此产生。③物业服务的态度、流程、方式、方法的问题，积累日久也会失去业主的拥护，从而丢掉前期在开发商那里获得的，比起业主招标较容易获得的物业项目管理权。因此，物业服务企业提高服务质量，发展自身实力，承接与自身实力相符的物业项目显得特别重要。同时要转变观念，走“以业主为中心”“提供业主满意服务”的专业化、市场化发展道路。

3. 化解前期物业管理服务风险

化解前期物业管理风险应注意以下几个问题：

（1）物业服务公司要尽量减少对开发商的依赖，依法开展前期物业管理服务。应根据《物业管理条例》的倡导，逐步实现“分业经营”，让物业服务企业成为能够独立承担前期管理责任的成熟的市场主体。只有这样，开发商遗留的问题发生的可能性才会减少，即使发生责任也会分清楚，物业服务企业也能正确地对待此类问题。

（2）物业服务企业在开发商支持下，积极寻求前期介入工作，要保证后期管理服务工作正常开展。开发商应考虑到日后与业主减少纠纷、从长远利益打算、树立良好的品牌形象的好处，积极引入物业服务公司的前期介入服务，支持物业服务公司的前期介入行为，对提出的问题积极配合解决，不能因为物业服务公司的提出了问题而中断前期介入工作。

（3）物业服务公司应选择诚信、专业的分包商为物业服务公司的前期管理服务提供支持和保证。物业服务企业和各分包单位是共荣共损关系，共同形成物业管理服务的质量和形象。因此物业服务企业要建立规范、合理的分包方选择和评价程序，同时强化管理，避免由于分包单位出现问题，给企业造成危害。

（4）加强对前期物业管理服务细节的管理，严防火情、溢水、触电、高空坠物、玻璃自爆等意外事件的发生。一旦发生类似事件，即使物业服务企业没有管理责任，也一定会受到牵连，而且往往还会被“放大”处理，物业服务企业则常常要考虑各种因素以至于有苦说不出。

［本案启示］

化解由于开发商遗留问题带来的风险，关键在于物业服务企业积极主动的前期介入，规范严格的前期管理和物业承接查验过程，提供专业优质的前期服务，这样才能及时发现、纠正物业在设计施工过程中存在的问题，给业主带来真正的实惠，从而化解前期管理中的各种风险。

［体验分享］

请通过访谈和文献资料收集的方法，了解前期物业管理中开发商遗留问题的种类，并提出自己的处理意见。

政策规范

（1）参见《民法典》第939条、第944条、条946条、第950条规定。

（2）参见《物业承接查验办法》（建房〔2010〕165号）第31条、第32条、第33条、第34条、第39条、第40条、第42条规定。

（3）参见《物业管理条例》第28条、第29条、第31条规定。

（4）参见《建设部房屋接管验收标准》（建标〔1991〕69号）。

【本章小结】

本章主要针对物业服务前期介入、前期管理、物业服务公司承接查验与业主收楼等几个前期管理服务方面的主要问题，设计了一些典型案例进行分析，以帮助学生提高前期物业服务的能力，搞好与开发建设单位及业主的关系，保证物业项目经营与日常管理服务工作的正常进行。

【练习与实践】

一、案例试析

案例练习5－1　此类问题为何在前期介入中没有解决

［案情陈述］

下面是关于物业前期介入问题的三种情形：

情形一：在北方地区的砖混结构多层住宅中，经常会出现因温差变化引起的温度裂缝，严重者可裂透墙体，尤以顶层为甚。裂缝的出现，常常令业主深感疑虑和担心，进而引发一系列复杂的纠纷。在甲小区处理类似问题的过程中，物业人员曾走访过一些专门处理工程裂缝的资深专家，并从中学到了如何预防裂缝的宝贵经验。在甲小区二期工程的前期设计中，就此类问题，物业服务人员曾主动向开发商提出了具体的预防性建议。可惜的是，该开发商习惯性地认为物业服务人员不是专业的工程技术人员，在工程专业问题上不如设计师，对物业的意见重视不足，而是采取了设计师提出的只在墙体及窗口部位增加钢筋砼的做法。结果工程完工还不到一年时间，顶层温差裂缝就普遍出现，成为开发商和物业服务公司不得不面对的头疼问题。

情形二：在乙小区的施工中，销售人员及物业服务人员无意中发现各户卫生间内没有暖气，于是赶紧找开发商交涉。而开发商过分依赖工程技术人员，坚持认为通过热工计算，卫生间内可以不安装暖气，对物业人员的合理化建议没有采纳。结果乙小区竣工三年以来，卫生间没有暖气始终是业主投诉的热点之一，甚至个别业主因此拒交供暖费，给小区物业管理及开发商的形象造成了负面影响。

情形三：丙小区竣工后，在进行物业承接查验时，物业人员发现该小区的围墙低矮，不利于安全防范，于是提出了加高围墙的要求。开发商错误地认为物业人员小题大做，没有立即采取整改措施。但时间不长，就发生了窃贼翻墙而入的事件，小区居民意见很大，纷纷抗议，开发商这才“亡羊补牢”。

［分析问题］

（1）本案例反映了什么问题？如何看待此类现象？

（2）物业服务公司应如何在前期介入中发挥作用？

案例练习5－2　炒掉物业服务公司，物业管理该如何走

［案情陈述］

近期，江苏省无锡市有3个小区炒掉物业服务公司。一是锡山区安镇街道怡东南

苑小区。这是无锡市首个全流程均按照《民法典》规定，更换物业服务企业的小区！由于之前的物业服务公司的服务效果未达到预期、服务质量与物业费不匹配等问题，引发业主不满，最终选择解聘原物业服务公司，选聘新希望物业服务集团接手小区。二是地处经济开发区的观山名筑A区。观山名筑虽然地段位置较好，紧邻地铁站，却被物业服务拖了后腿，小区内环境较差，业主长期以来都较为不满。最近，观山名筑A区的业主委员会正式通过决议，解聘原物业服务公司，正式选聘新物业服务公司。三是春江花园三期。春江花园三期首轮临时业主大会表决，超72%的业主参与投票，最终赞成解聘现物业服务公司的业主占比近89%。

炒掉原物业服务公司后，除了选聘新物业服务公司外，也有小区走上了“业主自治”的道路。例如，无锡市第一大小区——春江花园小区，该小区共分为3期。一、二期原本由上海某物业服务公司负责前期管理，2008年，一、二期业主炒掉物业服务公司，成为无锡市首个实施业主自行管理的小区，与专业分包单位签订合同，曾经一度成为不少小区竞相学习的“业主自行管理榜样小区”。但如今却矛盾重重，据业主反映，小区环境仍然较差，还有部分业主对业主委员会充满了不信任感，认为业主委员会选举不透明、资金不公开、小区环境管理混乱，甚至有业主对业主委员会提起了维权。

[分析问题]

(1) 本案例反映了什么问题？为何如此？

(2) 物业服务公司去留问题上为何出现这么大的分歧？如何化解？

二、实践活动

1. 活动主题

前期介入阶段物业服务公司咨询服务项目调查。

2. 活动目的

了解开发商对物业服务公司前期介入的需求，了解前期介入阶段物业服务公司咨询服务项目及专业技术上的要求等情况，提高前期介入服务能力。

3. 活动内容

(1) 了解开发商对前期介入咨询服务的项目及要求。

(2) 了解物业服务公司能提供的前期介入咨询服务项目及专业技术条件等情况。

(3) 与相关专业人员交流，调查了解前期介入工作的重点、难点、经验教训等。

4. 活动要求

(1) 确定好实践活动的对象和场所，安排好调查的时间、地点，做好事充分准备。

（2）调查可以采用班集体进行，设计好提纲和问卷，成立业务工作小组，由小组负责发放问卷、重点采访、提问和记录等具体项目，其他同学参与活动，注意观察和思考。

（3）注意安全工作。

5．活动成果

提交调查总结报告。

第六章　物业公共服务

【学习目标】

1. 理解和掌握物业装修与维修管理、设备设施管理、环境管理、区域秩序维护管理、居住行为管理等公共服务方面的基本知识。

2. 正确认识和理解物业公共服务的性质与特点。树立先进的管理服务理念，形成成熟有效的公共服务与管理的模式，学会按物业公共服务规律办事，有效地提高解决物业公共服务工作中的各种问题的能力。

一、装修与维修管理

知识精要

物业管理的公共性服务，又称常规性的公共服务，其内容包括物业管理的基本业务和专项业务。基本业务是房屋及附属物和设备设施的维护、养护、管理，档案资料管理等；专项业务是物业区域的场地的环境维护与管理，包括治安消防管理、车辆道路管理、绿化与环境管理、清洁卫生管理等。

房屋装修管理，包括二次装修与装修管理。它是指在房屋建筑物的管理中，对业主权属范围内的修缮行为进行规范管理，以确保物业内及公共部位、公共设施的安全。它包括受理房屋装修的申请；对装修的设备、材料、安全、施工人员、施工作业现场等进行管理，确保承重结构和建筑物外观不受损害。控制现场可能产生的各类污染，减轻或避免对相邻居民正常生活所造成的影响。

房屋维修管理，是指按照一定施工程序、施工质量标准和技术经济要求，运用科学的方法对房屋维修施工过程中的各项工作进行有效、科学的管理。由于房屋维修施工的方式分为自行完成、发包完成两种，因此维修施工管理的任务、方法和要求也不同。维修管理的依据是建设部颁布的《房屋修缮工程施工管理规定》。

案例分析

案例6－1　装修住房要向物业服务公司提出申请并交纳保证金吗

[案情陈述]

业主张先生新买一套商品住宅，开发商很快便把房屋交付给他，刘先生非常高兴。可是在接收房屋后准备入住时，住宅小区物业服务公司告诉他，需要先办理一系列手续，其中包括装修申报手续、交纳装修保证金等。刘先生非常不解：住宅是自己买的，装不装修、如何装修是自己的权利，为什么装修自己的住房，还要先向物业服务公司申报并交纳保证金呢？

[讨论话题]

（1）业主装修是否要办理申报手续？为什么？

（2）业主装修是否要交纳装修保证金？请试分析。

[思路提示]

业主的装修行为会对物业本体、业主生活造成影响，物业服务公司对此类行为的管理是必要的，也是物业服务合同约定的管理责任事项，物业服务公司有权依合同和国家有关规定管理装修行为。至于如何管理则要根据国家有关规定执行。

[分析说明]

该案例反映目前普遍存在的两个问题：一是业主对自己的物业专有部分权属和物业服务公司管理代表业主行使的管理共有部分的权属关系的界限不清，往往以专有权为由抵抗共有权和成员权的实现。二是对物业服务公司的装修管理制度和做法是否合理合法也不清楚，而对申报和交纳保证金不理解。

1．业主装修住房必须申报物业服务公司

业主装修住房必须按规定向物业服务公司进行申报，这是物业服务公司依据物业服务合同履行的正常管理行为，业主必须配合。理由有以下三个方面：

（1）业主基于专有权而采取的善意的装修行为，是其合法的权益，但是由于建筑物区分所有权存在公共部位和共有部分以及共用设备设施，业主如果装修不当，可能破坏房屋结构、功能甚至产生安全隐患，物业服务公司根据全体业主的委托管理物业，就有规范管理业主装修行为的必要，以防止侵害其他业主权益的事情发生。建筑物的共有部分根据《最高人民法院关于审理建筑物区分所有权纠纷案件具体应用法律若干问题的解释》第三条规定，除法律、行政法规规定的共有部分外，建筑区划内的以下部分，也应当认定为《民法典》第二编第六章所称的共有部分：建筑物的基础、承重结构、外墙、屋顶等基本结构部分，通道、楼梯、大堂等公共通行部分，消防、公共照明等附属设施、设备，避难层、设备层或者设备间等结构部分；其他不属于业主专有部分，也不属于市政公用部分或者其他权利人所有的场所及设施等。建筑区划内的土地，依法由业主共同享有建设用地使用权，但属于业主专有的整栋建筑物的规划占地或者城镇公共道路、绿地占地除外。第四条规定，业主基于对住宅、经营性用房等专有部分特定使用功能的合理需要，无偿利用屋顶以及与其专有部分相对应的外墙面等共有部分的，不应认定为侵权。但违反法律、法规、管理规约，损害他人合法权益的除外。第七条规定，处分共有部分，以及业主大会依法决定或者管理规约依法确定应由业主共同决定的事项，应当认定为《民法典》第二百七十八条第一款第（九）项规定的有关共有和共同管理权利的“其他重大事项”。可见，即使是自己买的房子，也不是所有的部位都是自己的，还有很多部位是同一栋楼全体业主所共有、共用的，由全体业主所共同管理或委托物业服务公司进行管理。单个的业主的装修行为，也会涉及建筑物的结构破坏、安全使用、外观改变、功能改变等问题。业主的装修活动要受到诸多约束和限制，防止其行为对共用部位和共用设施设备产生破坏性后果。另外业主的共同管理权，在通过业主大会选聘出委托管理公司后部分地通过物业服务合同约定授权给物业服务公司进行管理。这就是业主必须向物业服务公司申请装修的法律依据。由此可见，物业服务公司的管理行为和要求是合理合法的。

（2）物业服务公司对业主的装修行为的管理是为了明确业主装修责任，规范业主装修行为，同时明确双方的责任，减少或避免出现由此引起的纠纷。根据《物业管理条例》第五十三条规定：“业主需要装饰装修房屋的，应当事先告知物业服务企业。物业服务企业应当将房屋装饰装修中的禁止行为和注意事项告知业主。”物业服务企业承担了对房屋及配套的设施设备和相关场地进行维修、养护和管理，维护相关区域内的环境卫生和秩序的工作。据 2002 年 5 月 1 日起施行的原建设部《住宅室内装饰装修管理办法》第十三条规定：“装修人在住宅室内装饰装修工程开工前，应当向物业服务企业或者房屋管理机构申报登记。非业主的住宅使用人对住宅室内进行装饰装修，应当取得业主的书面同意。”第十五条规定：“物业管理单位应当将住宅室内装饰装修工程的禁止行为和注意事项告知装修人和装修人委托的装饰装修企业。装修人对住宅进行装饰装修前，应当告知邻里。”第十六条规定：“装修人，或者装饰装修企业，应当与物业管理单位签订住宅室内装饰装修管理服务协议。住宅室内装饰装修管理服务协议应当包括下列内容：（一）装饰装修工程的实施内容；（二）装饰装修工程的实施期限；（三）允许施工的时间；（四）废弃物的清运与处置；（五）住宅外立面设施及防盗窗的安装要求；（六）禁止行为和注意事项；（七）管理服务费用；（八）违约责任；（九）其他需要约定的事项。”第十七条规定：“物业管理单位应当按照住宅室内装饰装修管理服务协议实施管理，发现装修人或者装饰装修企业有本办法第五条所列行为的，或者未经有关部门批准实施本办法第六条所列行为的，或者有违反本办法第七条、第八条、第九条规定行为的，应当立即制止；已造成事实后果或者拒不改正的，应当及时报告有关部门依法处理。对装修人或者装饰装修企业违反住宅室内装饰装修管理服务协议的，追究违约责任。”2004年9月6日颁布实施的原建设部印发的《前期物业服务合同（示范文本）》第二章第二条物业管理服务内容的第七款就是“装饰装修管理服务”。此外，一些地方政府主管部门出台的《业主临时管理规约（示范文本）》中也对此有相应的规范要求。由此可见，物业服务公司对业主装修过程的管理不仅是国家有关法规赋予的职责，也是物业服务合同应该约定的管理义务，同时也是为了在出现问题时可分清双方的责任，由各自承担相应后果。根据《民法典》第二百八十六条规定：“业主应当遵守法律、法规以及管理规约，相关行为应当符合节约资源、保护生态环境的要求。对于物业服务企业或者其他管理人执行政府依法实施的应急处置措施和其他管理措施，业主应当依法予以配合。业主大会或者业主委员会，对任意弃置垃圾、排放污染物或者噪声、违反规定饲养动物、违章搭建、侵占通道、拒付物业费等损害他人合法权益的行为，有权依照法律、法规以及管理规约，请求行为人停止侵害、排除妨碍、消除危险、恢复原状、赔偿损失。业主或者其他行为人拒不履行相关义务的，有关当事人可以向有关行政主管部门报告或者投诉，有关行政主管部门应当依法处理。”

（3）对业主装修活动进行管理是物业服务企业提供的物业公共管理服务的主要内容，是提供物业管理服务的物业服务公司应有的责任。根据《民法典》第九百四十五条规定：“业主装饰装修房屋时，应当事先告知物业服务人，遵守物业服务人提示的合理注意事项，并配合其进行必要的现场检查。业主转让、出租物业专有部分、设立居住权或者依法改变共有部分用途的，应当及时将相关情况告知物业服务人。”说明物业管理服务是业主和物业服务公司双方协作完成的管理活动。为了达到以上目的，向广大业主提供宁静、舒适、安全、方便的生活环境与优质物业服务，必须在业主一入住便开始引导、规范其行为，同样包括业主装修。如果不是这样，等装修完毕才开始，装修带来的损害实际上已经形成，不但很难纠正和改变，而且也给广大业主的人身和财产安全带来了威胁。

因此，业主在进行装修之前，就应提前申报，向物业服务公司申请登记，而物业服务公司则必须从装修方案的审查开始着手装修管理工作，以确保整个装修工程在规定范围内，并保护毗邻房产、结构安全、公共设施、卫生环境等。

2．物业服务公司装修管理的程序

装修管理的一般程序如下：

（1）接到装修申请。业主向物业服务公司提出申请，物业服务公司应把有关装修规定、申请书交给业主。

（2）同意申请。物业服务公司提供“装修申请表”“装修施工责任书”等表格，请业主详细填写。

（3）审批并签订协议。业主填好表格之后，把装修方案、选择的装修队伍等情况一并上报给物业服务公司，物业服务公司在收到申请表之日起 7 日内应进行审批，并将结果通知业主。同时由业主与物业服务公司签订《住宅室内装饰装修管理服务协议》，明确双方权利和义务。

（4）施工。装修申请批准后，业主应到物业服务公司交纳装修押金，并请装修施工队负责人在“装修申请表”“装修施工责任书”上签字。在各种手续完成以后，领取装修许可证，即可施工。

（5）物业服务公司应不定期按照“装修管理服务协议”到现场进行检查，防止出现违规行为。

（6）验收。施工结束后，物业服务公司要组织验收。

（7）验收合格应退还各类押金。

3. 装修押金

关于装修押金收取问题，是一个有争议的问题，但是在实际操作中，物业管理普遍收取装修押金，目的是为了促使业主在装修时更好地履行自己的义务和责任，配合装修管理，约束装修行为。

（1）在装修活动中可能产生以下费用：①装修垃圾清运费。装修产生的垃圾（余泥）由业主或使用人自行处理的，物业服务公司不得收费；委托物业服务公司处理的，清运费由业主与物业服务公司根据装修的具体情况约定，如按房屋建筑面积不超过 4 元/米^2 的标准协商。②证件工本费。物业服务公司对装修工人出入实行持证管理时可以收取押金，证件完好退回的应如数退回押金；如证件回收后不能再次使用的，可收取工本费。③装修保证金（押金）。在业主或非业主房屋使用人进行房屋装修时，物业服务公司可向业主或非业主使用人、装修承建单位收取装修保证金（押金）。装修保证金（押金）标准由物业服务公司与业主或非业主使用人、装修承建单位在协议中约定。住宅物业的装修保证金标准一般不超过 3 000 元。装修保证金（押金）用于装修对物业公共部位损坏的修复。破坏严重，装修保证金（押金）不足以支付损失费用，应按协议承担实际损失赔偿。物业服务公司与业主或非业主使用人、装修承建单位计算装修损坏赔付标准时，应出示修复的（料）价单。装修未对公共部位造成损坏的，物业服务公司应在装修验收合格后 5 个工作日内退还装修保证金（押金）。由于押金在业主不发生违约时是可以退还的，因此，实际上业主没有增加负担。④装修服务费。由物业服务公司与装修业主在装修管理服务协议中约定，用于支付物业服务公司提供的专门管理服务。此项是在物业服务公司提供专门服务时才收取。仅提供一般公共管理服务是物业服务公司提供小区整体物业管理服务的义务，不应另外收取该项费用。

（2）国家有关规定对是否收取装修押金并没有禁止。《物业管理条例》第五十三条规定，业主需要装饰装修房屋的，应当事先告知物业服务企业。《住宅室内装饰装修管理办法》第十三条规定："装修人在住宅室内装饰装修工程开工前，应当向物业服务企业或者房屋管理机构申报登记。"对是否收取装修保证金（押金）没有明确做出规定。但是对收取装饰装修管理服务费和违约责任则在《住宅室内装饰装修管理办法》第十六条做了同双方约定的规定，在约定的住宅室内装饰装修管理服务协议的内容中，第七项就是管理服务费用，第八项就是违约责任。这说明物业服务公司与业主可以通过签订装饰装修管理服务协议来约定收取服务费和承担违约责任的事项。第十七条规定，物业管理单位应当按照住宅室内装饰装修管理服务协议实施管理，发现装修人或者装饰装修企业有违规行为的，应当立即制止；已造成事实后果或者拒不改正的，应当及时报告有关部门依法处理。对装修人或者装饰装修企业违反住宅室内装饰装修管理服务协议的，追究违约责任。这就是规定了当业主装修违规时首先是物业服务公司制止，制止后报告给行政部门处理。同时，装修业主要承担违约责任。违约责任当然包括赔偿由装修行为造成的财产等经济损失的责任。此时押金可以看成是履约保证金。这就是说，物业服务公司可以与业主在约定违约责任时约定收取押金的事项，虽然在实际生活中业主往往不愿意约定此项，但从一般的民事关系上看，这又是必须约定的事项。如同一般商业合同中，约定履约保证金是很普遍的现象。实际上如果业主不违约并无损失。业主不愿意的理由无非是怕增加一时经济负担，此理由并不充分。而实质是法律意识不强（只享受权利，不愿承担相应的责任和义务），不习惯物业管理模式的一种表现。

（3）各地政策对于收取装修保证金规定不同，有的允许收取，但要与业主约定；有的禁止收取，则用一次补（赔）偿来解决装修保证问题，这两类做法只是形式不同，本质上没有区别。即如果发生违约责任，装修业主必须承担赔偿损失的责任；物业服务公司负有对装修进行管理的责任，并保证物业共用部位、共用设施设备受到装修损坏时，得到修复或赔偿。如 2006 年 12 月 22 日《广东省物价局关于加强物业服务收费管理有关问题的通知》（粤价〔2006〕284 号）第八项规定，业主对其物业进行室内装修的，物业服务公司可按照当地价格主管部门的规定，与业主（或装修企业）约定装修保证金（押金）、垃圾余泥清运、装修工人出入证押金（或工本费）等费用的具体标准。除上述收费项目外，物业服务公司不得强制收取其他任何与装修相关的费用。但是也有一些地方禁止收取装修保证金。如杭州市物价局杭州市房产管理局 2009 年 5 月 1 日颁布实施的《杭州市物业服务收费管理实施办法》（杭价服〔2009〕68 号）第二十五条规定，对物业装修的，装修垃圾清运费由业主交纳，物业服务企业应做好装修管理服务。因装修搬运材料造成电梯轿厢、楼道墙地面、扶手等共用部位、共用设施设备损坏，物业服务企业可与装修单位（装修人）协商确定一次性修复补偿，由物业服务企业负责在集中装修过后统一修复。物业服务企业不得强制向业主（使用人）和装修单位（装修人）收取楼道维护费、装修保证金、进出人员出入证工本费等（遗失补证除外）。不过《杭州市物业服务收费管理实施办法》直接规定了业主在损坏共用部位、共用设施设备时，由物业服务公司与业主协商确定一次性修复补偿，由物业服务企业负责在集中装修过后统一修复。这是将事前交纳保证金变成事后的一次性补偿，并仍由物业服务公司统一修复，实质上没有改变业主在装修过程中的责任。

［本案启示］

装饰装修过程中可能会发生对物业共用部位、共用设施设备造成破坏的行为及后果，业主应当承担相应的责任。物业服务公司依法和合同对业主装修行为的管理，是其应尽职责。不过业主要遵守物业管理的相关制度规范，习惯合理的管理模式，物业服务公司要理解业主的困难，依法采取合法、合理，但更人性化的灵活的方式解决装修中出现的问题。

［体验分享］

在平时生活中你有没有受到装修施工的困扰？请结合小区生活实际谈谈对加强装修管理的看法。

案例 6－2　屋顶漏水案例分析

［案情陈述］

某小区由于建筑施工技术质量问题，导致该小区 30 栋房屋屋顶在保修期内大面积漏水，在业主委员会成立前，开发商已经维修了其中的 22 栋，还剩下 8 栋没有及时修理。现开发商认为保修期已过，而且业主委员会已经成立，剩下的 8 栋房屋应动用维修资金修理，维修之事应由业主委员会负责。但业主委员会向业主大会报告后，业主大会认为应该由开发商继续维修并承担费用。

［讨论话题］

（1）本案例反映的维修费用承担问题应该怎么处理？

（2）此问题给业主的教训是什么？应如何避免此类事情的发生？

［思路提示］

本案例反映的维修费用承担问题关键是根据国家有关规定分清责任界限，依法承担相应责任，同时应分析总结案件给业主的教训。

[分析说明]

1. 维修费用的承担

本案例反映的是由于房屋施工技术质量问题引发的房屋维修费用纠纷问题。应根据质量的责任主体和有关房屋质量保修期的规定，划分和承担责任。根据2000年1月30日颁布实施的国务院《建设工程质量管理条例》第三条规定：“建设单位、勘察单位、设计单位、施工单位、工程监理单位依法对建设工程质量负责。”第四十条规定：“在正常使用条件下，屋面防水工程、有防水要求的卫生间、房间和外墙面的防渗漏，建设工程的最低保修期限为5年；建设工程的保修期，自竣工验收合格之日起计算。”第四十一条规定：“建设工程在保修范围和保修期限内发生质量问题的，施工单位应当履行保修义务，并对造成的损失承担赔偿责任。”此小区房屋屋顶在保修期内大面积漏水，在业主委员会成立前，开发商已经维修了其中的22栋，说明房屋质量问题是在保修期内发生的，应当履行保修义务，并对造成的损失承担赔偿责任，包括剩下的开发商没有及时修理的8栋。开发商认为保修期已过，而且业主委员会已经成立，剩下的8栋房屋应动用维修资金修理，维修之事应由业主委员会负责的要求是不合法的，应该由开发商继续维修并承担费用。

在实际处理此类房屋质量问题时，业主应举证房屋屋面渗水是在当时保修期内发生的，且要求开发商维修但没有彻底解决问题。最好有委托房屋检测机构进行专项鉴定的证书，这样才能让开发商无法推脱责任。如果业主不能证明房屋屋面渗漏是由于开发商屋面防水工程质量原因造成的，且不是发生在保修期内，而是屋面防水工程正常损耗所致，开发商可以不承担维修责任。此时只能动用住宅专项维修资金来解决问题。根据《民法典》第二百七十八条规定：“使用建筑物及其附属设施的维修资金”属于业主共同决定事项，“应当由专有部分面积占比三分之二以上的业主且人数占比三分之二以上的业主参与表决”。“经参与表决专有部分面积四分之三以上的业主且参与表决人数四分之三以上的业主同意。”如果业主大会不同意由住宅专项维修资金支出，则只能根据2001年8月15日发布实施的原建设部《城市异产毗连房屋管理规定》规定分担。该《城市异产毗连房屋管理规定》第九条规定：“屋盖的修缮：不上人房盖，由修缮所及范围覆盖下各层的房屋所有人按份额比例分担；可上人屋盖（包括屋面和周边护栏），如为各层所共用，由修缮所及范围覆盖下各层的房屋所有人按份额比例分担；如仅为若干层使用，使用层的房屋所有人分担一半，其余一半由修缮所及范围覆盖下层房屋所有人按份额比例分担。”

2. 业主如何面对房屋质量问题

房屋质量问题是物业管理工作发生较多的问题之一，作为物业服务公司和业主都应该提高认识，做好必要的准备工作，遇到此类纠纷也好有理有据地对待和处理。

（1）发生屋顶漏水等类似质量问题，应及时做好鉴定，记录好现场、保留好证据，书面提出问题，以利于把握、协调处理问题，或通过法律诉讼处理问题的主动权。如果业主或业主委员会发现屋面渗水、漏水或者其他质量问题，应该及时同开发商交涉，避免把保修期内出现的问题拖到保修期外，给自己造成更大的损失。

（2）业主要依靠业主委员会，支持业主委员会，关心业主委员会，早日成立业主委员会。由维护业主公共利益的业主委员会出面，处理多数业主的权益比较有利、比较经济。

（3）要充分利用社会中介机构。例如，本案例中具体责任的划分，业主最好委托房屋检测机构对屋面渗水原因进行鉴定后确定，并提出维修方案。

［本案启示］

在出现房屋质量问题时应及时做好鉴定工作，充分收集和保留好证据。从法律上认清责任界限，做好应对的充分准备，及时向开发商提出书面交涉，力争在保修期内解决问题。

［体验分享］

请通过网络、报刊等途径广泛收集房屋质量纠纷案件，并进行分类，提出自己的解决思路和方法，与大家分享。

案例6－3　装修物堵塞下水道损失谁赔

［案情陈述］

王先生住某小区一楼，由于该楼六层业主张先生装修，不注意将装修残余物等倒入下水道，形成堵塞。楼上各单元排出的污水不能流出，逐渐由王先生的房间地漏处冒出，造成了地板、家具、电器等财产损失。王先生没有找张先生理论，而认为物业服务公司未尽到管理职责，遂向其提出索赔要求。

［讨论话题］

（1）本案中物业服务公司是否应该赔偿？

（2）应怎么区分此类损害行为和责任？

［思路提示］

装修中发生的物业服务纠纷往往与装修行为是否违法违规有关，双方或一方有违规行为就应承担相应的责任。物业服务公司作为管理者是否尽到管理义务是关键，否则也要承担责任。

［分析说明］

此案例反映的是因装修行为造成毗连房屋业主损失的责任纠纷问题。王先生与张先生是同一栋建筑物的区分所有权人，这里牵涉到张先生在行使专有权时对王先生的专有权的侵害问题，同时还有共有权和共同管理权部分委托给物业服务公司后，物业服务公司是否履行了管理义务的问题。所以要从两个方面分析此类纠纷案的责任。

首先是张先生是否有责任的问题。根据原建设部《住宅室内装饰装修管理办法》第三十三条规定："因住宅室内装饰装修活动造成相邻住宅的管道堵塞、渗漏水、停水停电、物品毁坏等，装修人应当负责修复和赔偿；属于装饰装修企业责任的，装修人可以向装饰装修企业追偿。"因此，张先生在装修过程中，将装修垃圾有意或无意抛进下水道，结果造成下水道堵塞，给王先生带来一定的损失。此时张先生应赔偿王先生的损失，张先生可以向其委托的装修单位追偿。

其次是物业服务公司是否赔偿主要看其是否按照相关法律规章，是否履行了自己的职责。根据《民法典》第九百四十五条规定："业主装饰装修房屋的，应当事先告知物业服务人，遵守物业服务人提示的合理注意事项，并配合其进行必要的现场检查。"第二百八十六条规定："业主应当遵守法律、法规以及管理规约，相关行为应当符合节约资源、保护生态环境的要求。对于物业服务企业或者其他管理人执行政府依法实施的应急处置措施和其他管理措施，业主应当依法予以配合。"《物业管理条例》第四十五条规定："对物业管理区域内违反有关治安、环保、物业装饰装修和使用等方面法律、法规规定的行为，物业服务企业应当制止，并及时向有关行政管理部门报告。有关行政管理部门在接到物业服务企业的报告后，应当依法对违法行为予以制止或者依法处理。"第五十二条规定："业主需要装饰装修房屋的，应当事先告知物业服务企业。物业服务企业应当将房屋装饰装修中的禁止行为和注意事项告知业主。"通常分两种情况。第一种情况，物业服务公司已经根据各类物业管理合约、协议的规定，制定了多数业主（业主委员会）认可的装修管理办法，并确实按照该管理办法对业主或住户的装修行为进行了监管，并按时、按质、按量完成该楼污水管道的例行清理，也就是说，物业服务公司已经完全尽到了装修管理和设备日常维护的职责。在这种情况下，物业服务公司没有任何责任。第二种情况，假设物业服务公司没有制定相应的装修管理规定，也没有对业主与住户的装修行为进行有效的监管；或者虽然制定了装修管理规定，但没有按照规定履行装修管理的职责，则物业服务公司就负有不可推卸的责任，理当赔偿受损业主或住户的损失。但主要责任是张先生，物业服务公司只能是次要责任，也可以根据物业服务公司与装修业主签订的《装修管理服务协议》规定来处理。

除此之外，还有一种特殊情况，就是查找不出下水道堵塞的明确责任人。这时候，业主发生的损失就应该由本楼层以上全体业主负责赔偿。因为下水道为公用设施，属于大楼相关用户共有和共用，发生的问题，自然由全体业主负责。

［本案启示］

虽然此案是在城市毗连房屋业主之间发生的装修纠纷，但物业服务公司在装修管理中负一定的管理责任。物业服务公司应当尽职尽责做好装修管理监督工作，否则就要承担相应的责任。

［体验分享］

请根据个人生活经历，谈谈上下楼业主装修对同一楼道内业主生活的影响及解决问题的艺术。

政策规范

（1）参见《中华人民共和国民法典》第286条、第945条规定。

（2）参见《物业管理条例》第2条、第46条、第53条规定。

（3）参见2002年5月1日起施行的原建设部《住宅室内装饰装修管理办法》第13条、第17条规定。

（4）参见《最高人民法院关于审理建筑物区分所有权纠纷案件适用法律若干问题的解释》第3条、第4条、第7条规定。

（5）参见2002年5月1日起施行的原建设部《住宅室内装饰装修管理办法》第13条、第15条、第16条、第17条、第33条规定。

（6）参见2004年9月6日颁布实施的原建设部《前期物业服务合同（示范文本）》第二章第2条规定。

（7）参见2006年12月22日《广东省物价局关于加强物业服务收费管理有关问题的通知》（粤价〔2006〕284号）第8项规定。

（8）参见杭州市物价局杭州市房产管理局2009年5月1日颁布实施的《杭州市物业服务收费管理实施办法》（杭价服〔2009〕68号）第25条规定。

（9）参见2000年1月30日颁布实施的国务院《建设工程质量管理条例》第40条、第41条规定。

（10）参见2008年2月1日起施行的《住宅专项维修资金管理办法》第22条规定。

（11）参见2001年8月15日发布实施的原建设部《城市异产毗连房屋管理规定》第9条规定。

二、设备设施管理

知识精要

房屋设备设施管理主要是共用设施设备、附属建筑物、构筑物的日常维修、养护和管理，电梯、水泵的运行和日常维护管理。此类管理活动是最能体现物业管理服务专业技术水平的管理领域，物业服务公司在此方面的管理水平如何，决定了社会对其劳动价值的评价。

共用设施设备包括共用的上下水管道、共用照明等；附属建筑物、构筑物包括道路、化粪池、泵房、自行车棚等。

房屋设施设备管理是为保持房屋及其配套设施、设备的附属建筑物、构筑物的完好及正常使用而提供的管理服务。

案例分析

案例6－4　参观小区设施设备　增加业主对物业的理解

［案情陈述］

近日，××实业A物业管理部为让小区业主对物业服务内容有更加深刻的了解，取得业主对物业服务工作更多的支持，邀请小区业主参观小区公共设施设备，实现物业与业主之间的互动。

参观当日，该小区20多位业主在物业部领导及有关科室负责人和社区居委会负责同志的陪同下，参观了小区配电室、泵房、中控室、电梯机房和地下车库等公共设施设备。参观中，A物业部工程科长详细地向业主介绍了小区设备的运行情况。参观后，小区业主纷纷说道："以前只觉得物业也就是搞搞环境卫生、维护一下公共秩序什么的，这一参观才知道物业还管着这么多设施设备。这些公共设施设备直接关系到业主能否正常生活，没有物业的服务，我们的生活就会受到影响。看到这些大型设备这样先进且干净整洁，我们感到很惊讶，住在这样的小区很踏实、很安全。"大家都说，这次活动很有意义。

［讨论话题］

（1）本案例反映了什么问题？表现在哪些方面？

（2）如何看待物业服务公司的物业设施设备管理现场展示行为？

［思路提示］

一些业主为何看轻物业管理服务的价值？答案就在于他们对物业专业技术强的特点不了解，物业服务公司通过向业主展示设施设备现场，并进行思想沟通，就可以达到相互理解，特别是充分认识到物业服务公司专业技术劳动的价值的目的和效果。

［分析说明］

本案例反映了物业服务公司面对业主对其专业技术劳动价值的轻视，而采取的主动消除偏见的积极行动，实质是物业服务公司通过专业性强的物业设施设备管理现场的展示，改变人们对物业管理劳动所谓"技术含量不高"，都是"简单劳动"的社会偏见。这是非常有价值的行动。

1. 人们对物业服务理解的偏差

物业管理本质是公共管理，物业服务的基本业务是公共管理服务，人们对物业服务的理解是有偏差的，主要表现在：一是认为物业服务就是做清洁卫生、保安防盗的，没有什么专业性；二是认为物业服务行业是劳动密集型服务行业，没有什么技术含量，是简单的劳动。但果真如此吗？答案是否定的。物业服务行业的确要向业主和非业主使用人提供简单的诸如清洁卫生、绿化、保安等简单的劳务服务，但是还要提供涉及技术门类众多，技术先进、系统复杂、智能化、自动化极强的专业技术服务。即使是人们说的简单劳务也是有很强的专业性，并非大家想象的那么简单。

2. 物业管理的专业化需求

物业服务行业从专业性强、最能体现行业技术水平和价值的物业设施设备这一领域来展示，这是非常正确而有效的做法。业主生活追求高质量，都是以物业设施设备的先进性来决定的，如要智能安保，就得有智能设备和专业技术人员。

高科技应用和管理手段的先进，给物业管理专业化提出更高的要求。

（1）建筑技术发展和新技术应用对物业服务行业提出新要求。建筑的结构设计不断变化，以前一套图纸用于无数个建筑的模式不存在了，代之以千姿百态甚至于千奇百怪、追求独特创新的建筑。物业管理作为下游产业必须适应这些物业结构外形功能的变化，提供专业的维修、养护服务。

（2）新型建筑材料的使用给物业管理服务带来的困难。由于结构变化、环保要求，人们对舒适度的要求不断提高，物业服务要在环境保护与生命安全、美观、舒适之间做出最佳的安排与服务才能满足业主需要。

（3）各种设备大量使用，大到供电、给排水、供暖、空调、电梯、通信、电视接收系统，小到水龙头、马桶、电源开关……每年都有新产品出现。这些设备器材寿命到期后，须不断地更换，维护、养护，由于生产厂家、技术、型号、年代、规格、材质等因素的不同，解决起来也是困难重重。另外，随着楼宇智能化的推广，先进的楼宇智能化系统对物业管理人员的素质提出更高的要求，环境保护技术、职业健康管理也成为物业服务的新问题，而目前物业管理行业在这方面人才奇缺。

（4）人们对生活质量和品位的追求，对物业管理个性化服务，甚至是公共服务提出了更高的要求。由于人们的收入、知识、文化、涵养等诸多方面的提升，对生活的新潮、品位、档次、人文关怀等方面有更多的要求，对传统的物业管理服务的业务结构和重点有很大的冲击和改变。①在公共服务方面，人们将由对物业费的多少和交与不交的关注，转移到我得到了什么服务，数量、质量如何，我满不满意等方面上来。同时公共服务的范围也将扩大，如以前只关注最低标准的小区清洁卫生、绿化、保安，到关注服务等级的提高，追求星级服务，或某些大家共同关注的服务，如 24 小时有智能监控的安全服务等。②在经营性服务方面将会有更多的先进设施设备手段为业主提供优质服务。如信息服务、电子小区、智能小区已成为现实，人们充分享受信息化、智能化带来的便捷服务；会所和健身功能的需要日益成为大众化需求，改变以前只是少数贵族阶层特色服务需求的局面；停车服务也成为大量高收入阶层人士关注的重点领域；另外，人们收入提高对物业资产管理也有新要求。

从上面的分析可以看出，物业管理服务行业的专业技术含量高而综合，对物业服务企业及管理人员的要求是专业化水平高而同时综合专业能力还要强，才能应对。

此外，该公司此举也让业主的知情权和监督权得到落实。根据《物业管理条例》第六条规定，作为房屋的所有权人的业主在物业管理活动中，享有对物业共用部位、共用设施设备和相关场地使用情况的知情权和监督权。很显然，该公司的行为可以让业主更好地监督自己的管理服务行为，从而增加业主对物业服务公司的信任，改进物业管理服务工作。

[本案启示]

物业管理服务的专业性往往体现在房屋及设施设备的管理、养护过程中，特别是对物业设备的管理专业技术要求高，有些场所比较隐蔽，业主不便知晓，业主往往只看到清洁卫生保安之类的工作，觉得物业服务公司没有什么专业性，从而轻视物业服务公司的专业劳动价值。此时，管理服务展示就显得非常有必要。

[体验分享]

请谈谈学习此案例前后对现代物业管理专业性和物业管理服务人员劳动价值的看法。

案例6－5　物业节约型维修初见成效

[案情陈述]

近年来，承担望京南湖中园、南湖东园二区物业服务的××物业管理部积极响应上级号召，力行节俭，做好节约维修“文章”，并初见成效。

小区设备设施维修是管理部全年工作重点之一，如何在保证业主满意度的同时，做好节约维修“文章”，该物业管理部结合工作重点，从两方面着手：一是树立维修人员节约意识，做好每日维修材料领用登记工作，并做好小区每月维修量的统计工作、分析工作，结合维修材料实际领用和使用情况，评定维修材料节约之星。二是改变以往设备、设施请专业公司维修的做法，自己动脑动手维修设备，大大节约了企业支出成本。比如，小区各楼宇的变频水泵系统自从开发商接过来后，物业工程技术人员一直没有掌握维修、更换、调试的专业技术，所以每次都是花钱请专业人员进行维修、更换、调试，为此每年都要支出相当大的费用。南湖东园212、213、217、218楼及南湖中园224楼旧的变频水泵系统因为到了使用年限，需要进行更换，为改变过去请专业公司的人进行维修的现状，该物业改由自己的工程技术人员进行维修。仅此，就节约人工成本支出数万元。除此以外，该物业的工程技术人员还掌握了过去一直没有掌握的变频水泵系统维修、更换、调试的专业技术。为了掌握这门技术，该物业工程技术人员通过向专业人员咨询，认真学习相关知识，很快掌握了新的变频水泵系统维修、更换、调试的技术，自行进行了更换和调试，为企业降低了成本。

[讨论话题]

（1）本案例反映什么问题？为什么？

（2）该公司的做法主要经验是什么？

[思路提示]

随着早期开发的物业项目设施设备老化问题的不断出现，物业维修成本增加，开支资金来源又不确定，此类问题已成为物业服务公司与业主纠纷案发生频率趋高的领域。××物业管理部力行节俭，做好节约维修“文章”的行为就是主动化解危机的明智之举。

[分析说明]

本案例反映了物业服务公司从节约成本角度，主动化解矛盾和纠纷的物业经营管理理念的变化。案例中××物业管理部从业主利益出发，从和谐物业服务公司与业主关系的长远利益考虑，通过主动做好节约维修“文章”理性行为来化解潜在矛盾和纠纷，以维护良好的物业服务关系。这不能不说是深谋远虑的行动。

在物业设施设备管理中，经常出现的问题有：一是物业服务公司对设施设备养护管理不作为或不专业，导致设施设备带病运行、疲劳运行和无养护运行，直接损害设施设备部件，导致设施设备提前报废，给物业功能和安全造成破坏，给业主造成巨大经济损失；二是将设施设备养护工作外包给专业公司，对专业监督不力，可能出现专业公司资质差、不专业，或专业公司养护不到位，或专业技术好、服务好的外包专业公司要价高的问题，对业主经济上不利；三是自己的管理人员不专业、不学习、不作为，给物业设施设备养护管理造成严重后果，引起业主不满。

理论上讲，将专业性强的专业技术服务（如设施设备管理、绿化等）外包给专业公司应该是最好的选择，但是由于物业设施设备的门类多，专业技术要求特别，一般的专业公司很难应付多个项目，不同建设年份、不同设计标准、不同零件规格，要求特别的专业技术设施设备的养护工作，一个物业项目的设施设备可能要一定的时间才能摸透它的性能，但是如果在专项服务合同期到期后不能续约，新来的公司又要摸索，这样的折腾对设施设备的养护非常不利，总体签约的物业服务公司还要承担专业公司的问题带来的责任。因此，目前一些有实力的物业服务公司都倾向于利用自己的养护管理队伍来做好物业设施设备管理。但这并不是说外包服务不好，而是在目前的专业公司实力不强和市场体系不健全的情况下，选择自己的物业服务公司进行管理是比较理想的结果。同时，一些选择自己公司进行设施设备管理的公司通过内部专业化的方式，解决市场竞争不足的问题，也是对此选择策略的补充与完善。

××物业服务中心的做法就是选择自己的工程技术人员进行管理，并节约维修成本上做出成效，其主要经验：①改变以往设备、设施请专业公司维修的做法，选择自己的工程技术人员，进行维修养护管理，掌握了管理的主动权，增加改善管理服务质量的空间。由于小区设备设施维修是管理部全年工作重点之一，如果交给外包公司来做则进程和效果难以控制，不能保证业主满意度提高。而自己来做，正好可以克服这一缺点。事实上，物业部倡导“力行节俭，做好节约维修‘文章’”的设施设备维修管理方针，已初见成效。②强化维修人员节约意识，严格维修制度，建立起了评定维修材料节约之星的激励机制，调动了工程技术人员的积极性。③鼓励工程技术人员通过向专业人员咨询，认真学习相关知识，掌握新的变频水泵系统维修、更换、调试的技术，并自行进行了更换和调试，为企业降低了成本。这样做不但有利于设施设备管理制度完善和工程技术人员业务水平提高，保证设施设备维修养护的质量，还可以提高业主对物业服务公司专业技术实力的看法，增加业主对物业服务公司的好感和满意度。

当然，总的来说，专业服务外包是物业管理行业的一个重要发展趋势。对本案中的××物业管理部来说，随着公司实力增强，在内部组建专业公司或模拟市场化运作的专业服务团队，实现内部专业化将是不错的选择。一些自身不具备专业技术条件的设施设备管理领域还是要选择专业外包方式为好。

［本案启示］

物业设施设备管理是事关物业服务公司的管理水平和服务质量的重要领域，是选择自管还是外包专业公司管，要根据公司的实力和物业项目的实际情况做理性选择，不能盲目照搬。

［体验分享］

请参观过物业设施设备管理现场的同学谈谈对严格设施设备管理制度的重要性的理解。

政策规范

参见《物业管理条例》第6条规定。

三、物业环境管理

知识精要

物业环境管理的内容很多，一般主要是指清洁卫生、绿化的管理。

清洁卫生管理是指物业服务企业或专业清洁公司聘请专业的清洁工运用科学的方法，在辖区或承包区域内定时、定点、专人地进行规范化的日常保洁、消杀，废弃物的收集与清运，以维持区域的整齐、洁净的清洁卫生工作。这是狭义的理解。在现代物业管理的新理念下，清洁卫生管理还包括对空气、水资源、噪声状况等的检查、控制、监督，进而为住户或用户谋求良好的生活空间。

绿化管理是指对物业小区园林、景观、生态环境进行的管理，主要包括园林绿地的营造与保养，流动绿化点的摆设与更换，建筑物品的养护及水景、喷水池的管理，生态环境建设等。

案例分析

案例6－6　贵重东西当垃圾，物业帮助能找回

［案情陈述］

2009年1月8日上午，××物业服务中心收到××业主送来的感谢信，感谢物业服务中心帮助寻找到了她遗失的重要东西，避免了她的重大经济损失。

具体情况是这样的：1月5日，天刚蒙蒙亮，××业主满脸焦急地来到物业服务中心办公室，原来是她不小心将重要的东西（价值100多万元的宝马车购车及购置税发票，如果找不到，可能损失近10万元）丢在垃圾箱里，十几个小时之后忽然意识到其重要性，但去找的时候已经没有了，急得整晚未睡。夜班工作人员小陈了解她的情况后，一边安抚她的情绪，一边将情况上报给田经理。在田经理的组织下，物业服务中心迅速形成行动小组，一边检查监控录像，希望能找到蛛丝马迹，一边又派人询问当天的值班保安和保洁，并联系收废品人员及清运垃圾的单位，终于在当日上午11：30左右，将遗失的物品找到。

［讨论话题］

（1）此案例反映什么问题？为什么？

（2）怎样才能让清洁卫生管理服务工作成为优秀服务的窗口？

［思路提示］

物业服务公司的清洁卫生管理服务工作，是事关公司形象的重要窗口。这看似不

怎么光鲜的工作，里面却一样有着重要的玄机：它是物业管理服务众多重要工作的一环，它体现专业管理服务体系的水平和整体力量。这也许就是业主贵重物品可以找回的主要原因。

［分析说明］

本案例中业主通过物业服务公司找回重要的东西，表面上看是物业服务公司通过自身的管理环节，找到了业主东西的一件小事，但实际上反映了物业服务公司在清洁卫生管理等制度设计、工程流程及管理服务关系上的严密性和合作协调性，唯有这样才能找到业主丢失的东西。反之，如果员工素质不高、管理混乱、设备不能正常运行、合作单位关系不好，业主的东西就很难找回，该公司提出的“想业主所想，急业主所急，真诚为业主服务”的管理理念就难以实现。

清洁卫生管理服务工作由于处于物业管理服务的最底层、最低端，技术含量最少，员工多是下岗再就业职工或农民工，年龄偏大，文化素质也较低。但是就是这样的一个群体，却要承担被物业服务公司称为“公司门面”和“形象工程”的清洁卫生管理服务工作。员工形象不好，服务不规范，质量不达标，方式、方法不对，关系处理不好，拾遗处理不当，垃圾处理不规范等，都有可能引起业主的反感，或许还会由此引出纠纷。因此，要正确认识和对待清洁卫生管理服务工作。

首先，要建立良好的清洁卫生管理制度。这主要包括两个方面：一是在清洁卫生管理服务工作外包的情况下，要选择优质、专业的服务公司，并通过专业服务合同尽可能详细地规范清洁卫生管理服务工作行为。二是在物业服务公司自己管理清洁卫生管理服务工作的情况下，尽可能制订完善的管理制度。

其次，要加强对清洁卫生管理服务工作人员的培训和教育，增加其专业知识，培育其专业素质，增强其服务意识，提升其服务技能。值得一提的是，提高清洁工对本职工作重要性的认识是非常重要的，否则清洁工们看不到自身工作的价值，不但对工作没有积极性和主动性，而且会增加物业服务公司与业主之间的矛盾和纠纷，不利于协调好公司与业主的关系，破坏公司的整体形象。

再次，要强化过程监督管理。无论是外包情况下，还是由本公司员工管理的情况下，对清洁卫生管理服务工作过程的监督是必不可少的环节。这主要是因为清洁卫生管理服务工作是一项细致入微的工作。一个烟头、一片纸屑，就可能摧毁物业服务公司花费多年心血在业主心中建立的良好形象和信誉。清洁卫生管理最能体现“细节决定成败”这一管理名言。

最后，要强调清洁卫生管理的体系性，将物业管理服务的各个环节有机结合起来才能实现对业主的完善、优质服务。这要求物业服务公司做到：①强化清洁卫生管理流程设计的科学性、衔接性和合作性，形成清洁卫生服务环，实现完整服务和完美服务。②建立包括清洁卫生管理服务在内的物业管理服务智能化、信息化、一体化管理体系，做到一方有“难”，各方支持，防止出现因人为的服务链条断裂而造成业主和物业服务公司损失的情况。③建立清洁卫生管理事件应急处理机制，将问题消灭在萌芽状态。④在有条件的情况下，实现清洁卫生管理专业化，包括内部专业化和外部专业化。

［本案启示］

清洁卫生管理服务工作是物业服务公司提供的一项重要的服务工作，需要用专业精神去对待，绝不能轻视这个工作领域，否则会给物业服务公司带来不可挽回的形象和经济损失。

［体验分享］

请说一说在学习本案例前后对清洁卫生管理服务工作及清洁工的看法。

政策规范

参见国家和当地有关环境保护和环境卫生方面的政策法规。

四、物业区域秩序维护管理

知识精要

物业区域秩序维护管理主要包括治安管理、消防管理和车辆停放管理。

治安管理是指依靠各种先进的设备与工具、训练有素的管理人员，为防止和制止任何危及或影响物业管理辖区内的业主或非业主使用人的生命财产与身心健康的行为与因素，确保业主或非业主使用人人身安全、财物不受损失、工作生活秩序正常而进行的管理工作。治安管理包括楼宇内、外的安全监控巡视、门岗值班等，以及对各种突发事件的预防和处理，还可延伸为排除各种干扰，保持物业区域的安静。治安管理的目的是保证和维持业主及非业主使用人有一个安全舒适的工作、学习和生活环境。

消防管理是指国家及企事业单位的有关组织及其人员针对火灾开展的预防、扑救、调查和处理，减少火灾危害，维护公共安全的一系列组织活动。其基本目的是，预防物业火灾的发生，最大限度地减少火灾损失，为居民的工作、生活提供安全环境，增强城市居民的安全感，保护其生命和财产的安全。

作为物业服务企业，一般应注意以下几个消防管理方面的问题：加强消防教育培训，包括对员工的培训教育和对业主和非业主使用人开展消防宣传教育；加强消防值班和巡逻，及时发现火警隐患并予以处理；定期检查和更换消防器材；适当安排消防演习。

车辆停放管理主要是指维持物业区域内车辆行驶秩序，对道路、场地和车辆停放进行管理。这也是为维护业主或非业主使用人的正常的生活、工作秩序而提供的管理服务。

案例分析

案例6－7　爱车被浸告物业服务公司，物业服务公司坚称不负责

［案情陈述］

某日上午，引人关注的“5·7”水浸车索赔案在××区法院开庭，36名车主齐诉××物业服务公司管理不善，违反城市建设规划，致使停在××康城三期地下车库的车辆遭水浸，要求赔偿共约500万元。被告当庭表示“5·7”事件属不可抗力，其不负任何法律赔偿责任，并拒绝了主审法官要求尽快调解的建议。

据了解，“5·7”特大暴雨中广州市共有1.3万辆汽车被浸，××康城三期地下车库近400辆汽车被浸。事发后，车主们在业委会的带领下，一度要求××物业服务公司站出来赔偿损失，但××物业一直置之不理。

在多次协商未得到满意答复后，郭××、陶××、吕××等36名损失严重的车主分别将××物业广州服务有限公司及车库建设单位××房地产开发有限公司告上法庭，××区法院将36个案件并案处理。36名原告以两被告管理不善、违反城市建设规划管理规定、未尽到通知义务而致使车辆遭受严重水浸为由，向两被告一共索赔5 017 522元。

当日庭审现场，被告方××物业表示，在“5·7”事件中，××物业服务公司展开了积极抢险及警示险情的工作，开启消防广播通知了业主，只因车陂涌水急速、巨量倾泻，导致无法将车辆及时转移。

［讨论话题］

（1）仅从物业管理角度评价此案反映的问题？

（2）如何看待“5·7”水浸车索赔案？物业服务公司应如何从中吸取教训？

［思路提示］

关于物业服务公司是否要承担责任，关键是弄清物业服务公司的车辆管理服务的性质和物业服务公司在水浸车损事件发生过程中是否有过错，然后才能依法做出处理。

［分析说明］

本案例反映的是物业服务公司与车主就大雨引发水浸车损事件的纠纷，实质是一个物业服务公司在车辆看管方面有无过错，是否要承担车主损失的问题。根据《物业管理条例》第三十五条规定：“物业服务企业应当按照物业服务合同的约定，提供相

应的服务。”“物业服务企业未能履行物业服务合同的约定，导致业主人身、财产安全受到损害的，应当依法承担相应的法律责任。”所有问题的关键是物业服务企业有没有履约。因此，对于此类纠纷，要具体问题具体分析。

1. 物业服务公司在车辆管理服务中的角色和作用

首先要明确，物业服务公司开展的车辆保管服务的性质，是出租停车场地服务，还是看管车辆服务。①如果物业服务公司经营管理停车场，向车主收取一定的费用，并且费用中含有保管方面的开支成分，那就不仅仅是场地有偿使用，还是一种车辆保管服务关系。车主将车交由物业服务公司保管，负有交纳车辆保管费的义务，并享有取回时保持车辆原状的权利。这种情况下，物业服务公司收取车主的停车费用，其义务是妥善提供停车场地，且保管好车辆，如果车辆水浸受损，物业服务公司一般应承担赔偿责任。②如果物业服务公司收取的只是车位使用费，而对停车场的交通及车辆停放秩序进行管理，与其停车人之间形成的是停车场地有偿使用合同关系，那么物业服务公司就没有保管责任，对车辆丢失不承担赔偿责任。另外，在车辆水浸受损的情况下，如果物业服务公司尽了看管义务，或由于不可抗力的作用，导致水浸车损的结果，物业服务公司也不应承担责任。

在此案例中，车主车辆水浸受损是事实，关键是物业服务公司与业主之间的关系是否是车辆保管服务关系。目前在实际车辆管理服务工作中，一些物业服务公司吸取相关案例败诉的教训，都在相关的公示信息中将其提供的车辆管理服务定义为停车场地出租，出现意外事故时物业服务公司不承担车辆损失责任，只承担物业管理服务的一般责任，即在物业管理服务上有过错的责任；如果没有过错，也不承担责任。

此案例中，原告认为，2017 年 5 月 6 日晚上，在气象台已经提前发布大到暴雨的天气预告并及时发出暴雨警报的情况下，× ×物业服务公司却由于管理不善、疏忽大意，没有及时做好相应的防水防涝措施，致使雨水流进× ×康城三期地下停车库，加上未能及时采取强排水措施，使车库遭严重水浸。被告则认为，涌水倒灌属不可抗力；广州气象部门并未预报 5 月 7 日凌晨将出现大暴雨，是不可预见的“不可抗力”性质。物业服务公司无责任。地下车库内设了 51 条排水沟、60 多台排水泵，设施是完整的。大雨时，物业服务公司已进行广播提醒，有两名业主已将车开走。而此时，由于车陂涌水倒灌厉害，人防门无权使用，很快就淹没了车库，这时将车开出车库不现实。暴雨中，物业服务公司投入 30 多台抽水泵、400 多人次抢险，共花费了 300 多万元资金，已经尽了该尽的义务。“5 月 7 日的大暴雨，已远远超出了× ×物业服务公司力所能及的抗洪防御范围。”显然物业服务公司也是尽了责任。

此案中，除非业主能证明物业服务公司的行为确实有违法违规之处，或疏忽大意、失职等放任水浸事件发生，否则物业服务公司不应承担责任。因此此案仍需要有关权威部门鉴定的相关证据结果来做“究竟谁来负责”判断。

此案例涉及开发商、物业服务公司、业主、人防等相关当事人。由此想到：物业服务公司在车辆管理服务上是否承担了超出自身能力的行为？目前的低服务收费标准所获收入是否足以支付由此产生的风险成本，是否还有收益？物业服务公司是否应该承担由于开发设计上的缺陷所造成的经济损失？业主是否考虑通过购买保险来化解风险？人防设施管理上是否应该给物业服务公司特殊情况下的使用权？

2. 如何避免车辆管理纠纷

此案例给物业服务公司的教训是深刻的。为防止以后类似案件的发生，物业服务公司要做好以下几项工作：一是根据停车场的特点和存在的隐患问题与开发商、人防和市政做好协调工作，明确多方责任，将问题提前化解掉，防止类似涌水倒灌，人防门无法使用的问题的发生。二是物业服务公司应做好日常制度建设。为防不测，物业服务公司还应制订详尽的事故抢修措施和方案，一旦出现紧急情况，可以及时动员各方力量减少损失。如本案例中，物业服务公司的通知是否有效，行动是否迅速有力，都是要反思的。三是做好物资、设备、工具的准备工作，备有必需的抢险工具，如储存适量沙包或挡板，防止溢水流入停车场、电梯、用户住房内及设备房。四是做好给排水系统的维护保养、巡视检查工作，做到"防患于未然"，尽量提前发现事故隐患，避免事故发生。五是要定期对员工进行培训和演练，让员工做到一旦事故发生，能在最短时间到达事故现场，以最快的方式排除故障，避免损失。

水浸是物业服务管理中常遇到的应急事件。水浸主要有两类：一是外部原因，如台风、暴雨等影响；二是物业内部给排水管道故障所造成的跑、冒、滴、漏。水浸造成的损失和影响很大，在物业服务管理中务必要注意和防止水浸事故发生。

［本案启示］

物业服务公司在车辆管理服务中要明确所开展的服务的性质和自己是否尽职尽责，并且能证明自己的行为没有过错。

［体验分享］

请从车主的角度，谈谈如何化解此类纠纷。

案例6－8 楼盘出现紧急情况，物业服务人员是否有权破门而入

［案情陈述］

案件1：某小区一住户家在炖砂锅，在煤气没关的情况下便出去了，因时间过长导致窗户、阳台都在冒黑烟。物业服务公司接到报警后，立即派人员赶到出事的住户门口，但无人回应。而此时烟味越来越浓，又有物品烧焦的味道，似有火情发生。在这紧急关头，保安征得隔壁业主的同意，果断从隔壁阳台翻过去，迅速打开了阳台上

的玻璃门，关闭煤气开关，切断火源，避免了一场危在旦夕的灾难。

案件 2：住二楼的雷小姐向物业服务公司反映家中天花板滴水，但物业服务公司称三楼的业主国庆期间外出，他们无权破门入室检修。后来滴水的情形越来越严重，而物业服务公司仍拒绝维修，雷小姐只好求助 110。在巡警的要求下，物业服务公司砸开三楼房门入内维修，发现原来是水管漏水，屋内的东西也被泡得惨不忍睹。对此，雷小姐斥责物业服务公司没有尽职，而三楼住户回来后，对于物业服务公司破门而入的行为又很恼火，三方发生很大矛盾。

［讨论话题］

（1）出现紧急情况时，物业服务公司破门而入是否要承担由此造成的经济损失？

（2）遇到上述情形，物业服务企业应该如何做才好？

［思路提示］

物业服务公司是否承担责任，关键看其行为是否符合紧急避险行为，如果是当然可以免责，反之则不能免责。此外，物业是否尽职尽责依法采取相应措施，防止事态恶化，也是需要考虑的因素。

［分析说明］

本案例的两种情形反映的是，在紧急情况下，物业服务公司采取的行为是否是紧急避险行为和是否免责问题。案件 1 中，只打破窗户玻璃，给业主造成的损失较小，却挽回较大的经济损失，一般来说业主都可以接受；案件 2 中，物业服务公司人员的行为则给两个业主造成了较大的经济损失，并且雷小姐的损失是物业服务公司延迟了采取紧急避险措施造成的，而三楼业主的损失则是采取紧急避险措施直接造成的。物业服务公司是否需要承担损失赔偿责任，要具体分析。这个案例实际上涉及两种情况：一是物业服务公司采取紧急避险措施是否要承担责任；二是物业服务公司没有单独采取紧急避险措施，由于时间延误导致的经济损失是否由物业服务公司承担。

1. 物业服务公司采取紧急避险措施是否要承担责任

物业服务公司有时会接到报告说出现紧急情况需要处理，但偏偏主人又不在家，让物业服务公司颇为头疼：贸然进入吧，侵犯主人的合法权利；不进去吧，又怕耽误了引起灾祸。物业服务公司究竟有没有权利破门的问题，涉及紧急避险的法律规定，要具体问题具体分析。紧急避险是为了使第三人或本人的人身、财产或者公共利益免遭正在发生的、实际存在的危险而不得已采取的一种加害于他人人身或财产的损害行为。紧急避险行为由于其所保护的利益大于其所造成的损害，具有正义合理性，因而我国《民法典》对此予以认可。《民法典》第一百八十二条规定：“因紧急避险造成损害的，由引起险情发生的人承担民事责任。危险由自然原因引起的，紧急避险人不承担民事责任，可以给予适当补偿。紧急避险采取措施不当或者超过必要的限度，造成不应有的损害的，紧急避险人应当承担适当的民事责任。”可见，紧急避险因具有合理性、正义性，是受到法律保护的，关键在于要控制损害的程度。因此根据本案例的实际情形做出如下判断：案件1中，物业服务公司和隔壁业主所采取的紧急避险行为并无过当，都不应承担民事责任。案件2中，三楼的住户虽然受到了一些财产损失，但这是由于其房屋专有部分出现漏水问题（自然原因），并且在自己不在家、无法正常施救的情况下，由紧急避险带来的损失，对此物业服务公司不应承担责任；作为受益人，雷小姐应当对三楼业主的损失给予适当的补偿；由于该紧急避险的行为也减少了积水对三楼住户家私的损害，所以该住户实际上也是受益人之一，因此三楼住户也应当承担一部分损失。

2. 物业服务公司采取紧急避险措施时因时间延误导致的经济损失

如果一出事物业服务公司就有权破门而入进行紧急避险，对受害者当然最好，但对因紧急避险而受侵害的第三者就不是好事了。因此，是否一有紧急情况就破门而入，要看具体情况。国家法律规定，公民的住宅不受侵犯，禁止非法搜查或者非法侵入公民的住宅。如何处理住宅不受侵犯和紧急避险的矛盾，关键在于发生的是否属于正在发生、紧迫的、会危及他人人身和财产安全的危险。如果是，可进行紧急避险以排除危险。如果只是类似卫生间小面积渗水之类的现象，物业服务公司就必须经主人许可后才能进入维修。如果主人坚决不让维修人员进入，受损害的住户可选择向法院起诉，要求排除妨碍和赔偿损失。考虑到诉讼周期较长，在严重影响受害方日常居住生活的情况下，受害方可向法院申请先予执行，排除妨碍后再通过诉讼方式请求损害赔偿。

实际上，情况是否紧急有时并不一定掌握得好，而且不同的人有不同的判断标准，很难统一。此时如物业服务公司自作主张、采取行动，可能会遭遇诉讼，自找麻烦。况且物业服务公司也不具备专业条件，无法单独完成任务，这就需要有掌握公权的单位如公安部门、权威机构等来做决定。但大家可能会说情况紧急，不能延误。实际上，我国在处理火灾、追捕犯罪嫌疑人等紧急情况时，可立即报110或119来处理。根据《物业管理条例》第四十六条规定：“物业服务企业应当协助做好物业管理区域内的安全防范工作。发生安全事故时，物业服务企业在采取应急措施的同时，应当及时向有关行政管理部门报告，协助做好救助工作。”因此，物业服务公司在遇到紧急情况时，应先报警，同时要立即联系住户，在无法联系上或住户因故无法返回时，也只能协助公安、消防人员入户处理，入户时还要特别注意避免对财产造成损害。因此，案件2中，对雷小姐起诉物业服务公司延迟破门而入造成其经济损失的主张不应该支持。虽然雷小姐的心情可以理解，损失值得同情；但是从物业服务公司角度来讲，物业管理的权限是有限的，国家并没有赋予物业服务公司行政权力，物业服务公司在工作中必然会由于某些特殊原因而无权作为，无能力作为，由此对业主造成的一些损害其不应该承担民事责任。物业服务人员一方面不能感情用事，自作主张地做“善事”；另一方面也要在物业服务合同中尽可能地将防止此类情况发生的免责条款详尽说明，以维护自己的合法利益。因为物业服务公司的基本业务是向广大业主提供公共服务与管理，业主专有部位的服务与管理一般不应列入。如果业主集体有需求（一些高档物业区域可能有这样的需求），应约定在合同中；如果不是集体需求，则只能个别约定。

尽管如此，在紧急情况下，物业服务公司也要本着为业主服务和人道主义的立场，在职权范围内，尽可能做好各种防范、沟通、联络、协调、处置工作，以赢得业主的信任。

［本案启示］

物业服务公司在出现紧急情况时，要理性地分清事态的性质和严重程度，做好职权范围内的服务工作和配合行政部门的协助工作，在条件和法律允许的情况下，也可以采取紧急避险行为，以减少业主的损失。

［体验分享］

请针对案件2中雷小姐和三楼业主之间的损失赔偿问题，谈谈自己的看法。

政策规范

（1）参见《民法典》第182条规定。

（2）参见1988年1月26日《最高人民法院关于贯彻执行〈中华人民共和国民法通则〉若干问题的意见（试行）》第156条规定。

（3）参见《物业管理条例》第47条规定。

五、居住行为管理

知识精要

居住行为管理主要是指对物业区域居住的业主及非业主使用人的档案资料、行为规范、投诉处理等方面的管理。

在业主及非业主使用人基本资料的管理方面，要以户建档，即以每户（商铺则以每档位）建立一个档案，对业主及非业主使用人的基本资料进行全面详尽的管理。业主及非业主使用人档案的主要内容有：房屋（档位）预售合同，收楼资料，需与业主签订的“管理规约”“业主守则”，房屋装修所需的资料，租赁情况及资料。归档要求及时、齐全、准确，注意更新、完善。

在居住行为的管理方面，一要注意情感管理，满足个性化需求；二要逐步实现规范化管理。要管理好物业，就必须有全体住户共同遵守的行为规范，确保管理活动的顺利进行，从而维护全体住户的共同利益。

在投诉处理方面，首先要热情地接待，抱着积极、负责的态度来解决，要给业主及非业主使用人一个满意的答复。其次要处理及时，跟踪管理，回访有序，一定要说话算数，切不可无故拖延，更不能“踢皮球”。最后要善于倾听、换位思考，理解困难，做“贴心人”，做到有礼、有节、有度，使业主及非业主使用人真正从心里理解和接受物业服务企业为其所做的一切。

在纠纷的调解方面，由于居住人员的分散性，以及不同职业、不同素质的人往往对居住环境的要求和态度是不一样的，认识意见不同很正常。在处理这些问题时，物业服务公司要以法律条文、公约等为依据、准绳，站在公正的立场上，耐心仔细地做好相关人员的思想工作，必要的时候要与街道、居委会及派出所取得联系，以取得政府的支持，坚决不能向不良行为让步，要维护大多数人的利益。

案例分析

案例6－9　租住户搬出部分家私而没有业主书面许可怎么办

［案情陈述］

某年9月18日，某花园B栋5楼F座的一租住户想要搬出一部分家私。他千方百计联系此时正在国外的业主，但就是联系不上。按照管理规定，租住户搬出家私，必须有业主的书面许可，如没有业主的书面许可，管理处不予放行（这一规定有必要，现实中确实发生过个别租住户拖欠业主房租、搬走业主家私而偷偷溜之大吉的事情）。急于搬出家私的住户万般无奈，找到管理处领导，恳请给予特殊照顾。

管理处的领导考虑，若简单放行，恐怕损害业主的利益；若拒不放行，又会使住户感到不便。物业服务公司有点为难。

［讨论话题］

（1）此案例反映了什么问题？为什么会有这样的问题发生？

（2）物业服务公司应该如何应对此类问题？

［思路提示］

本案例中关键要看物业服务公司的做法有没有正当性。物业服务公司为保证业主财产不受损失，根据规章制度办事是职责所在，租住户应当配合，物业服务公司人员应当坚持原则。

［分析说明］

本案例反映的是物业服务公司人员在维护业主合法权益时遭到租住户抵制的现象，实质是住户对物业管理规章制度和管理服务模式不理解的问题。物业管理服务模式对中国老百姓来说是看似已经熟悉实际上了解并不深入的新生事物。一些人一方面享受尊贵的服务心安理得，而另一方面对物业服务公司的规范化管理服务又不习惯。殊不知，尊贵的服务是通过规范化的管理服务来保证、来实现的，没有规范化的管理服务，就没有优质服务，就不可能让业主感受服务的“尊贵”。规章制度是规范人们的行为、保持小区物业正常秩序、维护业主合法权益的必要管理手段，同时也是物业服务企业有序地提供规范化服务的保证。因此，业主和住户要遵守制度规定的要求，按要求出示证件，配合检查，以保证业主的财产不受损失；物业服务人员同样要遵守，这是提供规范化优质服务的需要，也是防止出现业主财产被盗，引起业主的投诉甚至诉讼，而给公司带来经济损失的必要手段。

但是在工作实践中物业服务人员经常会遇到一些业主不理解、不配合，甚至无理取闹的情况，对此物业服务人员要坚持原则，依法办事，发现严重情况要及时报告有关行政部门。根据《物业管理条例》第四十五条规定：“对物业管理区域内违反有关治安、环保、物业装饰装修和使用等方面法律、法规规定的行为，物业服务企业应当制止，并及时向有关行政管理部门报告。”第四十六条规定：“保安人员在维护物业管理区域内的公共秩序时，应当履行职责，不得侵害公民的合法权益。”因此，除了坚持原则、依法办事外，物业服务人员还要一方面对业主和住户做好耐心细致的说服工作，领导也要配合基层员工做好说服教育工作；另一方面，注意在把握住规章制度的基本精神、不损害各方利益、不违反原则的前提下，灵活地运用处理。

如果碰到上述类似的案例，物业服务人员首先要按公司的规定，核查相关的档案资料，确定业主的身份；其次要查清租户档案信息，查验搬家人员的身份及搬家的业主许可证明，准确无误才能放行。如果当事人证件材料不全，又无法联系业主时，则需要本着人性化的原则，进行灵活处理。如上述案例中，鉴于租住户只是搬出部分家私，不妨采取变通办法：管理处人员让租户出示有效身份的证件，对其证件、物品和现场进行拍照，留下证据，然后列出所搬出家私清单，并暂交与家私价值相当的押金，管理处做好记录并出具收取押金的收据，一旦租住户能够提供业主的书面许可，管理处立刻全额退回押金（这一办法可取，但前提是要让其正确理解，否则容易引起纷争）。这位租户如觉得管理处的建议合情合理，便会欣然接受；如果不同意，则物业服务公司只能扣下物品，等待联系上业主后当面处理。

总之，物业服务公司既要坚持原则，也要懂得灵活变通，但灵活变通不能以损害业主和公司利益为代价。

［本案启示］

要让人们完全遵守物业管理规范并非易事，但灵活的方式方法总可以让事情的处理变得更加人性化。鉴于租户搬家是一项可能引起业主财产损失的行为，物业服务公司需要根据业主档案资料和证件确认搬家者的身份准确无误后，才能根据有关规定放行。

［体验分享］

请反思自己过往的行为，有无对小区保安人员心生不快，或与小区保安人员发生认识矛盾或行为冲突的情况？你当时是如何对待和处理的，现在觉得对吗？请与大家分享。

案例6－10　你家阳台上有“定时炸弹”吗

［案情陈述］

家住南方沿海的居民每到台风多发季节就多了一份担心：放在阳台上的花盆、拖把、利器等物品就是悬在头上的“定时炸弹”！这不，事情又发生了——某日上午9时，深圳宝安区某社区一居民家中的拖把从天而降，砸伤一名不到两个月大的男婴。居民放置在窗台、阳台、空调压缩机上的物品如同“定时炸弹”，时刻威胁着路经此地的人员的“头顶安全”。

［讨论话题］

（1）本案例反映什么问题？为什么？

（2）业主和物业服务公司应该如何对待这一不良习惯？

［思路提示］

现代的城市生活似乎让人们忘掉了台风可能带来的灾难。即便没有台风，放置在窗台、阳台、空调压缩机上的物品也如同“定时炸弹”，时刻威胁着人们。如果没有看到它的危险性，居民不会改变这一不良生活习惯，物业服务公司也防不胜防。

［分析说明］

本案例反映居民生活习惯中存在与现代城市高楼大厦的生活居所不相容的部分，一是忘掉台风对生活在楼房中的人们所带来的人身和财产侵害的天灾影响，二是不良习惯直接带来的人祸的影响。这两种情形都要从生活习惯改变做起。

从一般意义上讲，人们将自己的物品如何放置似乎不关别人的事，但由于建筑物区分所有权的存在，生活在楼房中的人们在使用建筑物专有部分时要考虑到共有权的存在，只能依法安全正确使用，否则要承担由此造成的人身和财产损失。虽说法律没有规定阳台上不能放拖把和花盆，但这种行为危害了公共安全，一旦出事，是要负法律责任的。《民法典》第二百八十六条规定：“业主应当遵守法律、法规以及管理规约，相关行为应当符合节约资源、保护生态环境的要求。对于物业服务企业或者其他管理人执行政府依法实施的应急处置措施和其他管理措施，业主应当依法予以配合。

业主大会或者业主委员会，对任意弃置垃圾、排放污染物或者噪声、违反规定饲养动物、违章搭建、侵占通道、拒付物业费等损害他人合法权益的行为，有权依照法律、法规以及管理规约，请求行为人停止侵害、排除妨碍、消除危险、恢复原状、赔偿损失。业主或者其他行为人拒不履行相关义务的，有关当事人可以向有关行政主管部门报告或者投诉，有关行政主管部门应当依法处理。”《住房和城乡建设部等部门关于推动物业服务企业加快发展线上线下生活服务的意见》（建房〔2020〕99 号）要求：“加强对高空抛物、私搭乱建、侵占绿地等危害公共环境和扰乱公共秩序的行为分析，及时报告有关部门，履行安防管理职责。”《民法典》第一千二百五十三条规定：“建筑物、构筑物或者其他设施及其搁置物、悬挂物发生脱落、坠落造成他人损害，所有人、管理人或者使用人不能证明自己没有过错的，应当承担侵权责任。所有人、管理人或者使用人赔偿后，有其他责任人的，有权向其他责任人追偿。”第一千二百五十四条规定：“禁止从建筑物中抛掷物品。从建筑物中抛掷物品或者从建筑物上坠落的物品造成他人损害的，由侵权人依法承担侵权责任；经调查难以确定具体侵权人的，除能够证明自己不是侵权人的外，由可能加害的建筑物使用人给予补偿。可能加害的建筑物使用人补偿后，有权向侵权人追偿。物业服务企业等建筑物管理人应当采取必要的安全保障措施防止前款规定情形的发生；未采取必要的安全保障措施的，应当依法承担未履行安全保障义务的侵权责任。发生本条第一款规定的情形的，公安等机关应当依法及时调查，查清责任人。”第一千二百五十五条规定：“堆放物倒塌、滚落或者滑落造成他人损害，堆放人不能证明自己没有过错的，应当承担侵权责任。”根据上述法律法规规定，业主在其专有部分摆放物品的行为如果造成了公共安全和他人人身和财产损失，将要承担法律责任。同时物业服务公司作为小区物业管理责任人也要履行自身职责做好防范工作。业主委员会也要督促业主遵守管理规约和管理制度，做好管理工作，制止违规和损害他人的行为的发生，要求行为人停止侵害、消除危险、排除妨害、赔偿损失。

另外，《刑法》也有关于高空抛物坠物造成危害的相应规定。《刑法》第一百一十四条规定：“放火、决水、爆炸以及投放毒害性、放射性、传染病病原体等物质或者以其他危险方法危害公共安全，尚未造成严重后果的，处三年以上十年以下有期徒刑。”第一百一十五条规定：“放火、决水、爆炸以及投放毒害性、放射性、传染病病原体等物质或者以其他危险方法致人重伤、死亡或者使公私财产遭受重大损失的，处十年以上有期徒刑、无期徒刑或者死刑。”第一百三十四条规定：“在生产、作业中违反有关安全管理的规定，因而发生重大伤亡事故或者造成其他严重后果的，处三年以下有期徒刑或者拘役；情节特别恶劣的，处三年以上七年以下有期徒刑。”第二百三十三条规定：“过失致人死亡的，处三年以上七年以下有期徒刑；情节较轻的，处三年以下有期徒刑。本法另有规定的，依照规定。”第二百三十五条规定：“过失伤害他人致人重伤的，处三年以下有期徒刑或者拘役。本法另有规定的，依照规定。”具体来说，高空抛物犯罪要视行为的社会危害程度、考量行为人的动机、抛物场所、抛掷物的情况、造成后果等因素来确定。高空抛物犯罪所涉罪名包括：①以危险方法危害公共安全罪。适用的情形是，故意从高空抛弃物品，尚未造成严重后果，但足以危害公共安全的。此种情况下致人重伤、死亡或者使公私财产遭受重大损失的，判十年以上有期徒刑、无期徒刑或死刑。②故意伤害罪、故意杀人罪。适用的情形是，为伤害、杀害特定人员实施从高空抛弃物品行为的。“高空坠物犯罪”涉及的犯罪罪名包括：①过失致人死亡罪、过失致人重伤罪。适用的情形是，过失导致物品从高空坠落，致人死亡、重伤。②重大责任事故罪。适用的情形是，在生产、作业中违反有关安全管理规定，从高空坠落物品，发生重大伤亡事故或造成其他严重后果。

在实际生活中，物业服务公司要防范阳台上有“定时炸弹”，必须做好以下几项工作：

首先是加强对居民的安全防范教育，改变其不良的生活习惯。物业服务公司不但要从法律上对居民进行利害关系的分析，使其认识到有意放置物品带来的危害和风险，还要从习惯上对居民进行训练，使其改变法制观念淡薄、枉顾他人利益的愚昧落后的意识和随意放置物品的行为陋习。这样才能拆除“定时炸弹”的引信，从根本上解决问题。

其次是响应政府的号召，引导居民加强安全防范制度建设，定期进行安全检查，引导居民按照物业服务公司的“温馨提示”自查隐患。物业服务公司要做好宣传，提醒居民勿在窗台摆放危险物品，以免掉落砸到行人。安保人员要定期巡查，发现问题立即要求改正。

再次是发挥物业智能安保设施设备的作用，如安装摄像头等，进行全天候的安全监督和防范。对于案例中的情形，有的物业服务公司在楼栋周围安装了多个往上照的摄像头，一方面是为了防止高空抛物；另一方面如发现小区居民在窗台摆放危险物品，可及时发现、及时通知。有的物业服务公司还配备了望远镜，保安时不时向上看，如看到居民在窗台摆放物品可及时通知。

最后还要做好每次台风的预警发布工作，提醒居民提前做好防范工作。物业服务公司应组织保安在小区查看每家每户的阳台，通知住户将悬挂物、花草等搬离阳台，通知住户做好防水措施，同时在小区车库放沙包备用。

一旦出现高空坠物、抛物，物业服务公司应当根据实际情况，及时采取措施进行处理。

（1）无事故损失的处理。出现无事故损失的高空抛物时，首先，应尽快找到肇事人，指出其肇事行为的危害及可能面临的治安处罚，劝告其不要再犯。其次，对有过高空抛物行为的人，在日常的保安巡视中，要加强监督。再次，对于未能找到肇事人的，要及时清除坠落物，并由工作人员在可能出现肇事者的相关楼层住户中进行询问与调查，同时宣传高空抛物的危害及可能面临的治安处罚，显示物业管理对此事的关注。

（2）发生损失的事故处理。对于造成财产与人身安全损害的事故，首先，要在第一时间报警并配合相关部门进行取证，查找肇事者。其次，及时足额购买公共责任保险，以规避风险、减少经济损失。（公众责任险仅限公司产权房屋，已售房屋不在保险范围之内）。

（3）对待事故投诉的处理。出现业户对高空坠物的投诉时，物业服务公司要及时派人到现场处理，记录相关情况，并对事情进行调查走访，按上述两类情况及时处理，安抚受害人情绪，并予以回访，做好相应的记录备案。

［本案启示］

物业小区生活服务与管理工作中，存在许多细小的行为习惯问题，却又是涉及千家万户的生命财产安全的重要问题，这些问题并不是一次行动就能解决的，它需要细心、专心、贴心、耐心的长期服务，这是物业管理服务的一个重要特征。

［体验分享］

请结合生活实际，谈谈此方面问题的种种表现和个人看法。

政策规范

（1）参见《物业管理条例》第 7 条、第 47 条、第 56 条规定。

（2）参见《民法典》第 286 条、第 1253 条、第 1254 条规定。

（3）参见《中华人民共和国刑法》第 114 条、第 115 条、第 233 条、第 235 条规定。

【本章小结】

本章主要针对物业公共服务中的装修与维修管理、设施设备管理、物业环境管理、物业区域秩序维护管理、居住行为管理等几个公共服务方面的主要问题，设计了一些典型案例进行分析，以帮助学生提高物业公共服务的能力，提高物业服务水平，协调好与业主及非业主使用人的关系，增加业主的满意度，保持物业项目的持续经营。

【练习与实践】

一、案例试析

案例练习6－1 自然灾害面前，方显物业服务公司本色

［案情陈述］

在2008年的凝冻灾害期间，贵阳市700多个住宅小区的物业管理服务经受住了灾害的考验，业主和物业服务人员的关系也更加和谐。

在日前召开的物业服务企业交流会上，83岁的退休教师黎××充分表达了她对物业服务公司真诚服务的感激之情。她激动地说："凝冻期间停水，物业服务人员送水上门；停电，物业服务人员送上蜡烛；天冷路滑，出不了门，物业服务人员就帮我采购食品……"这天，黎老师特意赶到现场，向物业服务公司工作人员表示感谢。

据了解，在贵阳市遭受的这次特大凝冻灾害中，当地物业服务企业服务的780多个小区大多出现了上水管、消防管、水表爆裂，消防栓、水泵和大面积绿化带及草丛被冻坏，化粪池、排污沟堵塞等灾情，300余家物业服务企业投入了大量的人力、财力和物力，开展了大规模的抗灾救灾行动。据不完全统计，物业服务企业共投入人力9万余人次，铲除路面凝冰近400万平方米，维修爆裂水管39万平方米，维修冻损水表3万多块，疏通下水道12万米，疏通化粪池978个，共计投入1 530余万元购买盐、沙子、蜡烛等物资，确保了贵阳市小区居民的正常生活和出行安全。

在交流会上，黎老师还说出了她的心里话："以前，我们总认为物业管理就是打扫卫生、值班站岗。现在我知道了，他们不但能做好基本的服务工作，还能急业主所急，想业主所想，让我们住得舒心、住得放心，真是凝冻无情，物业服务显真情。"

［分析问题］

（1）黎老师为什么要专程前来感谢物业服务公司？

（2）由此案例，大家想到什么？有什么启示？

案例练习6－2 驾车的访客蛮不讲理怎么办

［案情陈述］

一个双休日，一辆外来的挂着武警牌照的白色宝马车停在某大厦地下车库进出通道的挡车器前，要求存车去见楼上的一位业主。车库保安员礼貌地上前告知，这里都是私家车位，不能停放外来车辆。车主转而又要求打开车挡，说到车库调头后就走。

谁知他进了车库，并没有要走的意思。保安员再次前去，委婉地劝其另寻就近的停车场，车主竟勃然变色，破口大骂。管理处安全主管从办公室的监视器中发现了这一情况，急忙赶到现场进行处理。

[分析问题]

1. 本案例中反映什么问题？为什么会发生此类事情？

2. 物业服务公司应如何应对这一局面，化解矛盾和冲突？

二、实践活动

1. 活动主题

物业服务公司公共服务意识调查。

2. 活动目的

通过了解物业服务公司及其管理服务人员对公共服务的看法，发现公共服务上存在的问题，分析问题产生的原因，找到改进物业公共服务质量的途径和方法，提高物业公共服务能力。

3. 活动内容

（1）确定好物业公共服务的重点领域，设计问卷和访谈提纲。

（2）走访几家物业服务公司，调查物业服务公司管理人员和基层服务人员对待公共服务的看法。

（3）向主要管理人员或中高层管理人员了解，在公共服务领域出现的问题，管理层和员工是怎么处理的，效果怎么样。

4. 活动要求

（1）确定访谈的问题和对象，安排好访谈的时间、地点，做好充分准备。

（2）访谈可以采用3人左右的小组进行，并进行必要的提问、记录、录音、录像等分工。

（3）对物业服务公司提供的材料要做好保密工作。

5. 活动成果

（1）提交调查总结报告。

（2）撰写访谈工作心得并在学习交流会上交流。

第三篇　物业管理法律关系调整案例篇

内容介绍

本篇主要涉及物业管理法律法规的基本知识、基本理论和相关范畴。物业管理合同法律关系包括物业服务合同的订立、物业服务合同的履行、物业服务合同的终止、物业服务企业劳动合同等。物业管理侵权法律关系包括业主及业主委员会侵权、物业服务企业及其工作人员侵权、第三人侵权、物业侵权证据规则等。物业管理行政法律关系包括物业管理行政处罚、物业管理行政强制执行、物业管理行政复议、物业管理行政诉讼等。物业管理刑事法律关系包括物业管理领域内侵犯人身权的犯罪、物业管理领域内侵犯财产权的犯罪、物业管理主管机关工作人员职务犯罪等。

学习指导

本篇主要解决物业管理法律法规基本知识与基本理论的认识问题，通过对各类典型案例的介绍及分析，使学习者了解和掌握与物业服务行业相关的法律法规知识，特别是实务层面的知识，接受法学思维和业务技能的基本训练，培养法制意识，提高学习者对物业管理法律知识和理论运用的水平，提升学习者明辨是非的洞察能力。

第七章　物业服务合同法律关系

【学习目标】

1. 理解和掌握物业服务合同、物业服务企业劳动合同基本概念和基本特性，认识物业服务合同制定的基本环节。

2. 在认识物业服务合同性质和特征的基础上，养成规范地判断、分析、解决物业服务合同纠纷问题的思维习惯和职业能力。

一、物业服务合同的订立

知识精要

1. 物业服务合同的含义和特征

物业服务合同是指物业服务企业与相对人签订的，由物业服务企业提供物业管理服务，相对人支付物业服务费用的一种服务协议。狭义的相对人是指业主或者业主团体，广义的相对人还包括了新建物业出售单位。因此，广义的物业服务合同包括新建物业出售单位与物业服务公司签订的前期物业服务合同和业主（某一物业为某一业主所有的情况）或业主委员会与物业服务公司签订的物业服务合同。《民法典》第九百三十七条明确规定：“物业服务合同是物业服务人在物业服务区域内，为业主提供建筑物及其附属设施的维修养护、环境卫生和相关秩序的管理维护等物业服务，业主支付物业费的合同”。物业服务合同应当对物业管理事项、服务质量、服务费用、双方的权利义务、专项维修资金的管理与使用、物业管理用房、合同期限、违约责任等内容进行约定。

物业服务合同具有以下几个特征：物业服务合同属于无名合同；物业服务合同是一种以物业管理关系为标准的合同；物业服务合同实现了所有权与管理权的分离；物业服务合同是诺成、双务、有偿合同。

2. 物业服务合同订立的程序和方式

合同的订立是指缔约人为意思表示并达成合意的状态，它包括了缔约各方自接触、洽商直至达成合意的过程。

（1）物业服务合同订立的程序：①要约。即订约提议，是一方当事人以订立合同为目的，向对方当事人提出合同条件，希望对方当事人接受的意思表示。发出要约的一方称为要约人，收到要约的一方为相对人（受约人）。③承诺。即接受订约提议，是受约人做出的同意要约以成立合同的意思表示。

（2）物业服务合同订立的方式：①协商订立。协商订立指按照一般的合同订立方式，由合同的一方向另一方发出要约，直至双方达成合意的过程。②招标订立。招标订立指业主一方公开发布招标通知或公告，吸引物业服务企业前来投标，最后选择自己最满意的物业服务企业并与之订立物业服务合同。

物业服务企业与全体业主双方以平等、自愿的原则签订书面物业服务合同。物业服务合同自双方签字之日起生效。物业服务企业应当自物业服务合同生效之日起15日内，将物业管理服务合同报至物业所在地的县以上房地产管理部门备案。

案例分析

案例7－1　物业服务合同订立中的问题

［案情陈述］

李某住在单位宿舍内，该宿舍小区一直是由原单位后勤部门（后改制为劳动服务公司，具有独立法人资格）负责管理，但其未取得物业管理资质。从2005年开始，李某拒绝缴纳物业服务费，理由是劳动服务公司提供的服务不到位，而且没有管理资质，根本没有资格和业主签订物业服务合同及收取物业服务费。但该小区的许多业主表示，该劳动服务公司服务还可以，物业费也比较低廉，如果引入其他物业服务公司来管理，物业费估计要大幅提升，因此希望能够继续聘请该劳动服务公司管理小区。

［讨论话题］

（1）李某的理由是否成立？

（2）业主能否继续聘请劳动服务公司负责管理小区？

［思路提示］

本案两个问题的争议焦点其实只有一个：是否只有符合资质的物业服务企业才能管理物业小区。

［分析说明］

原建设部的《物业服务企业资质管理办法》将物业服务企业资质等级分为一、二、三级，同时明确了这三级资质企业管理物业的范围，但《物业服务企业资质管理办法》在2018年已经被废止了，同时《民法典》明确规定：业主可以自行管理建筑物及其附属设施，也可以委托物业服务企业或者其他管理人管理。这就意味着不单是物业服务公司，其他企业或个人也可以接受委托管理小区。所以业主可以继续聘请劳动服务公司继续管理小区。

［本案启示］

按照《民法典》的规定，业主不一定要聘请物业服务公司来管理小区。业主可以自行管理，也可以委托没有资质的其他管理人来管理小区。

［体验分享］

请各位同学学习相关的法律条文，谈谈订立物业服务合同的基本程序。

政策规范

参见《民法典》第284条规定。

二、物业服务合同的履行

知识精要

1．物业服务合同履行的概念

合同的履行，是指合同双方当事人依据法律规定和合同约定，完成各项义务的行为。物业服务合同的履行因为合同约定的事项较多，包括双方一系列行为，因此其履行通常在法律上规定为全部履行，即当事人必须按照合同规定的标准及其质量、数量、范围，在适当的履行期限、履行地点，以适当的履行方式，全面完成合同中规定的各项义务。

物业服务合同的履行包括两个方面含义：

（1）实际履行。实际履行是指作出合同规定的给付。给付可以是货币、物或者行为等。物业服务合同是以物业服务企业的物业服务管理行为作为给付，其履行也应当是按合同规定的内容、质量向业主提供服务，而业主一方以支付物业费为代价，因此必须履行相应的给付义务，任何一方都不得违反自己的义务。如果一方未履行自己的义务而要求相对方履行其义务的，相对方可以用履行抗辩权相对抗。

（2）全面履行。全面履行是指履行物业服务合同时，合同当事人应当依据合同和法律的规定全面履行合同项下的义务。换言之，债务人应当全面地、适当地完成其合同义务，从而使债权人的合同债权得以完全实现。《民法典》第五百零九条规定："当事人应当按照约定全面履行自己的义务。"全面履行包括全部履行和适当履行两方面的内容。所谓全部履行，即在数量上不能是部分履行。适当履行是指种类、质量、主体、时间、地点、方式等方面都必须适当。

合同的全面履行包括：必须严守合同；如果合同约定不明确或没有规定，则应当按照合同填补漏洞的方法确定其义务，并以此做出履行；双务合同中的同时履行原则；协助履行；限制无正当理由的变更和解除；符合效益。

按照全面履行的要求，当债务人只履行合同的部分义务时，债权人有权拒绝，并可因债务人部分履行义务导致其费用的增加要求赔偿，但部分履行不损坏债权人利益的除外。另外，根据履行抗辩权的相关规定，先履行一方如果有相对人不能履行合同的确切证据时，可以暂时中止合同。具体包括经营状况严重恶化；转移财产、抽逃资金，以逃避债务；丧失商业信誉；有丧失或者可能丧失履行债务能力的其他情形。当事人没有确切证据中止履行的，应当承担违约责任，并立即通知另一方。如果另一方对履行合同提供了充分的保证，则应继续履行合同。

2. 物业服务合同的违约

违约责任以合同生效为前提，若合同不成立、不生效、无效、被撤销，即使当事人有过失，对方有损失，也不发生违约责任，而发生缔约过失责任。违约责任是指当事人不履行合同债务而依法应当承担的法律责任。在物业服务合同有效成立后，如果出现一方不履行或不全面履行合同的情况，这就涉及违约责任问题。作为法律责任的一种，违约责任当然具有强制性。但与侵权责任等民事责任不同，违约责任的承担方式还具有一定程度的任意性，可以由双方当事人在合同中约定。在没有约定的情况下，则应按照法律的规定承担违约责任。

违约责任的构成分为一般构成要件和特殊构成要件。一般构成要件是所有的违约责任都必须具备的要件，而特殊构成要件则是具体的违约责任所必须具备的要件。一般的违约责任构成要件包括违约行为、损害事实、违约行为与损害事实的因果关系、行为人主观上有过错等四个方面。但并不是所有的违约都必须具备上述四个要件，如无过错责任原则下，过错就不是构成违约责任的必备要件。违约责任构成的要件也随违约责任承担方式的不同而不同。如果采用违约金的方式，只要有违约行为一个要件就可以。强制实际履行的构成要件是：违约方不履行合同、违约方能够履行、对方当事人要求履行。赔偿损失的构成要件是：违约行为、损害、违约行为与损害之间的因果关系。

案例分析

案例7－2　物业服务合同主体违约的案件

[案情陈述]

案件1：陈先生是一个小区的业主。入住以后，他发现小区物业服务跟不上，比如小区里面很多设施坏了都没有人来维修，而且小区的绿地被物业服务公司开辟出来一部分作为停车位。因此陈先生多次和物业服务公司交涉，要求改进服务，但收效甚微。一怒之下，陈先生决定拒绝交纳物业费。物业服务公司多次催收无果后，把陈先生告上法庭，要求其支付拖欠的物业费和相应的滞纳金。

案件2：2008年，赵先生在××花园购买了一套三房二厅的住宅，但一直没有入住。2009年物业服务公司多次发出通知，催他补交过去一年的物业服务费，赵先生以未居住为由拒交。赵先生是通过银行贷款购买的住宅，因生意失败，从2006年3月开始停止向银行供款。银行随即向法院起诉，法院判决将房产拍卖来偿还贷款，张女士通过拍卖取得了该房产。2010年赵先生下落不明，物业服务公司要求新入住的张女士补交赵先生欠下的物业费。

［讨论话题］

（1）业主拒绝交纳物业服务费的理由是否成立？

（2）物业服务公司能否对欠费的业主收取滞纳金或采用停水、停电等措施？

［思路提示］

本案例主要看物业服务公司和业主的行为是否违反法律的强制性规定和物业服务合同的约定。物业服务公司的行为如果明显是违反法律规定或合同约定的情况下，业主可以少交或不交物业费。滞纳金在本质上是违约金，停水、停电等措施本身就属于侵权行为。

［分析说明］

1. 业主的不当对抗

业主拒绝交纳物业服务费的理由不成立，原因是我国《民法典》第九百四十四条明确规定：“业主应当按照约定向物业服务人支付物业费。物业服务人已经按照约定和有关规定提供服务的，业主不得以未接受或者无需接受相关物业服务为由拒绝支付物业费。业主违反约定逾期不支付物业费的，物业服务人可以催告其在合理期限内支付；合理期限届满仍不支付的，物业服务人可以提起诉讼或者申请仲裁。”

一般而言，适用于物业服务合同违约的责任方式包括：强制继续履行合同义务、支付违约金、赔偿损失以及其他方式。其中，违约金是主要方式。违约金是指由当事人约定的或由法律直接规定的，在一方违约后向对方支付的一定数额的货币或代表一定价值的财物。

2. 物业服务公司的不当对抗

实践中，当业主欠交物业服务费时，物业服务企业经常利用管理之便擅自采取断电、断水、限制业主出入、罚款等措施对抗业主，以迫使其履行物业服务合同义务，这些与强制实际履行存在实质上的差别，不宜提倡。

首先是断电、断水措施。供用电和自来水的合同是住户与供电企业、供水企业之间签订的，物业服务企业并非合同的当事人。物业服务企业利用管理之便，采取断电、断水的做法，不仅仅损害了业主的利益，而且也损害了供用电及自来水企业的利益，属于侵权行为。业主及供电、供水企业都可以因物业服务企业的侵权行为提出起诉。因此，物业服务企业针对业主违约行为所采取的措施，应当与物业服务合同约定的方式有关，而不能损害其他人的利益。

其次是限制业主及非业主使用人进出物业小区的措施。业主自由出入物业服务区域，是基于物权中所有权派生出来的权能之一，同时也是人身自由权的要求。物业服务企业限制业主出入物业小区，是妨碍业主权利行使的行为，因此这一措施是违法的。

最后是罚款措施。有的物业服务合同中约定，物业服务企业有权对不交付物业服务费的业主实施罚款等处罚措施，这属于措辞不当。物业服务企业不是行政部门，无权对业主实行罚款等行政处罚，所谓的罚款只能是违约金的一种表达方式，所以罚款会因为物业服务企业无执行力而流于形式，如诉诸法院的话，又会因为民事赔偿中不存在罚款的责任承担方式而得不到支持。因此，物业服务合同中最好不要使用“罚款”这个词汇。

[本案启示]

在实践中，业主往往以不交纳物业费来督促物业服务公司解决问题或提高服务质量，但这本身也是一种违约行为。如果确实是物业服务公司的服务达不到合同的要求，业主应当通过合法途径及时采取措施。比如，可以通过业主团体，要求物业服务公司提高服务质量或更换物业服务公司；也可以通过法律途径，维护自己的合法权益。

在物业服务合同中，双方可能就业主迟延交付物业服务费用约定一个违约金标准，而且通常将其称为滞纳金。针对金钱债务迟延履行产生的滞纳金，我国最高人民法院司法解释作出了特别规定，而且其标准也将随着中国人民银行最新颁布的标准适时调整。因此，迟延支付物业服务费而产生的滞纳金应当适用于这一特殊规定，而且应当按照最新颁布的标准执行。当然，这一标准应当理解为滞纳金的上限。即使当事人约定的滞纳金高于该标准的，也只能按照该标准执行；约定的滞纳金低于该标准的，按照约定执行。

物业服务企业针对业主不交付物业服务费的违约行为应当尽量避免采用自力救济的方式，而应当援以公力救济，通过诉讼的方式要求业主及时履行其义务。在证据确凿的案件中，物业服务企业可以采用简易诉讼程序，及时高效地实现自己的权利。

[体验分享]

请各位同学学习相关的法律条文，结合实际谈谈如何减少或避免有关物业费的法律纠纷。

政策规范

参见《中华人民共和国民法典》第 509 条、第 944 条规定。

三、物业服务合同的终止

知识精要

物业服务合同的终止也称物业服务合同的消灭，是指当事人终止合同关系，合同确立的当事人之间的权利、义务关系消灭。物业服务合同提前终止的原因主要包括以下几个方面：

（1）基于法律规定的事实发生而终止。例如因物业服务企业被解散、撤销、破产等原因注销而终止。物业服务企业的主体资格消灭，物业服务合同也就因为物业服务企业无法继续履行而终止。

（2）基于合同当事人的合意而终止。物业服务合同作为一种民事合同，完全可以根据自治原则在合同履行之前或履行中约定一些合同解除的条件。在物业服务合同履行过程中，合同双方当事人可以协商解除合同，并且协商因解除合同而产生的损害赔偿问题。

（3）因合同目的的实现而终止。合同当事人追求一定的缔约目的，这个目的可以是某件工作的完成，也可以是某段时间的经过。物业服务合同往往以一定的服务期限为约，当服务合同期限届满而双方又没有续约，一般而言，物业服务合同也就终止了。

（4）基于合同的更新而终止。当事人双方主体不变，签订新的物业服务合同以取代旧的物业服务合同的，旧的物业服务合同终止。实际上也就是物业服务合同内容的全面变更。

案例分析

案例7－3　物业服务合同终止的问题

［案情陈述］

××小区自2006年业主入住起，一直由××物业服务公司负责管理服务。业主们对××物业服务公司颇有怨言，原因是小区存在物业费偏高、公共设施管理不善等问题。所以2010年小区的业主们通过业主大会决定解除与××物业服务公司的合同，选聘新的物业服务公司。但××物业服务公司既不撤出小区，又拒绝向业主委员会移交相关的物业管理资料，理由是小区业主大会召开程序不合法，而且部分业主长期拖欠的物业服务费至今没有收齐。

［讨论话题］

（1）××物业服务公司的理由是否成立？

（2）旧的物业服务公司撤出时是否有移交物业资料和物业用房的义务?

［思路提示］

可参考《民法典》合同编第二十四章和《物业管理条例》相关规定。首先“谁主张，谁举证”，这是发生法律纠纷时最基本的要求；其次，看法律法规的规定是否认可本案中的抗辩理由；最后，看《民法典》和《物业管理条例》中对物业服务公司交接的相关规定。

［分析说明］

业主大会成立不合法，××物业服务公司可以拒绝交出物业服务管理权，但其要为自己的理由提出有力的证据，否则其抗辩是无效的，就意味着××物业服务公司与××小区的物业服务合同终止。我国《民法典》第九百四十九条规定：“物业服务合同终止的，原物业服务人应当在约定期限或者合理期限内退出物业服务区域，将物业服务用房、相关设施、物业服务所必需的相关资料等交还给业主委员会、决定自行管理的业主或者其指定的人，配合新物业服务人做好交接工作，并如实告知物业的使用和管理状况。原物业服务人违反前款规定的，不得请求业主支付物业服务合同终止后的物业费；造成业主损失的，应当赔偿损失”。《物业管理条例》第三十八条明确规定：“物业服务合同终止时，物业服务企业应当将物业管理用房和本条例第二十九条第一款规定的资料交还给业主委员会。物业服务合同终止时，业主大会选聘了新的物业服务企业的，物业服务企业之间应当做好交接工作。”

××物业服务公司应当将物业管理用房和相关资料交还给业主委员会。

［本案启示］

新管家入驻，老管家不撤，是物业服务领域内较为多发的一类纠纷，其结果往往是“多输”。目前我国相关的法律法规的规定还是比较具体、明确的。作为老管家的物业服务公司应当接受现实，做好与新物业服务公司的交接工作；作为业主和业主团体应该严格按照法律规则办事，以减少不必要的麻烦和纠纷。

［体验分享］

请各位同学学习相关的法律条文，谈谈如何能够保障新旧物业服务公司顺利交接。

政策规范

（1）参见《物业管理条例》第39条规定。

（2）参见《民法典》第949条规定。

四、物业服务企业劳动合同

知识精要

1. 物业服务企业劳动合同的概念和特征

物业服务企业劳动合同，是劳动者与物业服务企业之间确立劳动关系，明确双方权利和义务的书面协议。《中华人民共和国劳动合同法》（以下简称《劳动合同法》）第十条规定：“建立劳动关系，应当订立书面劳动合同。已建立劳动关系，未同时订立书面劳动合同的，应当自用工之日起一个月内订立书面劳动合同。用人单位与劳动者在用工前订立劳动合同的，劳动关系自用工之日起建立。”

物业服务企业劳动合同的特征包括以下几个方面：一是劳动合同主体具有特定性。即劳动合同的主体一方是劳动者，另一方是物业服务企业。二是劳动合同具有从属性。即劳动者在身份、组织上从属于物业服务企业。三是劳动合同内容具有法定性。四是劳动合同是诺成、双务、有偿合同。

2. 物业服务企业劳动合同类型

按照合同期限的不同，物业服务企业劳动合同分为有固定期限、无固定期限和以完成一定的工作为期限的劳动合同。有固定期限的劳动合同，又称定期劳动合同，是物业服务公司和劳动者明确约定合同的起始日期和终止日期的劳动合同。期限届满，合同即告终止。无固定期限的劳动合同，又称不定期劳动合同。它是物业服务公司和劳动者只约定合同的起始日期，不约定其终止日期的劳动合同。以完成一定的工作为期限的劳动合同，是指物业服务公司和劳动者约定以某项工作的完成为合同期限的劳动合同。

3. 物业服务企业劳动合同的效力

一般情况下，劳动合同依法成立，即双方当事人意思表示一致，签订劳动合同之日，就产生法律效力；双方当事人约定须鉴证或公证方可生效的劳动合同，其生效时间始于鉴证或公证之日。由于劳动合同的鉴证和公证采取自愿原则，所以鉴证和公证不是法律规定的劳动合同生效的必经程序。

劳动合同的无效是指当事人违反法律、法规，订立的不具有法律效力的劳动合同。下列劳动合同无效或者部分无效：以欺诈、胁迫的手段或者乘人之危，使对方在违背真实意思的情况下订立或者变更劳动合同的；用人单位免除自己的法定责任、排除劳动者权利的；违反法律、行政法规强制性规定的。

对劳动合同的无效或者部分无效的，由劳动争议仲裁委员会或者人民法院确认。无效的劳动合同，从订立时起，就没有法律效力。确认劳动合同部分无效的，如果不影响其余部分的效力，其余部分仍然有效。

无效劳动合同的法律后果有撤销劳动合同、修正劳动合同和赔偿损失。

4. 物业服务企业劳动合同的解除

（1）解除劳动合同的条件。劳动合同的解除是指劳动合同当事人在劳动合同期限届满之前依法提前终止劳动合同关系的法律行为。劳动合同的解除可分为协商解除、用人单位单方解除、劳动者单方解除等。

（2）物业服务公司解除劳动合同的经济补偿。解除劳动合同的经济补偿，是指因解除劳动合同而由物业服务公司给予劳动者的一次性经济补偿。设立经济补偿金的目的在于从经济方面制约用人单位的解除行为，并对失去工作的劳动者给予经济上的补偿。

（3）物业服务公司违反劳动合同的赔偿责任。用人单位违反法律规定解除或者终止劳动合同，劳动者要求继续履行劳动合同的，用人单位应当继续履行；劳动者不要求继续履行劳动合同或者劳动合同已经不能继续履行的，用人单位应当依照法律支付赔偿金。

5. 物业服务企业劳动争议

劳动争议又称劳动纠纷，是指劳动关系双方当事人因执行劳动法律、法规或履行劳动合同、集体合同时发生的纠纷。

劳动争议的处理机构有劳动争议调解机构、劳动争议仲裁委员会和人民法院。

我国劳动争议的解决方式主要有和解、调解、仲裁和诉讼。其中和解、调解属于选择程序，仲裁和诉讼是处理劳动争议案件的必经程序。在劳动争议处理制度的模式选择上，我国采取的是一调、一裁、两审的处理模式，即协商不成调解，调解不成可申请劳动争议仲裁，对仲裁裁决不服可向人民法院提起诉讼，人民法院实行两审终审。劳动争议当事人向法院申请处理之前，必须经劳动仲裁机构仲裁。劳动仲裁为司法程序的前置程序。

案例分析

案例7-4 劳动合同订立中的问题

[案情陈述]

某物业服务公司招聘一名计算机维护人员，要求其具有计算机专科或以上的学历，三年或以上相关工作经历。在众多的求职者中，物业服务公司最后聘用了陈某。由于陈某是外地人，公司在签订劳动合同时，要求陈某交纳2 000元保证金，并把陈某的大专毕业证原件放在公司档案室。陈某上班一年后的一天，公司人事部的员工登录教育部网站发现，查询不到陈某的毕业证号码，经询问，陈某承认自己仅有中专文凭，大专毕业证是在街头买来的。公司就以陈某提供假文凭欺骗公司为由解除与陈某的劳动合同。

［讨论话题］

（1）公司在与劳动者签订劳动合同时，能否收取保证金和扣留劳动者的证件？

（2）陈某提供假文凭被发现后，其与物业服务公司签订的劳动合同是否有效？

（3）劳动合同的主要内容包括哪些？

［思路提示］

主要看公司和陈某的行为是否违反法律的强制性规定。劳动合同的内容见我国《劳动合同法》第17条规定。

［分析说明］

公司在与劳动者签订劳动合同时，不能收取保证金和扣留劳动者的证件，原因是我国《劳动合同法》第九条明确规定："用人单位招用劳动者，不得扣押劳动者的居民身份证和其他证件，不得要求劳动者提供担保或者以其他名义向劳动者收取财物。"

陈某提供假文凭被发现后，其与物业服务公司签订的劳动合同无效，原因是我国《劳动合同法》第二十六条规定："以欺诈、胁迫的手段或者乘人之危，使对方在违背真实意思的情况下订立或者变更劳动合同的"，劳动合同无效。提供假文凭就是一种欺诈行为。

劳动合同的内容是劳动者与物业服务公司在平等协商基础上就双方的权利义务达成的具体条款，即为劳动合同的条款，一般分为必备条款和可备条款。

1. 劳动合同的必备条款

必备条款是法律规定的生效劳动合同必须具备的条款。我国《劳动法》第十九条规定，劳动合同应当具备以下条款：

（1）劳动合同期限；

（2）工作内容；

（3）劳动保护和劳动条件；

（4）劳动报酬；

（5）劳动纪律；

（6）劳动合同终止的条件；

（7）违反劳动合同的责任。

2. 劳动合同的可备条款

可备条款是法律规定的生效劳动合同可以具备的条款。当事人可以协商约定可备条款，缺少可备条款不影响劳动合同的成立。根据我国《劳动法》的规定，可备条款包括：

（1）试用期条款。劳动合同的试用期是劳动者和用人单位为相互了解、选择而约定的考察期。试用期内，劳动者、用人单位有权随时解除劳动合同。试用期内劳动者的工资等待遇可以与正式职工有所差异，但用人单位不得在劳动法律、法规规定的最低劳动条件和劳动标准之下使用被试用者。试用期满，被试用者即成为正式职工。试用期一般适用于初次就业或再次就业的劳动者。在原固定工转制过程中，用人单位与原固定工签订劳动合同时，可以不再约定试用期。对劳动合同的试用期，《劳动合同法》第十九条规定："劳动合同期限三个月以上不满一年的，试用期不得超过一个月；劳动合同期限一年以上不满三年的，试用期不得超过二个月；三年以上固定期限和无固定期限的劳动合同，试用期不得超过六个月。"

（2）保守商业秘密条款。商业秘密是指不为公众所知悉，能为权利人带来经济利益，具有实用性并经权利人采取保密措施的技术信息和经营信息。

（3）禁止同业竞争条款。又称"竞业限制"，是指承担保密义务的劳动者在劳动关系存续期间或在解除、终止劳动关系后的一定期限内不得自营或者为他人经营与原用人单位有竞争关系的业务。约定禁止同业竞争条款的目的在于防止不正当竞争。我国《劳动合同法》第二十四条规定："竞业限制的人员限于用人单位的高级管理人员、高级技术人员和其他负有保密义务的人员。竞业限制的范围、地域、期限由用人单位与劳动者约定，竞业限制的约定不得违反法律、法规的规定。在解除或者终止劳动合同后，前款规定的人员到与本单位生产或者经营同类产品、从事同类业务的有竞争关系的其他用人单位，或者自己开业生产或者经营同类产品、从事同类业务的竞业限制期限，不得超过二年。"其他可备条款还有第二职业条款，违约金和赔偿金条款，补充保险、福利条款等。

除以上必备条款和可备条款外，我国《劳动合同法》还规定了禁止双方当事人约定的条款，即用人单位在与劳动者订立劳动合同时，不得以任何形式向劳动者收取定金、保证金（物）或抵押金（物）。对违反规定的，由劳动保障行政部门责令用人单位立即退还给劳动者本人。

［本案启示］

上述公司在与劳动者签订劳动合同时，收取了保证金并扣留劳动者的证件，明显违反《劳动合同法》第九条的规定："用人单位招用劳动者，不得扣押劳动者的居民身份证和其他证件，不得要求劳动者提供担保或者以其他名义向劳动者收取财物。"公司为保障自己的合法权益，完全可以采取一些合法手段，比如要求陈某提供担保人等。陈某提供了假文凭，使公司做出了错误的决定，因此陈某的行为构成了欺诈。根据《劳动合同法》第二十六条的规定，劳动合同自始无效。陈某求职心切、伪造假文凭的做法是不能长久的，最终其也为此付出了代价。这告诉我们，每个人都应当诚实做人，这是我们立足于社会的根本。

［体验分享］

请各位同学学习相关的法律条文，谈谈除了本案的情况以外，还有哪些情况可能会导致劳动合同自始无效。

案例7－5　劳动合同的解除

［案情陈述］

赵某在一家物业服务公司工作一段时间后，对工作环境和工资待遇等问题不满意，就向公司领导递交了辞职信。赵某交接完工作后，征得公司同意，于递交辞职信一个星期后离开了公司。很快，赵某在人才市场找到了一份新工作。新公司也是一家物业服务公司，它要求赵某提交原单位的离职证明，但原物业服务公司拒绝出具此证明，赵某遂提起劳动仲裁。最后，在劳动仲裁委员会的调解下，原物业服务公司同意出具离职证明，并赔偿赵某2 000元。赵某在新单位过了试用期后，一次因酒后闹事，受到治安管理处罚，单位就以此为理由，要求解除与赵某的劳动合同。

［讨论话题］

（1）赵某要求单方面解除劳动合同需要具备哪些条件?

（2）物业服务公司是否应当向劳动者出具离职证明?

（3）物业服务公司能否以员工受过治安管理处罚为由解除劳动合同?

［思路提示］

要以事实为依据、以法律为准绳来解决法律纠纷。此处主要看赵某和公司解除合同的行为是否符合我国《劳动法》和《劳动合同法》的相关规定，具备相应的构成要件。

［分析说明］

根据《劳动合同法》的相关规定，赵某要单方面解除劳动合同，必须提前30天向公司提出书面请求，但只要公司同意，在不影响公司的运作的前提下，可以提前离开公司；一般来说原用人单位都不太愿意开具离职证明，但这样做是有风险的，因为根据《劳动合同法》的规定，因不开具离职证明而给劳动者造成损害的，要承担赔偿责任。离职证明的内容一般包括员工离职日期、工作岗位、在本单位工作年限等。至于员工违反《中华人民共和国治安管理法》，单位是否能够解除劳动合同，这个问题比较复杂，要具体情况具体分析。能否解除主要还是看员工的违法行为是否严重违反用人单位的规章制度，是否给用人单位造成重大损害或给本单位的工作任务造成严重影响，等等。

［本案启示］

很多用人单位在与员工发生纠纷后，有故意刁难离职员工的情况，比如不开具离职证明，不配合办理社保手续，甚至扣减离职员工应得的报酬，这样做是有很大风险的。本案中的物业服务公司就因此惹上了麻烦，最后不得不开具离职证明，并承担赔偿责任。

［体验分享］

建议请有离职经验的学员谈谈自身的经历，并在老师的指引下，谈一谈如何处理离职过程中可能出现的问题。

案例7-6　劳动争议处理程序

［案情陈述］

王某在某物业服务公司工作近三年了。有一天，人事部主任通知他多领一个月工资，从明天开始不用上班了。王某认为自己在公司工作完成得很好，没有理由突然解雇他，而且只给一个月的补偿，但公司态度十分强硬，坚决不肯多给补偿。王某决定通过法律手段，维护自己的合法权益，但他发现自己手头的证据很少，担心无法赢得这场官司，因为公司一直没有和他签劳动合同，没有购买社会保险，连工资都是以现金的形式发放，他手头只有一份岗位任务书和员工证。

［讨论话题］

（1）王某可以通过哪些法律途径维护自己的合法权益？

（2）证据不足是劳动争议中劳动者面临的普遍问题，我国法律是如何处理这一问题的？

［思路提示］

首先学习我国有关劳动仲裁及诉讼的法律制度；其次依据我国《劳动法》和《劳动合同法》的相关规定，提出自己的合法、合理请求并提交一定的支持证据；最后分析用人单位的违法之处，提出相应的对策。

［分析说明］

王某可以通过和解、调解、仲裁和诉讼四种劳动争议解决途径来维护自己的合法权益。其中和解、调解属于选择程序，仲裁和诉讼是处理劳动争议案件的必经程序。

1. 和解

劳动争议发生后，当事人可以协商解决，协商一致后，双方可达成和解协议，但和解协议无法律效力，而是由双方当事人自觉履行。和解不是处理劳动争议的必经程序，当事人不愿协商或协商不成，可以向本单位劳动争议调解委员会申请调解或向劳动争议仲裁委员会申请仲裁。

2. 调解

劳动争议发生后，当事人双方愿意调解的，可以书面或口头形式向调解委员会申请调解。调解委员会接到调解申请后，可依据自愿、合法原则进行调解。调解委员会调解劳动争议，应当自当事人申请调解之日起15日内结束；到期未结束的，视为调解不成，当事人可以向当地劳动争议仲裁委员会申请仲裁。经调解达成协议的，制作调解书。

调解不是劳动争议解决的必经程序，调解协议也无法律效力。当事人不愿调解或调解不成，可直接向劳动争议仲裁委员会申请仲裁。从当事人向企业劳动争议调解委员会提出申请调解之日起，仲裁申诉时效中止。从结束调解之日起，当事人的仲裁申诉时效继续计算。

3. 仲裁

劳动争议申请仲裁的时效期间为一年。仲裁生效时间从当事人知道或者应当知道其权利被侵害之日起计算。申请人申请仲裁应当提交书面仲裁申请，并按照被申请人人数提交副本。劳动争议仲裁委员会裁决劳动争议案件实行仲裁庭制。仲裁庭由三名仲裁员组成，设首席仲裁员。简单劳动争议案件可以由一名仲裁员独任仲裁。裁决应当按照多数仲裁员的意见作出，少数仲裁员的不同意见应当记入笔录。仲裁庭不能形成多数意见时，裁决应当按照首席仲裁员的意见作出。劳动仲裁实行一裁终结制，裁决书自作出之日起发生法律效力。劳动者对仲裁裁决不服的，可以自收到仲裁裁决书之日起15日内向劳动争议仲裁委员会所在地的基层人民法院提起诉讼；用人单位有证据证明仲裁裁决有严重问题的，可以自收到仲裁裁决书之日起30日内向劳动争议仲裁委员会所在地的中级人民法院申请撤销裁决。

4. 诉讼

对经过仲裁裁决，当事人向法院起诉的劳动争议案件，人民法院必须受理。人民法院依照民事程序对劳动争议案件进行审理。人民法院一审审理终结后，对一审判决不服的，当事人可在15日内向上一级人民法院提起上诉；对一审裁定不服的，当事人可在10日内向上一级人民法院提起上诉。经二审人民法院审理所作出的裁决是终审裁决，自送达之日起发生法律效力，当事人必须履行。

针对劳动者举证困难的现状，《中华人民共和国劳动争议仲裁调解法》第六条明确规定："发生劳动争议，当事人对自己提出的主张，有责任提供证据。与争议事项有关的证据属于用人单位掌握管理的，用人单位应当提供；用人单位不提供的，应当承担不利后果。"因此，主要的举证责任在于企业，企业提供不了的话，就会败诉。

［本案启示］

劳动争议是目前我国多发的一类纠纷，劳动者往往处于弱势地位是不争的事实，因此劳动争议仲裁调解法对劳动者有特殊的保护措施，加重了用人单位的责任。比如法律规定与争议事项有关的证据属于用人单位掌握管理的，用人单位应当提供；用人单位不提供的，应当承担不利后果。所以，对于劳动者而言，要大胆地运用法律武器，维护自己的合法权益；对于用人单位而言，最好能够依法办事，规范管理，否则损失更大。

［体验分享］

在认真学习《中华人民共和国劳动争议仲裁调解法》的基础上，在老师的指导下，由学员介绍劳动争议处理的流程。

政策规范

（1）参见《中华人民共和国劳动合同法》第9条、第26条、第27条、第28条、第36条、第37条、第38条、第39条、第40条、第89条规定。

（2）参见《中华人民共和国劳动争议仲裁调解法》第5条、第6条、第53条规定。

【本章小结】

本章主要针对物业合同、物业服务企业劳动合同的含义及相关重要理论与现实问题的理解与掌握，设计了一些典型的案例进行分析，以帮助学生理解这些理论知识，提高对这些知识的运用能力和分析、解决实际问题的实操能力。

【练习与实践】

一、案例试析

案例练习7－1　业主拖欠物业服务费

［案情陈述］

某物业服务公司因为某业主拖欠物业服务费而将其告上法庭。原告物业服务公司诉称，原告是一家专业从事物业服务的企业，经××市物价局批准，物业服务费的收费标准为每月每平方米0.80元。被告作为××小区的业主享受着原告提供的物业服务，可是从2004年5月1日至2005年3月1日的物业费一直拖欠，物业服务公司请求判令被告缴清从2004年5月1日至2005年3月1日的物业费1047.52元，滞纳金942

元，由被告承担本案诉讼费。被告业主辩称，被告不是恶意拖欠物业费，而是因物业服务公司出现单方违约、服务质量差、服务不到位等问题，在多次与物业服务公司沟通未果后采取的这一保障合法权益不受侵害的办法和途径，并提出物业服务公司以下违约事实：（1）物业服务公司随意将园区中的草坪多处毁坏，建立简易自行车棚；（2）园区封闭设施不到位；（3）物业服务公司任意关闭北大门，造成出行不便；（4）园区中至今无规范的封闭性自行车库；（5）安全防范措施不到位；（6）公用设施维护不到位；（7）非法成立业主委员会等。被告最后的答辩请求是：请求法院依法保障业主的合法权益，要求原告恢复园区原有的绿化草坪，将园区北门安上电子门，建立封闭自行车库，物业费按实际享受的物业标准，收缴费用为每月每平方米 0.35 元。

［分析问题］

（1）业主拖欠物业费的理由是否成立？

（2）物业服务公司应该如何处理此类纠纷？

案例练习 7－2　没签劳动合同该怎么办？

［案情陈述］

小王毕业后到某物业服务公司工作了 5 年，公司一直未与其签订劳动合同，只是口头约定了其工资为人民币 4 500 元。为了偷避个人所得税，小王每月以个人的名义在甲公司工资单上签领工资 2 000 元，其余的 2 500 元小王分别以 2 个朋友的名义（事实上与公司不存在任何关系）签领工资。同时，公司以“为小王偷避了个人所得税”为由，要求小王自行承担全部的社会保险费（包括本应由企业承担的部分），小王同意了。2010 年小王怀孕了，公司要与其终止劳动关系。协商不成，小王就提起了劳动仲裁，要求公司按照劳动合同法赔偿，并补缴小王的社会保险费。

［分析问题］

1. 小王有可能赢得这场官司吗？

2. 本案中的小王的社会保险费应由谁来承担？

二、实践活动

1. 活动主题

到法院旁听有关物业合同纠纷的案件审理。

2. 活动目的

了解案件处理程序和标准，增强感性认识。

3. 活动内容

(1) 了解要旁听案件的基本案情。

(2) 留意法庭审理程序和原被告双方争议的焦点、理由和根据。

(3) 旁听结束后，与老师或同学交流对案件的看法，并做总结。

4. 活动要求

(1) 确定旁听案件的类型、时间和地点，并向法院提出旁听申请，一般来说公开审理的案件都可以旁听。

(2) 组织好参与旁听的人员，特别是强调要遵守法院的安排和纪律。

5. 活动要求

(1) 提交旁听总结报告。

(2) 撰写旁听心得并在学习交流会上交流。

第八章　物业管理侵权法律关系

【学习目标】

1. 理解和掌握侵权责任的归责原则、建筑物区分所有权、安全保障义务、证据规则等基本概念及其原理，以形成对物业管理领域内侵权行为法律处理机制的初步认识。

2. 在认识物业管理领域内三类常见侵权行为的性质和内容的基础上，把握物业管理领域内侵权责任构成规则，养成运用所学知识判断、分析、解决物业管理领域侵权法律问题的思维习惯和实操能力。

一、业主及业主委员会侵权

知识精要

1. 业主及业主委员会侵权的概念

业主委员会是通过业主大会选举产生的，代表全体业主利益的群众自治组织。业主及业主委员会侵权是指业主及业主委员会侵害物业服务公司、第三人或其他业主人身和财产等合法权益，依法应承担民事责任的行为。

2. 物业管理侵权责任的归责原则

（1）过错原则。过错是指行为人主观上的可非难性，有无过错的判断标准是损害结果是否在合理的可预见范围内（合理注意义务）。过错的大小决定了责任的大小。过错原则代替加害原则是人类历史的一大进步。过错的具体类型包括侵害人过错、受害人过错和混合过错。

过错推定是指在损害事实发生后，基于某种客观事实或条件而推定行为人具有过失，从而减轻或者免除受害人对过失的证明责任，并由被推定者负担证明自己没有过失的规则。过错推定是过错责任的一种特殊类型。《民法典》第一千一百六十五条作了明确的规定：“行为人因过错侵害他人民事权益造成损害的，应当承担侵权责任。依照法律规定推定行为人有过错，其不能证明自己没有过错的，应当承担侵权责任。”

（2）无过错原则。无过错原则又称严格责任、危险责任，适用于产品责任、建筑物倒塌等某些特殊侵权责任。无过错责任是指依照法律明文规定，不以行为人是否有主观过错，而是以已经发生的损害结果为责任判断标准的归责原则。《民法典》第一千一百六十六条规定："行为人造成他人民事权益损害，不论行为人有无过错，法律规定应当承担侵权责任的，依照其规定。"但无过错原则也不意味着所有造成损害的情况，都要求行为人承担法律责任，无过错原则有法定的免责事由，如不可抗力、受害人过错、第三人过错等。

（3）公平原则。公平原则又称衡平责任，是指当事人对造成损害没有过错，但又不能够适用无过错原则，在受害人的损失得不到补偿又显失公平的情况下，可以根据实际情况，由当事人分担民事责任的归责原则。公平原则属于法官自由裁量权范围，由法官根据实际情况酌情确定责任分担。公平原则的适用是有条件的。《民法典》第一千二百五十四条规定："禁止从建筑物中抛掷物品。从建筑物中抛掷物品或者从建筑物上坠落的物品造成他人损害的，由侵权人依法承担侵权责任；经调查难以确定具体侵权人的，除能够证明自己不是侵权人的外，由可能加害的建筑物使用人给予补偿。可能加害的建筑物使用人补偿后，有权向侵权人追偿。"这就是适用公平原则的一类具体情形。

案例分析

案例 8－1　空中飞来的横祸

［案情陈述］

案件 1：2000 年 5 月 10 日晚 10 时左右，郝某站在重庆市××区××正街 59 号居民楼大门外公路边，与李某为债务发生争执，大声喧闹至 11 日凌晨 1 时 30 分左右。突然空中掉下一个玻璃烟灰缸砸中郝某左侧头部，致其当场晕倒。经送医院救治，郝某在昏迷 7 天后脱险，但留下了严重的后遗症，医疗费等损失计 9 万元。公安机关经过侦查，也无法发现这神秘的烟灰缸是从哪里来的。郝某将×××正街 59 号楼的所有 24 家住户告上法庭，重庆××区法院经审理认为，因难以确定该烟灰缸的所有人，除事发当晚无人居住的两户外，其余房屋的居住人均不能排除扔烟灰缸的可能性，由当时有人居住的王某等有抛扔烟灰缸嫌疑的 20 户住户分担该赔偿责任，各赔偿 8 101.50 元。住户提起上诉，重庆市第一中级人民法院驳回上诉，维持原判。

案件 2：2006 年 5 月 31 日，深圳市××区××小学四年级学生钟某在放学途中，被×××大厦坠落的一块玻璃砸中头部，后经抢救无效身亡，年仅 10 周岁。深圳××警方展开了长达数月的调查，但最终仍无线索。2006 年 7 月，钟某父母委托律师，将×××大厦事发地点一侧二楼以上的 73 户业主和大厦物业服务公司——深圳市××物业经营管理有限公司告上法庭，要求法院判决 74 名被告共同承担人身损害的民事赔偿。2008 年 3 月 18 日，钟某父母收到××区人民法院的判决书，被告深圳市××物业经营管理有限公司承担30%的赔偿责任，法院同时驳回了原告对大厦73户业主的诉求。物业服务公司不服，提起上诉，深圳中级人民法院做出最终判决：××大厦北侧的74户业主每户补偿4 000元，物业服务公司免除赔偿责任。

[讨论话题]

(1) 这两起案件适用的归责原则是什么?

(2) 在这两起案件中，物业服务公司是否需要承担责任?

[思路提示]

首先，确定案件性质是一般侵权还是特殊侵权；其次，依据《民法典》的相关规定，确定有关当事人是否有侵权行为，是否应当承担侵权责任；最后，根据案件提供的资料，明确有关当事人应承担的具体责任形式和具体的财产责任范围。

[分析说明]

上述案件都是有着重大影响的典型案例，目前法院处理此类案件的主要依据是《民法典》第一千二百五十四条的规定："禁止从建筑物中抛掷物品。从建筑物中抛掷物品或者从建筑物上坠落的物品造成他人损害的，由侵权人依法承担侵权责任；经调查难以确定具体侵权人的，除能够证明自己不是侵权人的外，由可能加害的建筑物使用人给予补偿。可能加害的建筑物使用人补偿后，有权向侵权人追偿。"

物业服务企业等建筑物管理人应当采取必要的安全保障措施防止上述规定情形的发生；未采取必要的安全保障措施的，应当依法承担未履行安全保障义务的侵权责任。具体到案件2中的物业服务公司不需要承担赔偿责任，理由有三个：一是物业服务公司作为小区的管理者，其权利来源于全体业主，代表业主对小区的公共建筑部分行使管理职责，它并非房屋的所有者和使用人；二是在本案例中，发生坠物的地点是在小区外的公共道路上，并不是物业服务公司行使管理职责的区域；三是没有证据能够证明物业服务公司没有尽到安全保障义务。

[本案启示]

最好的权利救济方式是"防患于未然"。在目前的技术条件下，物业服务公司完全可以采取预防措施来避免类似纠纷的发生：首先，在小区高层建筑上安装摄像探头，及时摄录抛物人高空抛物的画面，作为追究法律责任的直接证据；其次，在小区的显著位置制作一些"视频监控地段，禁止高空抛物"的标志牌，并告知业主高空抛物的危害。这一方面可以起到警示业主、提高人们安全意识的作用，给喜欢乱丢东西的高层业主以心理压力；另一方面可以在同类案件的纠纷处理过程中，作为物业服务公司已经履行自身职责的有力证据，并进而起到规避诉讼风险的作用。

[体验分享]

试举出一个适用过错原则的业主或业主委员会侵权的事例。

政策规范

参见《民法典》第1254条规定。

二、物业服务企业及其人员侵权

知识精要

1. 物业服务企业及其人员侵权概述

这里所说的物业服务企业及其人员侵权特指物业服务企业及其员工侵害物业使用人（业主、租客）或业主团体合法的人身、财产权益的行为。侵害业主的建筑物区分所有权为物业服务公司侵权的主要表现形式。

从司法实践来看，物业服务企业的侵权行为往往又是一种违约行为，这在法律上称为责任竞合。在责任竞合的情况下，受害人既可以基于违约行为提起违约之诉，也可以基于侵权行为提起侵权之诉，但受害人只可以在两者中选其中一个，而不能同时行使双重请求权。违约之诉与侵权之诉各有利弊：违约之诉，举证责任较轻，但没有精神损害赔偿；侵权之诉，举证责任较重，但有精神损害赔偿，赔偿范围更广。究竟应该提起何种诉讼，要看案件的具体情况，选择最有利的诉讼请求。

2. 业主的建筑物区分所有权概述

《民法典》第二百七十一条规定："业主对建筑物内的住宅、经营性用房等专有部分享有所有权，对专有部分以外的共有部分享有共有和共同管理的权利。"业主的建筑物区分所有权，包括三个方面的基本内容：一是对专有部分的所有权；二是对建筑区划内的共有部分享有共有权；三是对共有部分享有共同管理的权利。业主的建筑物区分所有权三个方面的内容是一个不可分离的整体。在这三个方面的权利中，专有部分的所有权是建筑物区分所有权的"灵魂"，是业主对共有部分享有共有权以共同管理权的基础。如果业主转让建筑物内的住宅、经营性用房，其对共有部分享有共有和共同管理的权利也一并转让。

案例分析

案例8－2　物业服务公司私自出租公共部位侵权案

［案情陈述］

某物业服务公司将小区内所有住宅楼内一层电梯旁的架空层围起来，出租给他人设摊经营，并将每栋住宅楼一层大堂和电梯内空位租给广告公司牟利。小区的业主们认为物业服务公司未经业主大会同意，无权这样做。在与物业服务公司协商未果的情况下，60多名业主向法院提起了诉讼。在法庭上，作为被告的物业服务公司辩称：“该小区物业费偏低，而且很多业主拖欠物业费，无奈之下物业服务公司才决定将小区的公共部位出租，用租金来弥补公司运作经费的不足。”一审法院经审理认为，被告物业服务公司未经业主同意，擅自将小区公共部位出租给他人经营，已经侵犯了业主的建筑物区分所有权，应当承担民事责任。因此，判决被告物业服务公司停止侵权，返还违法所得，赔偿损失。

［讨论话题］

你认为本案应如何处理?

［思路提示］

首先对照相关法条和物业服务合同，看是否属于物业服务公司的权限范围；其次依据《民法典》和《物业管理条例》的相关规定，确定有关当事人是否有侵权行为，是否应当承担侵权责任；最后根据案例提供的资料，明确当事人应承担的具体责任形式和具体的财产责任范围。

［分析说明］

在物业服务公司私自出租公共部位侵权案中，物业服务公司的行为已经构成侵权，要承担相应的法律责任。根据业主的建筑物区分所有权理论，小区的公共设施、共有部位属于全体业主共同所有，因使用共有部位、公共设施产生的收益应当归属于业主。物业服务公司如果要利用公共设施、共有部位牟利，必须遵循《物业管理条例》第五十五条的规定：“利用物业共用部位、共用设施设备进行经营的，应当在征得相关业主、业主大会、物业服务企业的同意后，按照规定办理有关手续。业主所得收益应当主要用于补充专项维修资金，也可以按照业主大会的决定使用。”

简单来说，出租小区的公共部位要经过业主大会同意，由于物业服务公司在对出租部位的管理活动中也付出了劳动，所以出租公共部位所得的收益，物业服务公司可以获得应得的一部分。

［本案启示］

物业服务公司在处理有关业主的建筑物区分所有权的问题上，一定要注意依法办事。一方面，业主对专有部分的所有权受到法律的严格保护，即使是涉及公共利益，物业服务公司也无权进入业主的物业，而应交由有权的国家机关来处理；小区公共部位属于业主共有，用于经营使用要经业主同意，否则会构成侵权行为。另一方面，作为业主要积极主动地采取行动，维护自己的合法权益。

［体验分享］

请说出你所居住的小区物业的公共部位有哪些，业主对这些公共部位享有什么样的权利。

政策规范

（1）参见《物业管理条例》第50条、第55条规定。

（2）参见《民法典》第271条、第272条、第273条规定。

三、第三人侵权

知识精要

1．第三人侵权的概念

第三人侵权是指物业服务公司和物业使用人以外的第三者，侵害物业使用人的人身、财产权利的行为。根据谁侵权、谁负责的侵权法原则，第三人应当对其侵权所造成的损害承担法律责任，但现实中找不到第三人或者第三人无力承担侵权损害赔偿责任的情况时有发生，受害者往往要求物业服务公司承担责任。针对这类情况，《民法典》第一千一百九十八条做了规定："宾馆、商场、银行、车站、机场、体育场馆、娱乐场所等经营场所、公共场所的经营者、管理者或者群众性活动的组织者，未尽到安全保障义务，造成他人损害的，应当承担侵权责任。因第三人的行为造成他人损害的，由第三人承担侵权责任；经营者、管理者或者组织者未尽到安全保障义务的，承担相应的补充责任。经营者、管理者或者组织者承担补充责任后，可以向第三人追偿。"

2．安全保障义务

安全保障义务是指经营者在其服务场所内对消费者或者其他进入服务场所的人的人身、财产安全依法承担的合理限度范围内的安全保障义务。酒店、车站、商店、会所等接待顾客的场所属于服务场所；电信部门的经营场所、体育馆（场）、动物园、公园向公众开放的部分属于服务场所；银行、证券公司等的营业厅也属于服务场所；物业服务公司服务管理的物业区域，也属于服务场所。安全保障义务的主要内容包括以下方面：

（1）硬件方面的安全保障义务①。

①经营场所使用的建筑物和与服务相关的设施设备达到有关的安全标准。

首先，经营者所使用的经营场所的建筑物应当符合法律法规的规定。建筑物应当符合《中华人民共和国建筑法》和《建筑工程质量管理条例》等法律法规的质量要

---

① 引自张新宝教授：《经营者对服务的安全保障义务讲座》，中国民商法网。

求，应当经过建筑行政管理部门验收合格，不得存在安全隐患。

其次，有符合消防要求的设施设备。小区内的设施设备要符合《中华人民共和国消防法》《高层建筑消防管理规则》等规定。物业服务公司应当按照国家有关规定配置消防设施和器材，设置消防安全标志，并定期组织检验、维修，确保消防设施和器材完好有效；保障疏散通道、安全出口畅通，并设置符合国家规定的消防疏散标志等。建筑高度超过24米的建筑物的走廊、楼梯、出口等部位，要经常保持畅通，严禁堆放物品；疏散标志和指示灯要完整好用；建筑物内必须有安全疏散指导图；建筑物内的报警设备必须保证灵敏好用；建筑物内的自动报警和灭火系统，防、排烟设备，防火门、防火卷帘和消防栓等，要定期测试，凡是失灵破损的，要及时维修或更换；等等。

最后，对服务场所内的电梯，法律规定了要实行安全使用制度，新电梯安装必须取得劳动部门颁发的安全使用证后方可运行；对在用电梯实行安全年检制度，在使用单位日常维修保养的基础上，每年应进行一次安全检验。

建筑物、相关配套设施还必须由物业服务公司经常、勤勉地维护，使它们一直处于良好的运行状态。比如电梯要经常性维护保养；灭火器材要及时换药粉；安全出口不能上锁，不能被占用，不能堆放物品；消防栓、灭火器材不能被遮挡、压埋。

②根据社区情况，合理布岗执行门卫值班制度，实施安保制度，并在相关岗位配备合格的工作人员。

物业服务公司应当根据其规模配备相应数量的保安人员，且必须培训合格，实行持证上岗；游泳场（馆）应当设置救生人员，且培训合格，持证上岗。

（2）软件方面的安全保障义务。

①消除内部不安全因素，为业主创造一个安全、舒心的生活环境。

物业服务公司向业主提供的服务内容和服务过程应当是安全的，如果服务内容存在对业主人身或财产造成损害的危险或者服务的过程，存在对业主人身或财产造成损害的危险，就属于内部不安全因素。比如小区内的游泳池、会所等没有定期消毒，引起传染病的传播等。

②防范外部不安全因素，制止来自第三方的对业主的侵害。

这主要是指通过物业服务公司员工的日常服务管理，照顾、保护业主的人身和财产安全不致遭受来自第三方的侵害，比如出入小区的陌生人要进行登记，对小区内的可疑人物进行询问。要求配备保安人员是一个硬件要求，而要求保安人员在日常工作中认真执行任务，认真积极地履行保护义务，防御来自第三方的侵害，则是一个软件方面的要求。

③危险因素的警示、说明、报告、救助义务。

经营者应当对各种可能出现的伤害和意外情况等做出明显的警示，比如刚刚做过清洁的地板较滑，应当在显著位置设置“地板未干，小心滑倒”字样的警示牌；对有危险性的设施（电梯、变电设备）须向业主做出明确警示，并说明正确的使用方法；物业服务公司在小区内发现犯罪嫌疑人以及危险物品或发生治安、刑事案件或各类灾害事故时，要立即报告公安机关，并保护好事故现场，做好调查和援助工作等。

案例分析

案例8－3　第三人劫杀业主案

［案情陈述］

案件1：2004年5月29日，深圳市××区××花园发生恶性凶杀案，居住于此花园的业主周某、其女友向某及小孩、保姆等5人惨遭杀害。本案因周某曾是××卫视董事局副主席的身份，备受媒体关注。凶案的经过：周某的女友向某嗜好打牌，认识罪犯吴某和罗某，并邀请二人到家打牌，因出手阔绰，炫耀财富，引起吴某等人的犯罪动机。罪犯利用熟人关系，伺机骗其家中保姆开门，入宅后将保姆、小孩和其后陆续返家的周某等人捆绑并逐一杀害。2005年3月，向某之父以该小区物业服务公司"失职"，"与惨案的发生有着相当的因果关系""应对罪犯的侵权行为承担补充赔偿责任"为由，向该公司提出120万元的民事赔款。

案件2：2002年4月2日，郑某入住某小区，物业管理处交给郑某一份住宅装修管理规定，其中要求装修人员必须持有效证件，在进入小区范围时必须佩戴装修出入证。同日，郑某与物业管理处签订了《物业管理服务协议》，约定物业管理处的保安协助公安部门维护本物业区域内的公共秩序，24小时安全巡逻及值班，及时妥当处理各类突发事件。入住当年，郑某对其房屋进行了装修，钟某作为装修工人，参与了对郑某房屋的装修施工。物业管理处为钟某办理了出入证，并写明了有效期。2003年7月21日上午9时许，钟某持过期装修出入证对物业管理处的保安员谎称是装修工人，保安员未认真查实是否在该小区从事装修，也未进行出入登记，便予以放行，钟某骗开郑某的房门后入室抢劫，并先后将保姆及郑某杀害。

［讨论话题］

小区物业服务公司是否应当承担侵权赔偿责任?

［思路提示］

在第三人侵权的情况下，按照法律规定或合同约定，如果物业服务公司尽到了安全保障义务，则无须承担责任。

［分析说明］

物业服务企业作为从事经营活动的社会组织，对其管理区域内人员的人身、财产安全负有合理限度范围内的安全保障义务。该义务为法定义务，不得以合同方式约定减轻或免除。

在案件1××花园灭门惨案中，物业服务公司在小区各出入口均安装密码防盗门，住户或其他人凭密码方可进入。但因是熟人作案，且事前经过精心策划，骗取保姆主动开门，即使物业服务公司在案发时对犯罪分子进行询问或登记，物业服务公司也难以防止或制止损害结果的发生，物业服务公司已尽到了合理限度范围内的安全保障义务，对损害结果的发生不存在过错，无须承担民事责任。

在案件2装修工劫杀业主案中，物业管理处对以装修工人名义进入住宅楼内的人员，采取适当的方式核实其身份，属于合理限度范围内的安全保障义务。本案中，钟某出示过期的装修出入证时，物业管理处未认真查验，未要求钟某登记，未以适当的方式核实钟某的身份是否真实，即同意钟某进入住宅楼内，显属未尽合理限度范围内的安全保障义务的行为，物业管理处有过错。如果物业管理处查验了钟某的装修出入证而不同意其进入，则不会发生郑某被杀害的后果。故物业管理处未尽合理限度范围内的安全保障义务的行为，与该危害后果的发生之间，存在有相当因果关系。至于具体发生何种危害后果，不影响相当因果关系的成立。因第三人侵权导致损害结果发生的安全保障义务人有过错的，就应该在其能够防止或者制止损害的范围内承担相应的补充赔偿责任，物业服务公司并不能以其不是侵权人、不存在侵权行为、对受害人的被害没有主观过错为由不承担损害赔偿责任。

［本案启示］

第三人侵害小区业主合法权益时，本应由第三人承担相应的法律责任，但如果物业服务公司未尽合理限度范围内的安全保障义务致使他人遭受人身损害的，应按照法律规定承担相应的补充赔偿责任。《民法典》第一千一百九十八条确认了物业服务公司的安全保障义务。本案的处理结果给广大的物业服务公司敲响了警钟：物业服务公司应在合理限度范围内承担安全保障义务，如其未尽合理限度范围内的安全保障义务，致使他人遭受人身损害的，应按照法律规定承担相应的赔偿责任，而且只要是经营者都有安全保障义务，本案为类似案件提供了明确的指引。

［体验分享］

请各位学员思考，为什么法律要规定经营者的安全保障义务？

政策规范

参见《民法典》第1198条规定。

四、物业侵权证据规则

知识精要

侵权是民事责任的一种，侵权证据规则实际上就是民事证据规则。

1. 民事证据的种类

一般认为证据具有客观性、相关性、合法性三个特性。《中华人民共和国民事诉讼法》第六十六条规定证据有下列几种：

（1）当事人的陈述。当事人的陈述是指当事人就本案的事实情况向人民法院所作的陈述，包括当事人自己说明的案件事实和对对方当事人提出的案件事实的承认。

（2）书证。书证是指以文字、符号、图形等记载或表达的内容来证明案件事实的证据。某些证据如果既能以其记载或表达的内容证明案件事实，又能以其外部特征再现案件真实，该类证据则既是书证又是物证。

（3）物证。凡是以自身存在的外形、规格、所处位置、损坏程度等物理特性来证明案件事实的物质或痕迹，即称为物证。

（4）视听资料。视听资料是指利用录音、录像等技术手段反映的声音、图像以及电子计算机储存的数据证明案件事实的证据。

（5）电子数据。电子数据即电子形式的数据信息，所强调的是记录数据的方式而非内容。

（6）证人证言。证人是指了解案件情况并向法院或当事人提供证词的人。证人对案件事实所作的陈述为证人证言。

（7）鉴定意见。鉴定意见是指在诉讼中运用专门知识或技能，对某些专门性问题进行检验、分析后所做出的科学判断。如某文书上的签名是真是假、某建筑工程的合理造价是多少、当事人之间有无亲子关系等。

（8）勘验笔录。勘验笔录是指人民法院为了查明案件的事实，指派勘验人员对与案件争议有关的现场、物品或物体进行查验、拍照、测量，并根据查验情况与结果制成的笔录。

以上证据必须查证属实，才能作为认定事实的根据。

2. 优势证据规则（高度盖然性规则①）

在诉讼中，当事人对自己提出的主张，有责任提供证据，能够举出确实充分证据

---

① 所谓盖然性，《现代汉语词典》中的解释是：有可能但又不是必然的性质。高度盖然性，即根据事物发展的高度概率进行判断的一种认识方法，是人们在对事物的认识达不到逻辑必然性条件时不得不采用的一种认识手段。所谓高度盖然性的证明标准，是将盖然性占优势的认识手段运用于司法领域的民事审判中，在证据对待证事实的证明无法达到确实充分的情况下，如果一方当事人提出的证据已经证明该事实发生具有高度的盖然性，人民法院即可对该事实予以确定。

的一方当事人将获得诉讼的胜利。司法实践中，很多案件的证据无法达到“客观真实”的高度，甚至双方提交的证据是相互矛盾的，这时优势证据规则就有了用武之地。

优势证据规则是指民事诉讼中在证据对待证事实的证明无法达到确实充分的情况下，如果一方当事人提出的证据已经证明该事实发生具有高度的盖然性，人民法院即可对该事实予以确定。

适用优势证据规则的条件有三个：①诉辩双方就同一事实做出截然相反的陈述；②对该事实须由拥有自由裁量权的法官加以确认；③法官通过对诉辩双方提出的证据加以比较，确认哪方提出的事实存在的可能性明显大于对方。

优势证据规则并不是要比较双方当事人举证的数量，而是要比较双方当事人证据证明力的大小。如一方当事人提供了较多的证人证言，但与对方当事人仅有的一个书证相比较，根据证据的一般规则，证人证言的可信度低于书证，书证即使是孤证，也相对能确定案件的事实。

案例分析

案例8－4　业主与保安斗殴案

［案情陈述］

张某是××小区的业主，该小区由××物业服务公司管理。小区实行的是封闭式管理模式，业主出入都要刷业主卡。一天深夜，张某回到小区，发现自己忘记带业主卡，值班保安因此不让他进小区，两人发生了口角，进而扭打起来，闻讯而来的保安拉开了他们。张某报警后，在公安人员的陪同下，和值班保安一起验伤。经鉴定，两人均为轻微伤。张某要求值班保安和物业服务公司承担责任，但物业服务公司认为，是张某先打人的，物业服务公司不承担责任。由于门口的视频监控设备两天前已经坏了，尚未修好，无法回放当时斗殴的情况，物业服务公司拿出了值班保安同事王某的证词，证明是张某先打人的。张某找到了一位事件发生时刚好经过的刘先生写的证词，证明是保安先动手打人。协商无效后，张某起诉到法院要求物业服务公司承担责任。本案的证据包括物业服务公司保安王某的证词，刘先生的证词，双方的验伤报告。

［讨论话题］

你认为本案应如何处理？

［思路提示］

首先，要看当事人双方提交的证据是否客观、合法、充分。其次，如果双方当事人都无法提交充分有效的证据的话，则看哪一方当事人的证据更具有优势或说服力。最后，提交相对具有优势或说服力证据的一方将获胜。

［分析说明］

根据本案提供的资料，我们发现当事人双方都无法提交充分确实的证据支持自己的主张，因此本案的处理要适用优势证据规则，就是由法官来判断哪一方当事人提交的证据更具有证明力。张某和物业服务公司提交的都是证人证言，根据《最高人民法院关于民事诉讼证据的若干规定（2019 年修订）》第八十七条的规定："审判人员对单一证据可以从下列方面进行审核认定：（一）证据是否为原件、原物，复制件、复制品与原件、原物是否相符；（二）证据与本案事实是否相关；（三）证据的形式、来源是否符合法律规定；（四）证据的内容是否真实；（五）证人或者提供证据的人与当事人有无利害关系。"

物业服务公司保安王某与当事人是同事关系，可以理解为王某和物业服务公司有较密切的关系，而刘先生和张某没有亲属、同事关系，只是经过的路人，因此刘先生证言的证明力要高于物业服务公司保安证言的证明力。

［本案启示］

"打官司就是打证据"，这是民事诉讼的一个基本常识。本案例留给我们的启示是：当侵权行为发生后，我们一定要注意收集、保存好相关证据，特别是对自己有利的证据。如果受到客观环境的限制，无法收集到很多证据，那么将优先采集证明力较高的证据。

［体验分享］

民事证据的七种类型都存在于人们的身边，请结合自己生活、工作的环境分别举出一个实例。

政策规范

参见《最高人民法院关于民事诉讼证据的若干规定》第 73 条、第 77 条规定。

【本章小结】

本章主要针对侵权责任的归责原则、安全保障义务、证据规则等基本概念及其原理，以形成对物业管理领域内侵权行为法律处理机制的理解与掌握，设计了一些典型的案例进行分析，以帮助学生养成运用所学知识判断、分析、解决物业管理领域侵权法律问题的思维习惯和实操能力。

【练习与实践】

一、案例试析

案例练习 8－1　私自将住宅分割改造成群租房的案件

［案情陈述］

2009 年 6 月，王女士向李先生租赁了位于广州市某小区内的一套房屋，约定租赁期限为两年，房租为每月 3 000 元，租金每三个月以现金支付，约定“甲方（李先生）同意乙方（王女士）分割出租（转租）”。租赁合同生效后，王女士将承租的住房进行装修改造，把李先生的“两室两厅”变成了八间房。装修完成后，王女士要运进房间八张大床，被该小区的物业服务公司阻止，理由是王女士的行为违反小区管理规约，擅自改变住宅实际功能和布局的情况，将两室房间改装成八间房间，分别租给不同的人居住，存在治安隐患。王女士认为物业服务公司妨害了其正当行使权利，诉请法院判决物业服务公司停止侵权，不得无理阻挠她及房客正常进入小区，并赔偿她的房屋租金 9 000 元。

［分析问题］

（1）王女士的主张能否得到法院的支持？为什么？

（2）小区物业服务公司应如何处理群租房的问题？

案例练习 8－2　王某侵犯业主共有权的案例

［案情陈述］

王某与李某在北京市某小区同一栋楼相邻而居。2021 年 3 月，李某在自己家的房门外顺楼道往外延长约 60 厘米安装了一道防盗门。该防盗门距离王某家的房门仅 10 厘米左右，严重影响王某及其家人的出入与居住。王某曾多次找李某协商，但李某均不予理会，后来王某将李某告上法院。王某认为，根据《民法典》第二百七十一条关于“业主对建筑物的住宅、经营性用房等专有部分享有所有权，对专有部分以外的共有部分享有共有和共同管理的权利”的规定，住宅的楼道是属于全体业主共有的建筑物共用部分，李某通过向外延伸安装防盗门的方式，非法占有共有空间，扩大自己专有部分的范围，侵害了全体业主的合法权益，也违反了《民法典》物权编第七章关于相邻关系的规定，因此，请求李某承担排除妨碍、恢复原状的责任。

李某辩称，根据房屋设计的结构，其安装防盗门的地方是其外门的外延，该外延仅是她家进出的必经之路，其他住户无须经过此地，因此安装防盗门不会妨碍其他住户。

［分析问题］

（1）李某的行为存在着什么问题？

（2）业主的建筑物区分所有权的内容是什么？

二、实践活动

1. 活动主题

模拟法庭：物业管理民事纠纷的案件。

2. 活动目的

加强学生对我国司法实践的了解，接受法学思维和业务技能的基本训练，培养和训练学员认识、观察社会的能力以及运用法律知识分析问题、解决问题的基本能力。

3. 活动内容

（1）确定参加人员。进行模拟开庭之前，由指导教师牵头，安排学生开展模拟活动；建议一个案件以学习小组为活动单位开展。

（2）案件选择。学生可以在模拟法庭案例库中选取，也可以自行寻找典型案例。指导教师可根据实际情况进行调整，并避免所有同学都选取同一个案例。

（3）角色分工。模拟案件中的角色分配可以由同学们自行选择，也可以由教师指定。为尽量发挥个人优势，建议分配角色时作如下考虑：

①法官。为加强对诉讼过程的管理和庭审控制，担任法官者需要有良好的诉讼法理论知识，熟悉庭审的具体程序。法官可以是多人构成的一个团体，但对外以法官形象整体出现。

②书记员。书记员角色相当于“纪律委员”，主要是宣布法庭纪律，核实人员是否到齐等。

③律师、诉讼代理人、辩护人。担任律师、诉讼代理人、辩护人的学生应当思维敏捷，逻辑缜密，表达清楚，熟悉法律法规。

④当事人。当事人要明确己方立场，维护自身利益或社会整体利益，应特别注意把握案件细节。

⑤制作模拟证据的人员。证据是诉讼的核心，模拟法庭上要求双方出示证据，此时可以通过文书、图片、录音等形式表现法定证据。

4. 活动要求

（1）选取有较大争议的典型案例，使当事人双方及其代理人都有发表不同观点的余地。

（2）模拟法庭开庭过程中，参与人应忠于事实和法律，恪守职业道德，遵守法庭纪律，不得进行人身攻击。

5. 活动成果

模拟法庭结束后，参加模拟法庭的学生应对实践活动情况进行汇报，说明自己在活动中充当的角色、发挥的作用和从中得到的收获或启示，形成书面报告（不少于500字）。小组成员之间可以讨论、互评、共同整理。指导教师结合模拟庭审的进行情况对各个学生逐一点评。

第九章　物业管理行政法律关系

【学习目标】

1. 理解和掌握物业管理行政处罚、行政强制执行、行政复议和行政诉讼的基本概念，认识提起行政复议、行政诉讼的基本程序。

2. 在认识行政法基本概念和基本原理的基础上，树立依法行政的意识，进而学会用行政法维护业主和物业服务公司的合法权益，监督物业管理相关行政机关依法行政。

一、物业管理行政处罚

知识精要

1. 物业管理行政处罚的概念与特征

物业管理行政处罚，指物业管理相关行政主管机关或授权组织对违反物业管理行政管理法律法规的行政相对人给予法律制裁的行为。

物业管理行政处罚具有以下特征：行政处罚的主体是物业管理相关行政机关或法律法规授权的组织；行政处罚的对象是作为相对方的公民、法人或其他组织；行政处罚的前提是相对方实施了违反行政法律规范的行为，法律法规规定必须处罚的行为才可以处罚，法律法规没有规定的不能处罚；行政处罚以惩戒物业管理领域内的违法行为为目的。

2. 物业管理行政处罚的种类

我国《行政处罚法》对行政处罚的种类作了统一的规定，即警告、罚款、没收违法所得、没收非法财物、责令停产停业、暂扣或者吊销许可证、执照、行政拘留以及法律行政法规规定的其他行政处罚。

案例分析

案例 9－1　以欺骗手段取得资质证书的行政处罚

［案情陈述］

广州市××物业服务公司已经在 2009 年 6 月取得了二级物业服务企业资质证书。

有人举报××物业服务公司在申请二级物业服务企业资质核准时有弄虚作假的行为，广东省住房和城乡建设厅展开调查发现：一是广州市××物业服务公司的申请材料中使用了已调离人员李某等数人的职称证书；二是负责服务管理的物业建筑面积实际未达到《物业服务企业资质管理办法》第五条的最低标准，××物业服务公司在申请二级物业服务企业资质时有虚报管理的物业建筑面积的行为。因此广东省住房和城乡建设厅决定撤销广州市××物业服务公司二级物业服务企业资质，并处以5万元的罚款。

［讨论话题］

（1）广东省住房和城乡建设厅的处罚是否合适？

（2）广东省住房和城乡建设厅的处罚程序是怎样的？

［思路提示］

行政处罚必须严格依照法律法规的规定来进行，具体到本案例，主要是依据《中华人民共和国行政处罚法》和《物业管理条例》的相关规定。

［分析说明］

广东省住房和城乡建设厅的处罚是合适的，参见《物业管理条例》第六十条的规定，广东省住房和城乡建设厅应遵循行政处罚一般程序的规定。

物业管理行政处罚的程序，是指物业管理主管部门在作出处罚决定过程中所遵循的步骤与方式。

根据《中华人民共和国行政处罚法》的规定，处罚决定程序有两种：简易程序和一般程序。

（1）简易程序是指当场处罚程序，主要适用于事实清楚、情节简单、后果轻微的违法行为。简易程序有利于提高行政处罚的效率。本案的行政处罚性质较重，不能适用简易程序。

（2）行政处罚的一般程序包括以下几个具体步骤：①立案，属于物业管理主管部门管辖的行政违法行为或重大违法嫌疑情况，经审查后认为依法需要处罚的，予以立案。②调查取证。首先表明身份，即做出处罚的人员应当向当事人出示他自己执行公务的身份证件，以证明自己有权对当事人进行调查；其次全面、客观、公正地收集有关证据。③说明理由和当事人陈述与申辩，即做出处罚的人员要指出当事人违法行为的违法事实，说明要给予行政处罚的理由及有关依据，并告知当事人有权进行陈述和申辩，同时还要听取当事人的陈述与申辩。④制作处罚决定书以及备案、送达。

行政处罚行为是要式行政行为，当场处罚必须有处罚决定书。处罚决定书采用有关机关统一制作的预定格式，编有号码，由当场作出处罚的人员进行填写。行政处罚决定书应当载明当事人违法行为、行政处罚的依据、处罚的决定、处罚的时间、处罚的地点以及作出处罚决定的机关、人员签名或盖章，还要有告知当事人申请复议或诉讼的内容。

[本案启示]

房屋作为不动产，属于业主的主要财产之一，物业服务企业管理着业主的财产，责任重大。物业服务资质是物业服务公司服务能力的重要体现。一旦发现用欺诈手段取得资质证书而从事物业管理的物业服务企业，应当依法追究其法律责任。业主们也应当提高自身的维权意识，发现有上述情况，可以向有关部门反映，追究其行政责任。

[体验分享]

请各位同学学习相关的法律条文，谈谈物业服务公司和业主的哪些行为可能导致行政处罚。

政策规范

（1）参见《物业服务企业资质管理办法》第 5 条规定。

（2）参见《物业管理条例》第 60 条规定。

二、物业管理行政强制执行

知识精要

物业管理行政强制执行，指物业管理的相关主管行政机关或部门，在行政管理过程中，对不履行义务的行政相对人，直接或依法申请法院采取强制措施强迫相对人履行义务的行政行为。

行政强制执行有两种，即由行政机关自己执行和经行政机关申请由法院执行。绝大多数的物业管理行政强制执行，依法应由法院执行。行政机关向法院申请执行的期限是自起诉期限届满之日起 3 个月内，逾期申请的，人民法院不予受理。对于已经生效的具体行政行为，如果行政机关不执行或不申请法院执行，承受该具体行政行为权利的一方当事人有权向行政机关提出执行申请。

行政强制执行可分为间接强制和直接强制（包括人身强制和财产强制，如强制传唤、强制拆除等）两大类。其中，间接强制又分为两种：一是代执行，指相对人本人不履行法律义务，而此项义务可以由第三人代为履行而能实现同一执行目的的，行政机关或法院可以依法委托他人代为履行，然后由负有义务的行政相对人承担因此所发生的一切费用。代执行的程序一般分为告诫责令、代执行、费用征收三个阶段。二是执行罚，指行政相对人不及时履行他人又不能代为履行的作为义务或不作为义务，行政机关可以依法采用财产上新的给付义务的办法，促其履行义务。

行政处罚执行程序，是指确保行政处罚决定所确定的内容得以实现的程序。行政处罚决定一经做出，就具有法律的效力，处罚决定中所确定的义务，必须得到履行。

行政处罚决定作出之后，当事人应当在法定的期限内自觉履行处罚决定所设定的义务。如果当事人没有正当理由逾期不履行，则强制执行。强制执行通常有以下几种措施：到期不缴纳罚款的，每日按罚款数额的一定比例加收滞纳金；根据法律规定，将查封、扣押的财物拍卖或者将冻结的存款划拨抵缴罚款；申请人民法院强制执行；行政机关自行执行。

案例分析

案例9－2　××岛违章建筑被强拆

［案情陈述］

××市××岛××花园的违法扩建行为早已有之，2009 年 9 月以来，违法建设更加集中、突出，多户业主争相攀比、效仿，对别墅进行较大规模的违法改建、扩建。其中不乏修筑凉亭、开挖鱼池、扩建地下室、改变主体结构等违法行为。更有甚者，个别业主将原有别墅推倒重建。经过调查取证，该市规划局将业主的行为定性为违法。城管部门给出一个月的时间让业主自拆，2010 年 7 月 22 日开始强拆。

［讨论话题］

（1）行政机关强制拆除违章建筑的法律依据是什么？

（2）行政机关强制拆除违章建筑的费用由谁来承担？

［思路提示］

不同领域内，行政强制执行的要求和程序有所不同。具体到本案例，主要依据的是《中华人民共和国城乡规划法》的相关规定。

［分析说明］

根据我国 2008 年 1 月 1 日开始实施的《中华人民共和国城乡规划法》第六十四条、第六十八条的规定，违法建设工程所在地县级以上地方人民政府可以责成有关部门采取查封施工现场、强制拆除等措施。这是目前行政机关强制拆除违章建筑的最主要的法律依据。

行政机关强制拆除违章建筑的费用由谁来承担，这个问题应该说目前没有明确的法律规定。行政机关认为应当由业主承担，但业主认为强拆行动是政府部门单方面执行，没有知会业主和得到业主的同意，所以费用应该由城管部门承担。从实践来看，城管执行强拆行动，要不就全部负责费用，要不就由业主支付，但往往由于业主不愿支付，政府部门也很难将费用追讨回来，所以最终强拆费用还是全部由政府支付。

［本案启示］

针对违章建筑的强制执行不是一定要等到高层领导明令处理才施行。滞后的执法会造成政府公信力的损害和扩大违建业主的损失这一“双亏”局面。一方面，由于职能部门对违法行为没有及时制止，会让公众对政府的执政能力和公信力产生怀疑，也会进一步纵容违法行为的发生；另一方面，如果在违建行为发生的最初强力制止，那么最早违建的业主就会及时停止违法行为，许多业主也不会跟风而上，这样也就减少了业主们的损失。因此，本案例应该引起相关职能部门的反思，考虑如何从制度和立法上防范违建于未然。

［体验分享］

请同学们查找资料，看看哪些情况可以由行政机关自行执行，哪些情况必须申请人民法院强制执行。

政策规范

参见《中华人民共和国城乡规划法》第 64 条、第 68 条规定。

三、物业管理行政复议

知识精要

1. 物业管理行政复议的含义与特征

物业管理行政复议是指业主、物业服务公司或者其他组织认为物业管理相关行政机关的具体行政行为侵犯其合法权益，依法向上一级行政机关提出申请，由受理申请的行政机关对具体行政行为依法进行审查并作出处理决定的活动。

行政复议具有以下特点：行政复议是行政机关的行政行为；行政复议是以行政争议为处理对象的行为；行政复议是由行政相对人提起的一种依申请而产生的行为；行政复议是一种行政司法行为。

2. 物业管理行政复议的范围

物业管理行政复议的范围，是指行政机关受理行政复议案件的范围，也是行政相对人可以通过行政复议获得救济的范围。从理论上说，任何权利都需要相应的救济，因此，作为公民权利救济手段的行政复议，它的范围应与行政权的范围是一致的。但是，具体到一国的立法实践中，行政复议的范围却受诸多因素的影响而往往要小于行政权的范围。《中华人民共和国行政复议法》（以下简称《行政复议法》）规定，行政复议的范围包括具体行政行为和抽象行政行为。根据《行政复议法》第八条的规定：“不服行政机关作出的行政处分或者其他人事处理决定的，依照有关法律、行政法规的规定提出申诉。不服行政机关对民事纠纷作出的调解或者其他处理的，依法申请仲裁或者向人民法院提起诉讼。”此外，对国防、外交等国家行为不服的，不能申请复议。

3. 物业管理行政复议机构

（1）我国的行政复议机构有两类：一类是地方各级人民政府，另一类是各级人民政府的职能部门。因此，复议机构的设置也分两种情况：①地方各级政府的复议机构。地方各级人民政府的复议机构设在政府的法制工作机构内或与政府法制工作机构合署办公。②各级政府职能部门的复议机构。

（2）行政复议机构的职责。根据《行政复议法》第三条的规定，行政复议机关负责法制工作的机构具体办理行政复议事项，履行下列职责：“（一）受理行政复议申请；（二）向有关组织和人员调查取证，查阅文件和资料；（三）审查申请行政复议的具体行政行为是否合法与适当，拟订行政复议决定；（四）处理或者转送对本法第七条所列有关规定的审查申请；（五）对行政机关违反本法规定的行为依照规定的权限和程序提出处理建议；（六）办理因不服行政复议决定提起行政诉讼的应诉事项；（七）法律、法规规定的其他职责。”

4. 物业管理行政复议的程序

根据《行政复议法》的规定，物业管理行政复议的程序分为申请、受理、审理、决定和执行五个阶段。

案例分析

案例 9－3　业主委员会申请撤销新站原建设局环保批复案

［案情陈述］

许某承租××园高 01 号住宅楼二单元底层和地下一层自行车库（内有总配电室），面积约 1 200 平方米，开设××酒家，地下一层自行车库被其改建成酒店厨房操作间。合肥市新站原建设局作出的《关于〈××酒家××路店项目环境影响报告表〉的批复》（以下简称《批复》）同意了许某该项目的建设。××园小区业主委员会认为，合肥市新站原建设局的批复明显违反了《物业管理条例》第四十九条规定，因此业主委员会向合肥市人民政府提起行政复议，要求撤销合肥市新站原建设局的批复。

［讨论话题］

××园小区业主委员会的主张是否成立？

［思路提示］

行政机关做出具体行政行为必须严格依照法律法规的规定，否则可能是无效或被撤销的，本案例主要可参考《物业管理条例》第五十条的规定。

［分析说明］

××园高01号住宅楼地下一层为自行车库，应当属于规划建设的共用设施。根据《物业管理条例》第四十九条规定："物业管理区域内按照规划建设的公共建设和共用设施，不得改变用途。业主依法确需改变公共建筑和共用设施用途的，应当在依法办理有关手续后告知物业服务企业；物业服务企业确需改变公共建筑和共用设施用途的，应当提请业主大会讨论决定同意后，由业主依法办理有关手续。"在原告没有提供依法办理改变地下一层共用设施用途有关手续的情况下，新站原建设局做出同意原告该项目建设的《批复》，将规划建设的地下一层自行车库用作酒店经营用房，显然不符合《物业管理条例》的上述规定。合肥市政府应当撤销新站原建设局做出《批复》的具体行政行为。

［本案启示］

现实中，由于监督机制和自我约束机制的不完善，政府部门违法作出具体行政行为的情况时有发生。业主和物业服务公司要敢于、善于运用法律手段维护自己的合法权益，同时这也是促进行政机关依法行政的不可或缺的一个途径。

［体验分享］

同学们思考一下，行政复议是否是必经程序，即业主们能否不经过行政复议，直接向人民法院提起行政诉讼？

政策规范

参见《物业管理条例》第49条规定。

四、物业管理行政诉讼

知识精要

1. 物业管理行政诉讼的概念

物业管理行政诉讼是指业主、物业服务公司或者其他组织认为物业管理主管部门作出的行政行为侵犯其合法权益，依法定程序向人民法院起诉，人民法院对被诉行为的合法性进行审查并作出裁决的活动。

2. 物业管理行政诉讼的基本原则

行政诉讼除坚持共同的司法原则外，其特有原则有：①当事人选择复议原则；②审查具体行政行为合法性原则；③具体行政行为不因诉讼而停止执行原则；④不适用调解原则；⑤司法变更权有限原则；⑥被告行政机关负举证责任原则；等等。

3. 行政诉讼的受案范围

《中华人民共和国行政诉讼法》（以下简称《行政诉讼法》）根据我国的具体情况，在确定人民法院受理行政案件的范围时，从肯定与否定两方面做出规定。

人民法院受理公民、法人或者其他组织对下列具体行政行为不服而提起的九类诉讼：①对拘留、罚款、吊销许可证和执照、责令停产停业、没收财物等行政处罚不服的；②对限制人身自由或者对财产的查封、扣押、冻结等行政强制措施不服的；③认为行政机关侵犯法律规定的经营自主权的；④认为符合法定条件申请行政机关颁发许可证和执照，行政机关拒绝颁发或者不予答复的；⑤申请行政机关履行保护人身权、财产权法定职责，行政机关拒绝履行或者不予答复的；⑥认为行政机关没有依法发给或足额发给抚恤金的；⑦认为行政机关违法要求履行义务的；⑧认为行政机关侵犯其他人身权、财产权的；⑨法律法规规定可以提起诉讼的其他行政案件。

《行政诉讼法》第十三条规定了司法审查的排除性条款，即明确规定某些事项法院不予受理。它们是：①国防、外交等国家行为；②行政法规、规章或者行政机关制定、发布的具有普遍约束力的决定、命令；③行政机关对行政机关工作人员的奖惩、任免等决定，即所谓的内部行政行为；④法律规定由行政机关最终裁决的具体行政行为。

4. 行政诉讼管辖

行政诉讼管辖分为级别管辖、地域管辖和裁定管辖三类。

我国行政诉讼的级别管辖分为：基层人民法院的管辖、中级人民法院的管辖、高级人民法院的管辖、最高人民法院的管辖。我国《行政诉讼法》关于基层人民法院的管辖，规定为：基层人民法院管辖第一审行政案件。除法律规定应由上级法院管辖的行政案件这一特殊情形以外，行政案件都应由基层人民法院负责管辖。《行政诉讼法》第十五条规定，海关处理的案件，对国务院部门或县级以上地方人民政府所作的行政行为提起诉讼的案件，本辖区内重大、复杂的案件，要由中级人民法院管辖。

地域管辖的规则：行政案件由最初作出具体行政行为的行政机关所在地人民法院管辖。经复议的案件，复议机关改变原具体行政行为的，也可以由复议机关所在地人民法院管辖。

我国《行政诉讼法》第二十一条、第二十二条、第二十三条分别规定了裁定管辖的三种情形，即选择管辖、移送管辖和指定管辖。

案例分析

案例9-4　月亮广场业主委员会诉房管局案

［案情陈述］

2009年10月，广州市××区××小区成立业主大会筹备组。2010年1月，小区召开业主大会，选举业主委员会委员。验票结果显示，共有7名候选人票数过半。其中，只有李先生达到“双过半”的要求，即业主所投票数超过总数的一半，投票业主所占建筑物面积超过总面积的一半。其余6名候选人所获票数过半，但投票业主所占建筑面积并未过半，是否当选，存在争议。

小区业主大会筹备组成员说，按照他们的选举办法，候选人取得半数以上投票业主支持，即可从高到低当选。该办法当时通过公示并在房管局备案。但选举后房管局提出需符合《物业管理条例》中“双过半”的规定才可当选。因此房管局做了一个《通告》：宣布此次业主大会选出的业主委员会成员无效，并要求小区业主大会筹备组解散。

业主们不服，对广州市××区房管局提起了行政诉讼。

［讨论话题］

业主们提起行政诉讼的程序是怎样的？

［思路提示］

依照《行政诉讼法》和相关法律解释规定的程序进行。首先，确定做出侵害业主权益的行政机关作为被告；其次，选择到合适的管辖法院提起诉讼，一般为被告行政机关所在地的人民法院；最后，注意收集对自己有利的证据，这是行政诉讼胜诉的关键。

［分析说明］

业主提起行政诉讼的程序如下：

1. 行政诉讼的起诉和受理

起诉是指业主、物业服务公司或其他组织认为物业管理主管部门的具体行政行为侵犯了自己的合法权益，依照《行政诉讼法》和其他有关法律法规的规定，要求人民法院行使审判权，对物业管理主管部门的具体行政行为进行司法审查和做出裁判的行为。《行政诉讼法》第四十九条规定，提起诉讼应当符合下列条件：

（1）原告是认为具体行政行为侵犯其合法权益的公民、法人或者其他组织。

（2）有明确的被告。

（3）有具体的诉讼请求和事实根据。

(4) 属于人民法院受案范围和受诉人民法院管辖。一般是基层人民法院管辖第一审行政案件，特殊情况下由中级或以上级别的人民法院管辖。

受理是指人民法院对起诉人的起诉合法性进行审查，确认符合法定的起诉条件，决定立案予以受理的行为。

2. 行政诉讼的审理和判决

行政诉讼的审理是在法官主持下，原被告双方通过质证、辩论等程序发现案件真实情况的过程。审理结束后，法官“以事实为依据，以法律为准绳”做出一审判决。根据我国《行政诉讼法》的规定，第一审人民法院经过审理，根据不同情况，可分别作出判决或裁定。

当事人对一审法院的判决、裁定不服的，分别在 10 天、15 天内向上一级法院提起上诉，根据我国《行政诉讼法》的规定，人民法院对上诉案件，经过审理，可分别做出维持原判、依法改判或者撤销原判发回重审的判决。

[本案启示]

在本案例中当选的大部分业主委员会委员的选票未达到我国《物业管理条例》第十二条“双过半”的规定，而被房管局宣布为无效，意味着业主大会筹备组的努力付之东流。业主委员会委员的选举是物业管理领域内的一件大事，积极热心的业主们应当做好充分的准备工作。

[体验分享]

在中国“民告官”被许多人视为畏途。同学们想想，为什么人们不愿意通过诉讼途径维护自己的合法权益。

政策规范

参见《物业管理条例》第 11 条、第 12 条规定。

【本章小结】

本章主要针对物业管理行政处罚、行政强制执行、行政复议和行政诉讼的概念及基本程序的含义、属性及相关重要理论与现实问题的理解与掌握，设计了一些典型的案例进行分析，以帮助学生树立依法行政的意识，进而学会用行政法维护业主和物业服务公司的合法权益，监督物业管理相关行政机关依法行政。

【练习与实践】

一、案例试析

案例练习9－1　××公寓的法官业主维权案

［案情陈述］

芜湖市××公寓的居民面临拆迁，所在的地块已被拍卖给了××××房地产开发有限公司。但该公寓自竣工交付使用至今不超过12年，尚属新房，而且该公寓是单位建造的自住房，房屋质量好、造价高，因此住在这里的芜湖市××区法院的法官们不愿意搬走。

为保护自己的合法权益，法官们拿起了他们最熟悉的法律武器。他们向法院起诉颁发拆迁许可证的该区建委，以图阻止拆迁。他们认为，政府如果为了公共利益的需要，可以按法定权限和程序，先发征收决定，然后再发拆迁许可。但是这个地块不是为了公共利益的需要，而是为了卖给××××房地产开发有限公司用于房地产开发。根据相关法律规定，征收的程序应该由县级以上人民政府作出征收决定。在人民政府作出征收决定以后，才涉及拆迁补偿的问题。在人民政府没有作出征收决定的情况下，拆迁房屋当属非法。该区建委虽然向××建投公司发出了拆迁行政许可，但由于其自身不具有行政许可的主体资格，又不符合法定程序，其拆迁许可行为当属无效。

在起诉状的最后，法官们还特别援引了2009年1月1日起施行的《中华人民共和国循环经济促进法》的条文。该法第二十五条第二款明确规定："城市人民政府和建筑物的所有者或者使用者，应当采取措施，加强建筑物维护管理，延长建筑物使用寿命。对符合城市规划和工程建设标准，在合理使用寿命内的建筑物，除为了公共利益的需要外，城市人民政府不得决定拆除。"他们认为，如果不是为了公共利益的需要，拆除原告的房屋违反了新法的规定。

无独有偶，2009年8月，南京市高级人民法院的31名法官拆迁户状告南京市房管局，援引了同样的法律条文。但遗憾的是，该案迟迟不能立案。一如南京法官的遭遇，××公寓法官业主的维权之路并不比普通民众平坦。

［分析问题］

（1）法官业主拒绝拆迁的理由是否成立？

（2）法官业主应到哪里的哪一级法院起诉该区建委？

二、实践活动

1. 活动主题

到房管局、建委等物业管理主管机关或部门调研行政管理流程。

2. 活动目的

了解行政机关管理活动程序和标准，增强学员的感性认识。

3. 活动内容

（1）组织好参与调研的学员。

（2）确定调研机关或单位，采用座谈、问卷等调查方式。

（3）调研结束后，与老师或同学交流，并做总结。

4. 活动要求

（1）科学合理地设计好调查问卷或座谈提纲。

（2）组织好参与旁听的人员，做好数据分析工作，精心撰写调查报告。

5. 活动成果

（1）提交调查总结报告。

（2）在学习交流会上交流。

第十章　物业管理刑事法律关系

【学习目标】

1. 理解和掌握犯罪、刑事责任、人身权和财产权的基本概念，认识犯罪的四个构成要件。

2. 在认识犯罪构成要件的基础上，把握几个常见罪名之间的区别，养成运用所学法律知识判断、分析物业领域内的犯罪及刑事责任问题的思维习惯和实操能力。

一、物业服务领域内侵犯人身权的犯罪

知识精要

1. 犯罪与刑事责任

（1）关于犯罪。根据《中华人民共和国刑法》（以下简称《刑法》）的规定，一切危害国家主权、领土完整和安全，分裂国家、颠覆人民民主专政的政权和推翻社会主义制度，破坏社会秩序和经济秩序，侵犯国有财产或者劳动群众集体所有的财产，侵犯公民私人所有的财产，侵犯公民的人身权利、民主权利和其他权利，以及其他危害社会的行为，依照法律应当受刑罚处罚的，都是犯罪；但是情节显著轻微危害不大的，不认为是犯罪。

构成犯罪必须具备四个基本要件，即犯罪的客体、犯罪的客观方面、犯罪的主体、犯罪的主观方面。犯罪的客体是指犯罪行为侵犯的、我国刑事法律所保护的社会关系；犯罪的客观方面是指刑法所规定的犯罪行为的客观事实特征，包括危害社会的行为、危害后果及其因果关系等，危害社会的行为包括作为和不作为；犯罪的主体，是指实施犯罪行为依法应当承担刑事责任的自然人或者单位；犯罪的主观方面，是指犯罪主体对其实施的危害社会行为及其危害后果所持的心理态度，包括犯罪的故意、犯罪的过失、犯罪的目的和动机。

（2）关于刑事责任。刑事责任是指犯罪人实施违反刑事法规的行为所必须承担的惩罚性义务。我国刑法规定，故意犯罪应负刑事责任；过失犯罪造成严重后果的，才负刑事责任；正当防卫和紧急避险超过必要限度，造成不应有的危害的，应负刑事责

任。刑事责任是最严厉的制裁，可以剥夺犯罪人的生命权，而生命权是人所享有其他权利的基础。

刑罚是使犯罪分子承担刑事责任的法定方式。依照《刑法》的规定，刑罚包括主刑和附加刑两种。主刑有管制、拘役、有期徒刑、无期徒刑和死刑，附加刑有罚金、剥夺政治权利和没收财产。此外，对于犯罪的外国人，可以独立适用或者附加适用驱逐出境。

2. 人身权

人身权，是人格权和身份权的合称，是指法律主体依法享有的，与其自身不可分离，亦不可转让的，没有直接财产内容的法定权利。自然人的人身权包括生命权、健康权、姓名权、肖像权、名誉权、荣誉权、婚姻自主权。

3. 物业服务领域内可能涉及的常见罪名

（1）故意杀人罪，是指故意非法剥夺他人生命权的行为。

（2）故意伤害罪，是指故意非法损害他人身体健康权的行为。

（3）过失杀人罪，是指过失致人死亡的行为，包括疏忽大意的过失致人死亡和过于自信的过失致人死亡。

（4）过失伤害罪，是指过失伤害他人身体，致人重伤的行为。

（5）抢劫罪，是以勒索财物为目的绑架他人的，或者绑架他人作为人质的行为。

（6）虐待罪，是指对共同生活的家庭成员经常以打骂、冻饿、凌辱人格等方法，从肉体上和精神上进行折磨，情节恶劣的行为。

案例分析

案例 10－1 上海“××春天”业主行凶案

［案情陈述］

“奥迪 A6”轿车车主王某夫妇深夜在上海“××春天”小区绿化带内违规停车，保安上前劝阻时，双方产生口角。激烈争吵后，双方扭打起来（究竟谁先动手的，已经无法查清了）。52 岁的上海保安丁某在被王某推倒在地后，当场呕吐，并于事发约 33 个小时后，因脑部创伤在医院不治身亡。打人者王某事后自首。

［讨论话题］

王某的行为如何定性？

［思路提示］

“以事实为依据，以法律为准绳”，即结合本案例实际情况，紧扣我国《刑法》规定的犯罪构成要件来给王某的行为定性。

[分析说明]

本案例中王某的行为造成了严重后果，构成犯罪这一点是毋庸置疑的，但他的行为是构成故意杀人罪还是故意伤害罪，还存在争议。我们首先来看一下这两个罪的构成要件。

1. 故意杀人罪

（1）本罪侵犯的客体是他人的生命权利。

（2）本罪在客观方面表现为非法剥夺他人生命的行为。

（3）本罪的主体为一般主体。根据《刑法》第十七条的规定，已满 14 周岁不满 16 周岁的人亦可构成本罪。

（4）本罪在主观方面要求行为人具有非法剥夺他人生命的故意，包括直接故意和间接故意。

2. 故意伤害罪

（1）本罪侵犯的客体是他人的健康权。

（2）本罪在客观方面表现为非法损害他人身体的内部机能和外部机体完整性的行为。

（3）本罪的主体为一般主体。根据《刑法》第十七条规定，已满 14 周岁不满 16 周岁的人亦可构成本罪。

（4）本罪在主观方面要求行为人具有非法损害他人健康权的故意，包括直接故意和间接故意。

从犯罪构成要件来看，故意伤害致死和故意杀人既遂是比较难以区分的，二者主观上都是故意犯罪，且客观上都造成了被害人死亡的结果。两罪的主要区别在于犯罪主观方面，判断犯罪人主观故意内容不能单凭口供，或仅根据案件局部情况就下结论，而应在调查研究基础上全面分析案情，根据案发经过、犯罪情节、行凶手段、犯罪分子一贯表现和犯罪后的态度等，进行综合分析判断。

具体到本案例，犯罪人与被害人之间没有利害关系，只是因为在小区内乱停车时，与保安发生冲突引发的血案，犯罪人主观上没有明确的杀人动机和目的，只有损害被害人身体的故意；犯罪手段也谈不上残忍，事后认罪态度较好，有自首情节（这是法定的从轻、减轻处理的情节），并且同意向受害人家属支付几十万元的民事赔偿。综合来看，定王某故意伤害罪比较合适。

[本案启示]

王某因一时冲动，毁掉了两个家庭的幸福，必将为自己的行为付出应有的代价。“忍一时风平浪静，退一步海阔天空”，这是“××春天”案件留给大家的教训。

［体验分享］

由于物业管理领域的特殊性，业主和物业服务公司工作人员发生冲突与矛盾的概率很高，冲突造成严重后果后，当事人往往追悔莫及。同学们想一想，当业主与物业服务公司员工发生了矛盾和冲突的时候，如何冷静处理，才能避免悲剧的发生。

政策规范

参见《中华人民共和国刑法》第 14 条、第 15 条、第 16 条、第 17 条规定。

二、物业服务领域内侵犯财产权的犯罪

知识精要

财产权，与人身权相对应，是指以有价值和使用价值的物质为对象，直接体现经济利益的民事权利。财产权是以金钱计算价值的，具有可让与性，受到侵害时往往以财产方式予以救济。财产权既包括物权、债权，也包括知识产权中的财产权利。物权是指法律所确认的，直接支配特定物并享受其权益的权利。物权具有优先效力，指同一标的物上有两个或两个以上不同内容或性质的物权存在，或者该物权的标的物也为债权给付的标的物时，成立在先的物权有优先于成立在后的物权的效力，物权则有优先于债权的效力。但有物权优先于债权之例外——买卖不破租赁。债是指特定当事人之间以一定给付为内容的民事法律关系，而债权是指债权人请求债务人为一定给付的权利。

物业服务领域内可能涉及的常见罪名：侵占罪（一般侵占罪和职务侵占罪），挪用资金罪，诈骗罪，伪造公司、企业印章罪，盗窃罪，高空抛物罪。

案例分析

案例 10－2　李某侵占租金案

［案情陈述］

李某是某房地产公司的人事部经理，受公司委托与租赁户签订租赁协议，但不负责收取租金，租金由租户直接向公司财务部交纳。租赁户赵某交款时，因财务部无人上班，遇到了李某，遂委托其代为交纳 1 万元租金。李某恰逢急需用钱，便私刻了公司财务专用章，买来一本收据，填写后交给赵某，将租金据为己有。此后，李某怕事情败露，又用同样的办法代收了赵某 3 万多元的租金。

［讨论话题］

李某的行为如何定性？

［思路提示］

结合本案例实际情况，紧扣我国《刑法》规定的犯罪构成要件来给李某的行为定性。

［分析说明］

关于李某行为的定性，主要有三种不同的观点：一是认为李某构成诈骗罪；二是认为李某构成伪造印章罪；三是认为李某构成职务侵占罪。我们首先来看一下三个罪的构成要件。

1．诈骗罪

（1）侵犯的客体：公私财物所有权。

（2）客观方面：表现为使用骗术，即虚构事实或者隐瞒真相的方法，使财物所有人、使用人或管理人产生错觉，信以为真，从而“自愿地”交出财物。

（3）主观要件：由直接故意构成，并且具有非法占有公私财物的目的。

（4）主体要件：本罪的主体属一般主体，凡年满16周岁，且具备刑事责任能力的自然人均能构成本罪。单位也可以成为诈骗罪的主体。

2．伪造印章罪

（1）侵犯的客体：公司、企业的正常经营活动的声誉，同时构成对社会公共秩序的侵害。

（2）客观方面：本罪在客观方面表现为行为人实施了伪造公司、企业印章的行为。

（3）主体要件：本罪的主体属一般主体，凡年满16周岁，且具备刑事责任能力的自然人均能构成本罪。

（4）主观要件：本罪在主观方面是直接故意。

3．职务侵占罪

（1）侵犯的客体：公司、企业或者其他单位的财产所有权。

（2）客观方面：表现为利用职务上的便利，侵占本单位财物，数额较大的行为。

（3）主体要件：本罪主体为特殊主体，包括公司、企业或者其他单位的人员。

（4）主观要件：本罪在主观方面是直接故意。

具体到本案例，李某的行为不构成职务侵占罪，理由是案情陈述中已经写明李某不负责收取租金，也不具有经手、管理租金的权利，只是由于认识租户的关系，从而代租户向公司交纳租金。因此李某的违法行为具备构成职务侵占罪的关键情节——利用职务上的便利。李某的行为构成诈骗罪，理由是李某通过开具假收据的方式来隐瞒其侵吞客户租金的事实，而且数量较大，符合诈骗罪的构成要件。李某的行为构成伪造印章罪，但李某伪造印章的行为是为其诈骗行为服务的，而且刑法处罚较轻，因此根据刑法的理论，李某构成牵连犯罪，牵连犯罪实行从一重罪处断的原则，即对牵连犯罪应当采用吸收的原则，按照所触犯的罪名中最重的罪论处，也就是说对李某应当按照诈骗罪处理。

［本案启示］

由于刑事犯罪的突发性、隐蔽性以及犯罪手段的智能化、多样化，即使物业服务公司和业主给予应有的注意和防范，也不可能完全避免刑事犯罪对业主（租户）人身、财产的侵害。当物业服务公司能够建立完备的风险控制与危机处理系统，就可以有效地防止刑事案件的发生，同时在危机发生以后能够将损失或影响控制在最小范围以内。在本案例中，如果房地产公司有完善的租金催收管理制度，李某恐怕就没有那么容易得逞。

［体验分享］

结合自己所在社区的实际情况，谈谈小区的安全防范措施还有哪些需要改进的地方。

政策规范

参见《物业管理条例》第 63 条、第 68 条规定。

三、物业管理主管机关工作人员职务犯罪

知识精要

1. 职务犯罪

职务犯罪是指国家工作人员利用职务上的便利，进行非法活动或者不履行或者不正确履行职责，破坏国家对职务的管理职能，依照刑法应当受到处罚的行为的总称。职务犯罪可以划分为三大类：贪污贿赂犯罪；渎职罪；侵犯公民人身权利民主权利的犯罪。

职务犯罪的构成要件：

①主体要件。特殊主体，具体有四类：一是国家机关工作人员，二是国有公司、企事业单位中的国家工作人员，三是人民团体中的工作人员，四是受国家机关国有公司、企事业单位、人民团体的委托管理、经营国有财产的人员。

②主观要件：故意。

③客体要件：侵害的是国家对职务活动的管理职能。

④客观要件：我国法律规定职务犯罪的客观要件主要有三种形式，一是利用职务之便，二是滥用职权，三是不履行或不正确履行职务。

2. 物业服务领域内的职务犯罪

物业服务领域内可能涉及的常见罪名有以下几种：

（1）贪污罪，是指国家工作人员利用职务上的便利，侵吞、窃取、骗取或者以其他手段非法占有公共财物的行为。

（2）受贿罪，是指国家工作人员或与该国家工作人员关系密切的人，利用职务上的便利，索取他人财物的，或者非法收受他人财物，为他人谋取利益的行为。

（3）巨额财产来源不明罪，是指国家工作人员的财产或者支出明显超过合法收入，差额巨大，本人不能说明其来源是合法的行为。

（4）行贿罪，是指为谋取不正当利益，给国家工作人员以财物的行为。

（5）滥用职权罪，是指国家机关工作人员违反法律规定的权限和程序，滥用职权，致使公共财产、国家和人民利益遭受重大损失的行为。

案例分析

案例 10－3　成都××半岛花园和××豪庭规划腐败案

［案情陈述］

2003 年 7 月 11 日××市依法爆破拆除的“××豪庭”1 号楼和“××半岛花园”会所，就是因为当时××市规划局领导收受贿赂造成两幢建筑严重破坏城市整体规划所致，造成经济损失高达 3 200 万元。

法院在审理该案件时查明，位于迎宾大道东段南侧的“××半岛花园”项目，其会所超越红线 5 米；位于迎宾大道西段南侧的“××豪庭”（××苑）项目，其 1 号楼超越红线 10 米。两个违规项目共侵占绿地面积 1.09 万平方米，使迎宾大道本来规划的 20 米绿化带缩水至 10 米，影响了迎宾大道作为××市窗口大道的景观效果。

××市规划局总工程师杜××在副局长徐×、袁×打招呼后，违规将“××半岛花园”项目作为现状反映在新的 153 控规图中，使已经设计好的 20 米规划绿化带变成 10 米，然后又无视《中华人民共和国城乡规划法》第 29 条关于建设项目必须服从规划的规定，将违规规划在自己主持的局技术审查会上予以通过。涉及这两个城市景观“毒瘤”的建筑规划项目，××市规划局原副局长徐×先后收受了 36 万元人民币和 2 万美元以及其他财物，原副局长袁×收受了贿赂 3 万多元人民币。

［讨论话题］

徐×的行为如何定性？

［思路提示］

结合本案例实际情况，紧扣我国《刑法》规定的犯罪构成要件来给徐×的行为定性。

［分析说明］

徐×的行为构成受贿罪和滥用职权罪。

受贿罪的构成要件：本罪的主体是特殊主体，徐×案发前作为规划局负责人，是国家机关工作人员；本罪主观方面表现为故意；本罪的客体要件属于复杂客体，其中，次要客体是国家工作人员职务行为的廉洁性，主要客体是国家机关、国有公司、企事业单位、人民团体的正常管理活动；本罪在客观方面表现为行为人具有利用职务上的便利，向他人索取财物，或者收受他人财物并为他人谋取利益的行为。因此，徐×收取财物，为他人谋取利益，是典型的受贿行为。

滥用职权罪的构成要件：本罪的主体是特殊主体（徐×案发前作为规划局负责人，是国家机关工作人员）；本罪主观方面表现为故意；侵犯的客体是国家机关的正常活动（徐×违规修改规划，直接干扰了规划部门的正常工作）；客观方面表现为滥用职权，致使公共财产、国家和人民利益遭受重大损失的行为（徐×等人的行为给国家造成了数千万元的损失，属于刑法上所说的损失巨大的范围）。

［本案启示］

在各地纷纷提出"经营城市"的理念和策略背景下，城建规划腐败的迅速滋生和蔓延成为当前一种令人深思的现象。权力在城建规划领域大肆寻租并且屡屡得逞的一个重要原因在于权责严重不对称，权力泛滥后的现实收益和风险成本不成比例。要遏制权力的泛滥失控，可以从以下几个方面入手：首先限制规划部门的权力，没有特殊原因不允许变更现有建设规划。其次公开规划部门的内部工作流程，公开控制性规划图，对局部的规划调整应对被调整地区的当地群众进行公示。在形式上，这些信息可通过公示栏、建设项目方案公示、建设基地总平面图公示和网上发布等形式进行公开。最后修改刑法相关条文，加大物业领域内职务犯罪的打击力度，使腐败分子无处藏身。

［体验分享］

结合自己所在的社区的实际情况，找找看有没有违法变更社区规划的情况。

政策规范

参见《物业管理条例》第69条规定。

【本章小结】

本章主要针对犯罪、刑事责任及犯罪构成要件的含义及相关重要理论与现实问题的理解与掌握，设计了一些典型的案例进行分析，以帮助学生认识几个常见罪名的区别，提高运用法律知识分析、解决实际问题的能力。

【练习与实践】

一、案例试析

案例练习 10－1　深圳××山庄案

［案情陈述］

案犯黄某和冯某于 1998 年 3 月 30 日晚窜入××山庄，从阳台打开落地窗进入空置的 3 栋 104 房，在内潜伏，伺机作案。4 月 4 日晚，被害人、民营企业家、“纽扣大王”明某驾驶奔驰车回到××山庄住所，下车后进入楼梯间时，被案犯用乙醚迷昏，拖至 104 房杀害。案犯从其身上劫取财物 1.1 万元，因打不开车门，抢车未遂。明某的家人于次日凌晨在管理处工作人员的协助下，在 104 房找到了明某的尸体。案犯 1999 年被抓获归案。而在被害人遇害之前，两名歹徒在抛尸的屋内潜伏四天，其间还出外购买食物；××山庄物业服务公司的员工发现空置房有人，未上前查看。

［分析问题］

（1）黄某和冯某的行为如何定性？为什么？

（2）结合前面章节的内容，谈谈物业服务公司是否要承担责任？

二、实践活动

1. 活动主题

判断物业服务公司职员犯罪行为的性质。

2. 活动目的

了解不同罪名的联系与区别，提升学生运用所学法律知识解决实际问题的能力，增强学生的自主学习能力、综合分析能力和法律意识能力。

3. 活动内容

（1）把参与讨论的学生分成若干小组，自行查找资料，确定小组发言人，并撰写发言稿。

（2）按照主题发言、评议、自由提问的环节顺序展开讨论。

（3）活动主持教师最后做总结。

4. 活动要求

参与讨论的学生充分收集资料，写好发言稿或发言提纲；在案例讨论会上，主持的老师注意控制讨论节奏。

5. 活动成果

（1）提交发言稿或发言提纲。

（2）在案例讨论会上交流。

参考文献

[1] 郝时光. 物业管理职位工作手册［M］. 北京：人民邮电出版社，2009.

[2] 罗宗科. 物业管理知识手册［M］. 太原：山西科学技术出版社，2005.

[3] 黄安心. 物业管理原理［M］. 重庆：重庆大学出版社，2010.

[4] 黄安心，宋建阳. 物业管理实务Ⅰ［M］. 广州：广东高等教育出版社，2011.

[5] 于卉敏. 物业管理工作细化执行与模板［M］. 北京：人民邮电出版社，2008.

[6] 余源鹏. 物业管理服务人员实用从业知识三日通［M］. 北京：机械工业出版社，2009.

[7] 张野，邵小云. 物业管理处业户服务管理［M］. 广州：广东经济出版社，2009.

[8] 马克力，王磊，罗海艳. 物业管理纠纷［M］. 北京：法律出版社，2007.

[9] 刘长森. 物业管理纠纷典型案例评析［M］. 北京：中国建筑工业出版社，2002.

[10] 戴玉林，王媚莎. 物业管理典型案例与分析［M］. 北京：化学工业出版社，2006.

[11] 丁芸，谭善勇. 物业管理案例精选与解析［M］北京：中国建筑工业出版社，2003.

[12] 罗小钢，方中东，王一翌. 物业管理投诉案例分析［M］. 广州：广东经济出版社，2003.

[13] 高平. 物业纠纷新型典型案例与专题指导［M］. 北京：中国法制出版社，2009.

[14] 王雨本. 物业管理的纠纷与解决［M］. 北京：中国社会出版社，2005.

[15] 许步国. 物业管理法研究［M］. 北京：中国民主法制出版社，2006.

[16] 赵建东，王达. 最新物业纠纷案件法律适用与典型案例评析［M］. 北京：中国市场出版社，2009.

[17] 孙彬. 法学概论［M］. 2 版. 广州：岭南美术出版社，2007.

[18] 王明. 劳动合同法实施条例：深度解读与企业应对［M］. 北京：法律出版

社，2008.

［19］黄乐平. 业主物权与物业管理法务全解［M］. 北京：法律出版社，2008.

［20］黄安心. 物业管理职业能力训练［M］. 北京：清华大学出版社，2010.

［21］靳勤，黄安心. 物业管理基础［M］. 武汉：华中科技大学出版社，2021.

［22］于军峰. 浅议物业管理纠纷的处理［J］. 科技促进发展，2009，(9).

［23］董秀金. 新时期物业管理纠纷的处理办法［J］. 中国集体经济（下半月），2007，(3).

后　记

2012 年国家开放大学启动了非统设课程“物业管理案例分析”的课程建设，教材在国家开放大学出版社出版第 1 版后，近 10 年来，由于物业服务行业发生了巨大的变化，特别是物业管理理论体系日臻完善，《民法典》及一系列法规政策出台或修订，原有的教材迫切需要修订，以适应这一变化。考虑教材的系列完整性及取得的方便性，本教材的第 2 版由广东高等教育出版社出版。

本教材由广州开放大学黄安心教授策划并担任主编。第 1 ～6 章由黄安心教授编写，第 7 ～10 章由广州开放大学王燕军副教授编写，最后由黄安心教授统稿。在本书的编写过程中，我们深入一些企业调研，获得了大量一手资料。特别感谢中国物业管理协会原会长谢家瑾先生，原深圳中海物业管理有限公司邵国利先生，康景物业集团公司（北京）孙川先生，广州粤华物业有限公司李健辉先生，广州颐和酒店物业管理有限公司黄宇航先生等领导和企业家给予的指导；感谢东南大学黄安永教授，广州大学陈德豪教授、宋建阳副教授，黑龙江建筑职业学院原院长王凤君教授，武汉职业技术学院教授级高工武敬博士等专家教授给予的支持和帮助；感谢广东高等教育出版社的领导给予的支持和帮助。特别感谢广州开放大学领导自始至终给予的关心和支持。广东高等教育出版社陈博霞编辑在本书的编辑出版过程中付出了大量的心血和辛劳，广州开放大学余乐老师参加了前期的课程申报工作，陈妍、刘慧、陈少芬、黄澜屿、梅汉荣等老师参加了资料收集整理工作，在此一并表示诚挚的谢意！

本书案例设计和分析中参考了大量文献资料，考虑到教材内容的逻辑性、案例的教学性和节省时间、提高学生学习的效率，案例设计按简写和虚写的要求，经过作者改写或加工，以符合设计要求。由于书中案例有的来源于不同的素材，有的是根据作者访谈、交流以及多年教学提炼所得，加之篇幅原因，除主要参考资料列出外，一般素材来源没有一一注明，在此一并致谢，敬请批评指正！

黄安心

2021 年 9 月 13 日于广州麓湖